JN299011

アクティブラーニングで
なぜ学生が成長するのか

経済系・工学系の全国大学調査からみえてきたこと

河合塾 編著

東信堂

はじめに

　本書は、河合塾の大学教育力調査プロジェクトが行った「2010年度　全国大学アクティブラーニング調査」および、その調査報告のために開催された「シンポジウム」の内容をまとめたものです。

　近年の大学では、「教員が何を教えたか」ではなく、「学生が何をできるようになったのか」を基準とした質保証が問われるようになってきました。それが学習者中心の教育であり、言葉を換えれば大学の教育力です。

　そして、このような大学の教育力のカギを握るのが「アクティブラーニング」です。アクティブラーニングとは「能動的な学習」のことで、授業者が一方的に知識伝達を行う講義スタイルではなく、課題研究やPBL（Project/Problem Based Learning）、ディスカッション、プレゼンテーションなど、学生の能動的な活動を取り入れた授業形態のことを指します。そして、このアクティブラーニングには知識の定着だけでなく、スキル・態度などの汎用的技能（ジェネリック・スキル）の育成や、創造力の涵養にも大きな効果が認められています。

　このアクティブラーニングが、現在の日本の大学でどのように取り入れられているのか。あるいは、取り入れられていないのか。かかる問題意識が本調査の出発点です。

　調査の概要を紹介しておくと、アクティブラーニング調査の質問紙調査では経済・経営・商学系学部、法学部の合計208学部、工学部の機械系合計60学科、電気・電子系合計52学科、理学部・化学科17学科および数学科14学科を対象として行いました。実地調査ではさらに経済・経営・商学系学部16学部と工学部機械系11学科・電気・電子系9学科に対象を絞って、実際に訪問しエビデンス等の資料を提示していただきながらヒアリングを行いました。本調査は対象を絞ってはいるものの、アクティブラーニングの導入度をはじめて全国規模で俯瞰的に調査したという点に大きな意義を有していると考えています。

また、シンポジウムは工学部系を対象に1月7日東京会場、1月9日大阪会場、経済・経営・商学系学部を対象に1月8日東京会場、1月10日大阪会場と、都合4回開催し、合計の参加者は267人に上りました。
　このシンポジウムでは、各会場でそれぞれ2学部・学科の事例報告が行われるとともに、工学部系では東京大学の林一雅特任助教から、経済・経営・商学系学部では京都大学の溝上慎一准教授から問題提起が行われ、質疑応答では会場からの質問や意見を含めて活発な議論が繰り広げられました。

　本書は、この調査とそれを基にしたシンポジウムでの報告、および討議をできる限り紙上に再現することを試みました。具体的な構成は以下のとおりです。
　第1部　河合塾からの「大学のアクティブラーニング」調査報告
　第2部　大学事例報告と質疑応答
　第3部　アクティブラーニングの豊富化のための問題提起
　巻末資料

　なお、この「2010年度　全国大学アクティブラーニング調査」は、当プロジェクトが行った「2007〜2008年度　国立大学教養教育調査」、「2009年度　全国大学初年次教育調査」を引き継ぐものであり、本書は『初年次教育でなぜ学生が成長するのか―全国大学調査からみえてきたこと―』（河合塾編著　2010年度　東信堂発行）の続編に位置するものです。
　本書が、学習者中心の教育を志向される多くの大学教員や教育関係者の方々に、何らかの視点や参考となる具体例を提供できることを願ってやみません。

※本書で紹介する河合塾の「大学のアクティブラーニング調査報告」は、巻末資料287頁に掲載の「ゼミ・演習などの教育システム調査」のアンケート（質問紙）と訪問ヒアリング調査をの結果に基づいています。
※シンポジウムでの各大学の事例報告は2010年度の取り組みについてのものです。
※本書に掲載された図表で出典が明記されていないものは、発表者（報告者）作成のものです。

大目次

はじめに ……………………………………………………………………… i

第1部　河合塾からの「大学のアクティブラーニング」調査報告 …… 3

河合塾からの「大学のアクティブラーニング」調査報告 …………… 5
　　―4年間を通じた学習者中心のアクティブラーニングについて―

第2部　大学事例報告と質疑応答 …………………………………… 93

室蘭工業大学（工学部情報電子工学系学科）…………………………… 95
秋田大学（工学資源学部機械工学科）…………………………………… 108
質疑応答Ⅰ ………………………………………………………………… 122
岡山大学（工学部機械工学科）…………………………………………… 132
金沢工業大学（工学部機械工学科）……………………………………… 143
質疑応答Ⅱ ………………………………………………………………… 153
産業能率大学（経営学部）………………………………………………… 166
立教大学（経営学部）……………………………………………………… 180
質疑応答Ⅲ ………………………………………………………………… 189
立命館大学（経営学部）…………………………………………………… 201
武蔵大学（経済学部）……………………………………………………… 208
質疑応答Ⅳ ………………………………………………………………… 216

第3部　アクティブラーニングの豊富化のための問題提起 ………… 229

世界のアクティブラーニングと東京大学 KALS の取り組み ………… 231
アクティブラーニングからの総合的展開 ……………………………… 251
　　―学士課程教育（授業・カリキュラム・質保証・FD）、キャリア教育、学生の学びと成長―
シンポジウムを終えて―まとめと提言― ……………………………… 274

巻末資料 ………………………………………………………………… 285

謝　辞 ……………………………………………………………………… 317

詳細目次

はじめに……………………………………………………………………… i

　■図表一覧　xii

第1部　河合塾からの「大学のアクティブラーニング」調査報告　……… 3

河合塾からの「大学のアクティブラーニング」調査報告……… 5
　―4年間を通じた学習者中心のアクティブラーニングについて―
1．「大学のアクティブラーニング」調査の目的と背景　5
　(1) はじめに　5
　(2) 初年次教育調査における問題意識の継承　6
　(3) アクティブラーニングが重視されるべき根拠　10
2．質問紙調査の概要　14
　(1) 調査全体の概要　14
　(2) 質問紙の採点基準　16
　(3) 質問紙調査によるアクティブ項目の回答分析　16
　(4) 質問紙調査による卒業論文の導入状況　27
　(5) 質問紙調査によるレポートの返却と教員によるコメントの有無（初年次ゼミのみ）　36
3．実地調査の概要　38
　(1) 実地調査の対象学部・学科の抽出　38
　(2) 実地調査における評価ポイント　39
4．実地評価　項目別評価結果と取り組み紹介　42
　《評価の視点Ⅰ》　アクティブラーニングそのものについての評価　42
　(1) 4年間を通じたアクティブラーニング　42
　　■工学部（機械系学科、電気・電子系学科）　43
　　　［金沢工業大学　工学部　電気電子工学科］　43
　　　［三重大学　工学部　電気電子工学科］　44
　　　［京都工芸繊維大学　工芸科学部　機械システム工学課程］　44
　　　［近畿大学　理工学部　機械工学科］　45

■経済・経営・商学系学部　45
　　［産業能率大学　経営学部］　45
　　［嘉悦大学　経営経済学部］　46
　　［立教大学　経営学部］　46
　　［立命館大学　経営学部］　47
　　［龍谷大学　経済学部］　47
　　［宮崎産業経営大学　経営学部］　47
(2) 高次のアクティブラーニング　47
　■工学部（機械系学科、電気・電子系学科）　48
　　［室蘭工業大学　工学部　情報電子工学系学科］　49
　　［秋田大学　工学資源学部　機械工学科］　50
　　［東京大学　工学部　機械情報工学科］　51
　　［金沢工業大学　工学部　電気電子工学科／機械工学科］　54
　　［岡山大学　工学部　機械工学科］　56
　　［九州工業大学　工学部　機械知能工学科］　57
　■経済・経営・商学系学部　58
　　［立教大学　経営学部］　58
　　［産業能率大学　経営学部］　60
　　［武蔵大学　経済学部］　62
　　［創価大学　経済学部］　65
　　［立命館大学　経営学部］　67
　　［宮崎産業経営大学　経営学部］　68
(3) 産学連携のアクティブラーニング　69
　　［日本大学　生産工学部　電気電子工学科］　70
　　［東京大学　工学部　機械情報工学科］　70
　　［京都工芸繊維大学　工芸科学部　機械システム工学課程］　70
　　［秋田大学　工学資源学部　機械工学科］　71
　　［千葉商科大学　サービス創造学部］　71
　　［立教大学　経営学部］　71
　　［武蔵大学　経済学部］　72
　　［産業能率大学　経営学部］　72
　　［龍谷大学　経済学部］　72

《評価の視点Ⅱ》 学部・学科による質保証　実施主体の体制、
教育内容を統一するためのチームティーチング・FD活動　73
(1) アクティブラーニング全般において、学科で同じ科目名を複数の
教員が担当し、教育内容が学科主導で統一されている（工学部）　73
(2) 学年をまたぐアクティブラーニング科目を複数の教員が担当し、
教育内容が学科主導で統一されている（工学部）　74
アクティブラーニングに限らず、2セメスター以上にまたがる積み
上げ型科目で複数の教員が担当し、教育内容が学部主導で統一され
ている（経済・経営・商学系学部）　74
(3) 学年をまたぐ高次のアクティブラーニング科目でチームティーチング
が行われている（工学部）　75
アクティブラーニング科目でチームティーチングが行われている（経済・
経営・商学系学部）　75

《評価の視点Ⅲ》 学生の能力形成と自律・自立化　76
(1) 獲得させるべき能力と対応したアクティブラーニングを含んだ
カリキュラム設計　76
(2) 振り返りと教員のコミットメント　81
　［金沢工業大学　工学部］　81
　［岡山大学　工学部　機械工学科］　83
　［立教大学　経営学部］　83
　［産業能率大学　経営学部］　83
　［創価大学　経済学部／経営学部］　84

5．提言・まとめ　85
(1) 工学部（機械系学科、電気・電子系学科）について　85
(2) 経済・経営・商学系学部について　89
(3) まとめ―学習者中心の教育を―　91

第2部　大学事例報告と質疑応答　……………………………………93

室蘭工業大学（工学部情報電子工学系学科）……………………………95
1．アクティブラーニングを含む科目の全体設計　96
2．フレッシュマンセミナー　98

3．工学演習Ⅰ・Ⅱ　100
4．知識定着のためのアクティブラーニング　101
5．卒業研究での評価方法　103
6．技術者倫理でのアクティブラーニング　103
7．教育の質の保証の取り組み　105
8．振り返りと今後の課題　106

秋田大学（工学資源学部機械工学科） …………………… 108
1．アクティブラーニングの導入　109
2．ものづくり創造工学センターとスイッチバック方式　110
3．機械工学科でのものづくり教育　113
　(1) テクノキャリアゼミ　113
　(2) ものづくり基礎実践　114
　(3) プロジェクトゼミ　115
　(4) 創造工房実習　118
　(5) 学生自主プロジェクト　118
4．ものづくり実践教育の発展に向けて　121

質疑応答Ⅰ ……………………………………………………… 122

岡山大学（工学部機械工学科） ………………………………… 132
1．ＰＢＬ・創成型授業の配置　133
2．創造力教育の開始の経緯　133
3．「創成プロジェクト」における創成力教育　135
　(1) 発想力訓練法　135
　(2) モノ創成　136
　(3) 専門知識と創造力を発想力でつなぐ　137
　(4) 成績評価と創造力教育の効果　139
4．まとめ　141

金沢工業大学（工学部機械工学科） ………………………… 143
1．教育目標と特色　144
2．プロジェクトデザイン教育　145

3．「総合力」ラーニング型の授業　146
　4．充実したワークスペース　147
　5．効果検証　148
　6．アクティブラーニング型授業の例　149
　　(1) 一般教養科目　149
　　(2) 専門教育科目「機械工作・演習」　149
　　(3) 専門教育科目「流れ学」　150
　7．まとめ　152

質疑応答Ⅱ ……………………………………………… 153

産業能率大学（経営学部） ……………………………… 166
　1．教育課程の体系　167
　2．学生からの報告（キャリアデザイン科目群）　170
　3．キャリアデザイン科目群と専門教育科目群　171
　4．学生からの報告（専門教育科目群）　173
　5．カリキュラム編成上のポイント　177

立教大学（経営学部） …………………………………… 180
　1．実施体制と規模　181
　2．FDおよび専門科目との連携　182
　3．キャリア教育的側面　183
　4．BLPの教育効果　184
　5．学生からの報告　185

質疑応答Ⅲ ……………………………………………… 189

立命館大学（経営学部） ………………………………… 201
　1．アクティブラーニングのカリキュラム設計　202
　2．ゼミナール大会　204
　3．アントレプレナーシッププログラム　205
　4．アクティブラーニングの効果と今後の課題　205

武蔵大学（経済学部） ………………………………………… 208
　1．ゼミ中心のカリキュラム設計　209
　2．コース制に基づくカリキュラム設計　209
　3．「情報処理入門」と教養ゼミの連動　210
　4．4年間を通じたゼミの必修化　212
　5．「ゼミ大会」　212
　6．高次のアクティブラーニング―「三学部横断型ゼミ」　213
　7．ゼミナール中心カリキュラムの教育効果　215

質疑応答IV……………………………………………………… 216

第3部　アクティブラーニングの豊富化のための問題提起 ……… 229

世界のアクティブラーニングと東京大学KALSの取り組み…林一雅　231
　1．大学をめぐる状況　231
　　(1) 大学の置かれている環境　231
　　(2) 過去にもあった大学システムの危機　232
　　(3) 教育か研究か－大学教員の意識－　233
　2．新しい大学のデザイン－学習環境・カリキュラム・空間設計－　234
　　(1) 新しい大学教育モデル　234
　　(2) アクティブラーニングに適合した学習空間の重要性　235
　3．各大学の取り組みの紹介　236
　　(1) アクティブラーニングの定義　236
　　(2) 東京大学のアクティブラーニング　236
　　(3) マサチューセッツ工科大学の取り組み　237
　　(4) スタンフォード大学の取り組み　239
　　(5) 韓国科学技術院（KAIST）の取り組み　240
　　(6) 公立はこだて未来大学の取り組み　242
　　(7) 国内の他の大学の取り組み　243
　4．東京大学のアクティブラーニングの紹介　243
　　(1) 東京大学の理念とそのためのカリキュラム　243
　　(2) 東大生は討議力が弱い－KALS導入の背景－　244

(3) KALSのコンセプト　244
　　(4) KALSを使った授業　246
　　(5) ツールを活用して授業をアクティブにする　246
　　(6) KALSの課題　247
　　(7) KALSの発展－理想の教育棟－　248
　まとめと提言　249
　　(1) 各大学の条件に即した取り組みを　249
　　(2) SOTLという試み　249

アクティブラーニングからの総合的展開　溝上慎一　251
－学士課程教育（授業・カリキュラム・質保証・FD）、キャリア教育、学生の学びと成長－

　1．はじめに　251
　2．「縦」と「横」の双方で実現するアクティブラーニング型授業　253
　3．汎用的技能を育てるための「縦」と「横」のアクティブラーニング型授業　255
　　(1) 相互に関連したカリキュラム全体で育てる　255
　　(2) キャリアガイダンスの法制化の意味－正課でのキャリア教育－　257
　　(3) 東京女学館大学の取り組み　259
　　(4) 個別授業の中での取り組み－私の実践例－　260
　4．一般的アクティブラーニングと高次のアクティブラーニングの分別　262
　　(1) 一般的アクティブラーニングの重要性　262
　　(2) 人文社会系での基礎教育について　263
　5．初年次や基礎演習におけるアクティブラーニング型授業からFDへ　264
　6．2つのライフの大きな効果　266
　　(1) 大学生活の過ごし方から見た学生の4つの類型　266
　　(2)「将来の見通しと理解実行」と類型との相関　268
　まとめ　273

シンポジウムを終えて－まとめと提言－　274
　1．大学教育に関する正しい現状認識と危機感が求められている　274
　　■学習者を中心に考えればアクティブラーニングを問題とすべきである　276
　2．「一般的アクティブラーニング」と「高次のアクティブラーニング」
　　を組み合わせる　276
　　■知識の「習得→活用」ではなく、知識の「習得＋活用」　278

■英語のコミュニケーション教育を参考に　278
■立教大学のBLP、秋田大学のスイッチバック方式が示していること　279
3．学系的な「向き・不向き」について　280
4．空間整備やクリッカーの活用　281
5．教員の負担増について　282
6．全体の合意が実現できなければ少数から始めること
　　グッドプラクティスの開発・公開・共有について　283

巻末資料 ………………………………………………… 285

■巻末資料1　アンケート（質問紙）調査票　287
■巻末資料2　質問紙調査による大学・学部・学科別データ　295

謝　辞 …………………………………………………………… 317
執筆者紹介 ……………………………………………………… 319

■図表一覧

図表 1	アクティブラーニングを取り入れたさまざまな授業形態	5
図表 2	一般的アクティブラーニングと高次のアクティブラーニング	10
図表 3	本田由紀『多元化する「能力」と日本社会』より	12
図表 4	National Training Laboratories の平均学習定着率調査	12
図表 5	初年次ゼミの「学生の態度変容」学系別の平均得点率	15
図表 6	質問紙調査の採点基準	17
図表 7	4年間のアクティブラーニング項目導入度の学系別・学年別比較	18
図表 8	「グループ学習」の学系別・学年別平均得点	20
図表 9	「ディベート」の学系別・学年別平均得点	21
図表 10	「フィールドワーク」の学系別・学年別平均得点	22
図表 11	「プレゼンテーション」の学系別・学年別平均得点	24
図表 12	「レポート提出」の学系別・学年別平均得点	25
図表 13	「振り返りシート」の学系別・学年別平均得点	26
図表 14	「授業時間外学習」の学系別・学年別平均得点	28
図表 15	「ゼミの連続性」の学系別・学年別平均得点	29
図表 16	学系別「卒論必須」の割合	30
図表 17	社会科学系学部で「卒論必須でない」場合の卒論を執筆する学生の割合	30
図表 18	学系別「複数教員による卒論審査」の割合	31
図表 19	学系別「卒論審査基準チェックシート」導入の割合	32
図表 20	学系別「卒論発表会」実施の割合	33
図表 21（上段）	学系別「卒論発表会が全員の口頭発表」の割合	34
図表 22（下段）	全員口頭発表の場合の「成績反映」の割合	34
図表 23	学系別「卒論発表会にポスターセッション」の割合	35
図表 24	学系別「卒論発表会が優秀論文発表会」の割合	35
図表 25（上段）	学系別「1年前期ゼミでのレポート必須」の割合	37
図表 26（下段）	学系別レポート「返却必須」の割合	37
図表 27	創価大学（経済学部）学部生の授業外学習時間	66
図表 28	金沢工業大学のシラバス	78
図表 29	福岡工業大学（電気工学科）のシラバス例	78
図表 30	立教大学（経営学部）カリキュラムマップ	79
図表 31	創価大学（経済学部）カリキュラムチェックリスト	80
図表 32	金沢工業大学の修学ポートフォリオ	82
図表 33	創価大学（経営学部）グループ演習振り返りシート	85
図表 34	工学部（機械・電気系）の実地調査で評価の高かった大学・学部・学科	86
図表 35	経済・経営・商学系の実地調査で評価の高かった大学・学部	89
図表 36	室蘭工業大学（情報電子工学系学科）アクティブラーニング科目の配置	96
図表 37	室蘭工業大学（情報電子工学系学科）「電気回路Ⅰ」のシラバス抜粋	102
図表 38	室蘭工業大学（情報電子工学系学科） 卒業研究発表の評価シート	104
図表 39	室蘭工業大学（情報電子工学系学科）「技術者倫理」のシラバス抜粋	105
図表 40	室蘭工業大学（情報電子工学系学科） 学習自己点検シート	106
図表 41	秋田大学（機械工学科）スイッチバック方式によるものづくり実践一貫教育	112
図表 42	秋田大学（機械工学科）機械工学科のカリキュラム構成	113
図表 43	秋田大学（機械工学科）「ものづくり基礎実践」のシラバス	114
図表 44	秋田大学（機械工学科）「ものづくり基礎実践」の評価法	115
図表 45	秋田大学（機械工学科）「プロジェクトゼミ」のシラバス	116

図表一覧　xiii

図表 46	岡山大学（機械工学科）ＰＢＬ・創成型の講義科目	133
図表 47	岡山大学（機械工学科）発想訓練の体系図	135
図表 48	岡山大学（機械工学科）ストローの斜塔の発想訓練	137
図表 49	岡山大学（機械工学科）発想訓練の体系的な教育方法	138
図表 50	岡山大学（機械工学科）専門知識と創造力	138
図表 51	岡山大学（機械工学科）個人のアウトカムズ評価	139
図表 52	岡山大学（機械工学科）学生通知簿〔振り返りシート〕	140
図表 53	岡山大学（機械工学科）モノ創成訓練による創造力育成の効果	141
図表 54	金沢工業大学　プロジェクト　デザイン教育を主柱とした科目フロー	145
図表 55	金沢工業大学　総合力向上のためのスパイラルアップ型学習過程	147
図表 56	金沢工業大学「流れ学」のシラバス・授業明細表	150
図表 57	金沢工業大学「『総合力』ラーニング」における体系モデル	151
図表 58	産業能率大学（経営学部）教育課程科目体系	167
図表 59	産業能率大学（経営学部）キャリアデザイン科目	169
図表 60	産業能率大学（経営学部）専門教育科目体系	172
図表 61	産業能率大学（経営学部）ショップビジネスユニット科目間（座学と演習）内容の同期	173
図表 62	産業能率大学（経営学部）ショップビジネス講座で考えた調査前のショップコンセプトと4P	174
図表 63	産業能率大学（経営学部）フィールドリサーチで調査した店舗別「PI」	174
図表 64	産業能率大学（経営学部）フィールドリサーチで調査した3店舗のレーダーチャート	175
図表 65	産業能率大学（経営学部）3店舗のポジショニング分析	176
図表 66	産業能率大学（経営学部）ショップビジネス講座で考えた調査後のショップコンセプトと4P	176
図表 67	産業能率大学（経営学部）学生のポートフォリオによる指導システム	178
図表 68	立教大学（経営学部）ビジネスリーダーシッププログラム	181
図表 69	立命館大学（経営学部）小集団科目	203
図表 70	武蔵大学　三学部（経済・人文・社会）横断型ゼミ	214
図表 71	大学教員の教育志向と研究志向のグラフ	233
図表 72	アクティブラーニングとは	237
図表 73	MITのTEALプロジェクト	238
図表 74	TEALを可能にする教室環境	238
図表 75	アクティブラーニング形式の授業と講義型授業の比較実験	239
図表 76	韓国KAIST大学での1年生向けエンジニアリング・デザイン教育①	240
図表 77	韓国KAIST大学での1年生向けエンジニアリング・デザイン教育②	241
図表 78	韓国KAIST大学での1年生向けエンジニアリング・デザイン教育③	242
図表 79	その他国内事例	243
図表 80	駒場アクティブラーニングスタジオ（KALS）	245
図表 81	授業をアクティブにするために	247
図表 82	北米での講義と演習を組み合わせた授業例	253
図表 83	科目と必要コンピテンシーの関係図の例	256
図表 84	小規模の講義では	261
図表 85	大学生活の過ごし方から見た学生タイプ	267
図表 86	2つのライフ（将来の見通しと実行）	268
図表 87	学系別にみる2つのライフ	269
図表 88	学習動機別に見る2つのライフ	270
図表 89	学習形態別2つのライフ別学習時間	270
図表 90	2つのライフ別にみる大学生活の過ごし方から見た学生タイプ	271
図表 91	1年生での2つのライフの状況別にみるその後4年生での振り返り	272
図表 92	1年生での2つのライフの状況別にみるその後のアクティブラーニング型授業の受講状況	272

アクティブラーニングでなぜ学生が成長するのか
―経済系・工学系の全国大学調査からみえてきたこと―

第1部

河合塾からの「大学のアクティブラーニング」調査報告

4年間を通じた学習者中心のアクティブラーニングについて

河合塾からの「大学のアクティブラーニング」調査報告
―4年間を通じた学習者中心のアクティブラーニングについて―

河合塾教育研究部　谷口哲也
ライター・ジャーナリスト　友野伸一郎
(河合塾大学教育力調査プロジェクトメンバー)

1.「大学のアクティブラーニング」調査の目的と背景

(1) はじめに

　河合塾の大学教育力調査プロジェクトは、偏差値とは異なる大学選びの基準を社会や受験生に提供すべく、「大学の教育力」調査に取り組んできました。2008年に国立大学の教養教育調査、2009年に全国大学の初年次教育調査を行い、そして2010年度にはこれらの調査結果を引き継いだ形で「全国大学のアクティブラーニング調査」を実施しました。

　アクティブラーニングとは、「能動的な学習」のことで、授業者が一方的に知識伝達をする講義スタイルではなく、課題研究やPBL（Project/Problem Based Learning）、ディスカッション、プレゼンテーションなど学生の能動的な学習を取り込んだ授業を総称する用語です（**図表1**）。よって、アクティブラーニングが示す授業の形態や内容は非常に広く、その目的も大学や学部・学科によってさまざまです。

□学生参加型授業
　コメント・質問を書かせる／フィードバック、理解度を確認
　（クリッカー／レスポンス・アナライザー、授業最後／最初に小テスト／ミニレポート など）
□各種の共同学習を取り入れた授業
　協調学習／協同学習
□各種の学習形態を取り入れた授業
　課題解決学習／課題探求学習／問題解決学習／問題発見学習
□PBLを取り入れた授業

（京都大学　高等教育研究開発推進センター　准教授　溝上慎一）

図表1　アクティブラーニングを取り入れたさまざまな授業形態

大学教育におけるアクティブラーニングの導入は、未だ意識としては「まだら模様」と言うべき現状にあり、本調査のプロセスにおいても「アクティブラーニングという言葉は初耳だ」という大学教員の声も多数ありました。

しかし、アクティブラーニングという言葉が初耳であったとしても、その当該大学においても、多くのアクティブラーニングが導入され実践されているという現状があります。すなわち、言葉としてのアクティブラーニングは、説明概念としては新しいものであるかもしれませんが、教育手法そのものは古くから大学教育の中に一部では組み入れられてきたものなのです。そして、そのアクティブラーニングが、今、改めて注目されるのは、世界的な大学教育の流れの中で「学習者中心の教育」の模索が本格化してきたことと呼応しています。そして「学習者中心の教育」、すなわち「教員が何を教えたか」ではなく「学生が何をできるようになったのか」を基準として教育を考える場合、講義形式の授業だけではなく学生が能動的に授業に参加する授業形態が今まで以上に求められ、それをアクティブラーニングとして呼称しています。

本調査は、このアクティブラーニングが、4年間の大学教育を通じてどのように導入され活用されているのかを調査する、初めての試みです。ただし、本調査の対象科目からは語学系科目、体育系科目、情報リテラシー系科目を除外しました。なぜなら、より専門に引き付けたアクティブラーニングに焦点を絞るためです。また、学系に関しては「工学部機械系学科」「工学部電気・電子系学科」「理学部数学科」「理学部化学科」「経済・経営・商学系学部」「法学部」に限定しました（なぜこれらの学部・学科に限定したかという理由は後述します）。そして「工学部機械系学科」「工学部電気・電子系学科」「経済・経営・商学系学部」には、選抜した学部・学科に対して実地調査も行いました。

(2) 初年次教育調査における問題意識の継承

本調査では、河合塾が2009年に行った「全国大学の初年次教育調査」の問題意識を継承しています。初年次教育調査において、河合塾の当プロジェクトは以下の点に注目して取り組みました。

A) 学生の受動的な学びから能動的な学びへの態度変容

B) 学生の自律・自立化をいかに促しているか

C) 全学生に対する一定の水準以上の初年次教育の質保証

これらの諸点に注目した理由を2009年度「全国大学の初年次教育調査報告書（河合塾）」から再録します。

A) 学生の「受動的学び」から「能動的学び」への態度変容

高校までの学びは「XはYである」という形での命題を暗記することが中心となっている。すなわち命題知の学習である。これは大学の入学選抜のための学力試験が、命題知の正確さや量をチェックする方向で行われているためである。

これに対して、実際の社会で求められるのは、命題知のみではなく、命題知を基礎にした実践知・活用知である。命題知と実践知・活用知を例示しておくと、以下のようなものである。

命題知：「水の沸点は100℃である」ということを覚えている力。

実践知・活用知：高度3000m程度の山で飯盒でコメを炊きながら「この辺じゃ沸点はどのくらいだろう」と問われて、例えば「吹きこぼれないように蓋に石でも載せておきましょう」と、飯盒内の圧力を高めることで沸点を高くするように行動できるような力。（参考：『学力問題のウソ』PHP文庫　小笠原喜康著　118頁）

社会生活の中におけるこのような場面では、「水の沸点は100℃である」という命題知を伝えただけでは何の役にも立たない。社会の中で実際に活用できる知へと変容させていくことが、大学の教育には求められているはずである。

そして、経済産業省や経済団体等の調査によると、企業は大学卒業生に、いわゆる「社会人基礎力」などの「汎用力＝ジェネリックスキル」を強く求めていることがわかっている。（※社会人基礎力とは、経済産業省によって「職場や地域社会の中で多様な人々とともに仕事を行っていく上で必要な基礎的な能力」と定義された「前に踏み出す力」、「考え抜く力」、「チームで働く力」の3つの能力を指す。さらに「前に踏み出す力」は［主体性］［働きかけ力］［実行力］、「考え抜く力」は［課題発見力］［計画力］［創造力］、「チー

ムで働く力」は［発信力］［傾聴力］［柔軟性］［情況把握力］［規律性］［ストレスコントロール力］に分解される。）

　このような事実の中にも、社会で求められる「力」と、高校までの命題知習得を中心とした学習との間に存在する大きなギャップが確認できる。そして、このギャップを埋めることこそが従来の専門教育や教養教育に加え、新たに大学教育に求められているのである。初年次教育は、この学士課程教育を通じた「学習態度の変容」を実現するための入口であり、そのことが意識的に評価の視点に据えられていなければならない。

　この命題知から実践知・活用知への変容は、また、「受動的学び」から「能動的学び」への変容と一体のものである。命題知を得るための学習は、受動的に講義を聴くことで実現されるが、実践知・活用知を身につけるための学習は、一方向的な講義によっては実現しえない。何らかの協働体に参加し、実践的に活動することにおいて身につく能力である。したがって初年次教育は、必然的に能動的な学習態度を促すような授業とならざるを得ないはずである。

B) 学生の自律・自立化

　学生の自律・自立には、さまざまな要素があると考えられる。自己管理、時間管理などを中心としたソーシャルスキルはもちろん、スチューデントスキルに分類されるものも、自律・自立の要素である。

　そこで学生が自分で目標設定を行い、学び、それをレビューして再度目標設定を行えるようになること。すなわち有用な社会人は意識的あるいは無意識的に行っているPDCAサイクルを自主的に行える能力を培う仕組みに焦点を当てる。

C) 全学生に対する一定水準以上の初年次教育の保証

　ここには2つの問題が含まれていて、一番目が「全学生に」という問題であり、二番目が「一定水準以上の」という問題である。

　まず、「全学生に」という点だが、初年次教育においては、まず、すべての学生を対象に提供しているかが、問題とされるべきである。なぜ

ならば、初年次教育は大学のユニバーサル化を含む時代背景の中で進行する学生の質的変化に対応するために行われるものであって、個々の学生の個別事情に対応するために設定されているものではない。その大学・学部が必須と考える最低限の内容が、すべての学生に保証されている必要がある。逆に言えば、すべての学生に保証している初年次教育のレベルが、その大学・学部の初年次教育のレベルを表現しているということである。逆に、たとえば文部科学省の GP に採択されている初年次教育には、「選択」とされているものが多い。これは先導的な試行としては意味があるものの、「選択」としている時点で、本当にその科目が必要な学生がその科目を「選択しない」可能性が大きく、そのまま大学・学部全体の初年次教育と見なすことはできない。すなわち、たとえばグループワークでコミュニケーションを学ばせる必要がある学生は、多くの場合これまでそういった訓練の場を経験しておらず、あるいはコミュニケーションを苦手としている。そうした学生にとって、グループワークを課す科目を「選択」とすれば、選択しないケースが増えると推測できるからである。

　次に「一定水準以上の」という問題である。初年次教育の中心となる「初年次ゼミ」は、上記の変容を実現しようとすれば、内容に盛り込むことが多岐にわたり、すべてを教員裁量にまかせることはできないはずである。また、初年次教育として「初年次ゼミ」であるとか、「オリエンテーション」であるとか、さまざまなプログラムが組まれていても、実際には一方的な講義が行われているだけという例も聞かれる。スタディスキルにせよ、学生の変容にせよ、明確な目的が教員に共有され、一定程度の内容と水準がすべての授業において担保されている必要がある。しかも初年次教育に関するプログラムは比較的新しい領域であり、教員にとっても、専門科目での教育経験をストレートに適用することはできないとされている。だからこそ、この「一定水準以上の」内容を大学・学部としてどう担保しているのかに、大学としての姿勢が表現されていると考えられる。

アクティブラーニングが、初年次教育から始まって4年間を通じてどのように大学教育に導入されているのか、それを上記の3つの観点を軸に豊富化しながら調査することが、本調査の出発点です。

(3) アクティブラーニングが重視されるべき根拠
①アクティブラーニングの定義

アクティブラーニングとは冒頭に述べたとおりですが、本調査ではアクティブラーニングを「PBL（project/problem based learning）、実験、実習、フィールドワークなどの参加型・能動型学習」と定義し、さらに、このアクティブラーニングを「知識の定着・確認を目的とした演習・実験等の一般的アクティブラーニング（GAL）」と、「知識の活用を目的としたPBL、創成授業等の高次のアクティブラーニング（HAL）」に分類しました（**図表2**）。

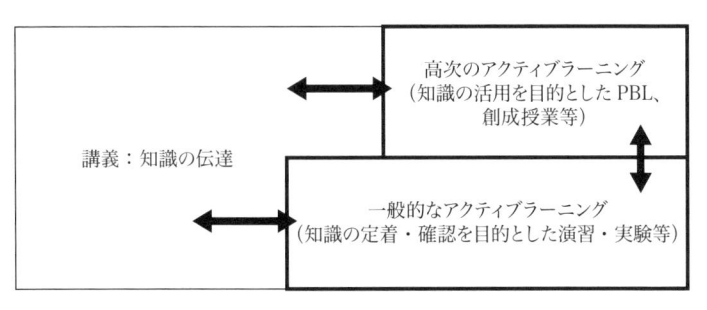

図表2　一般的アクティブラーニングと高次のアクティブラーニング

一般的アクティブラーニングと高次のアクティブラーニングに分けた理由は、本調査が「学生の受動的な学びから能動的な学びへの態度変容」を4年間で促しているかをみるためです。つまり、命題知の定着のためのアクティブラーニングと活用知・実践知のためのアクティブラーニングを分類することで、大学が学習者の「態度変容」をどのレベルで考えているのか仮説化できると考えたからです。

②アクティブラーニングが重視される歴史的背景

アクティブラーニングになぜ注目するのかといえば、命題知から実践知・

活用知への、そして受動的学びから能動的な学びへの学生の態度変容を促すためには、実践的協働体として機能するグループワークへの参加と問題発見・解決型の PBL への取り組みが不可欠だと考えるからです。そして、この転換は初年次教育で完結するものではなく、4年間継続して発展することに意義があると思われます。

そうなる背景について、溝上(「名古屋高等教育研究」第7号)を参考にします。

> 近代以前の教育はコミュニティ内の大人から子供へと知識が継承されることで成立してきた。このため、知識は大人の所有範囲を超えないし、超えなくても十分であった。これに対し、近代社会は、科学技術の発展、都市化、産業化の進展とともに、子どもが人生形成していくために必要な知識が、身近なコミュニティの人間関係の所有範囲を超えることになる。それが学校教育である。子どもは学校という場で、教師から教えられて成長し、社会に適応できていた。ところがポスト近代社会においては、社会の急速な進展や情報社会化によって、子どもの人生形成に必要な知識が、学校教育でのそれを量・質とともに超えてしまっている。インターネット等を媒介として、学校以外で知識を得られるようになり、また高等教育の教員がその事態に十分に対応できていない。

こうした認識を前提とした上で、なぜアクティブラーニングが重要なのかを次に整理します。

③現状の社会の特質と教育に要請されること

本田由紀『多元化する「能力」と日本社会』の言う近代社会(メリトクラシー)とポスト近代社会(ハイパーメリトクラシー)で必要とされた能力の特徴を以下に対比します。

近代社会で必要とされる能力は、知識伝達型の教育で達成可能であるのに対して、ポスト近代社会で必要とされる能力は、知識伝達型の教育、命題知の暗記型の教育で達成されるものではありません。その命題知=専門知識を前提として、さらなるプラスアルファの能力として形成されていくしかない

```
┌─────────────────────────┐  ┌─────────────────────────────┐
│      【近代社会】        │  │      【ポスト近代社会】     │
│   基礎学力              │  │   生きる力                  │
│   標準性                │  │   多様性                    │
│   知識量・知的操作の速度│  │   意欲・創造性              │
│   共通尺度で比較可能性  │  │   個別性・個性              │
│   順応性                │  │   能動性                    │
│   協調性・同質性        │  │   ネットワーク形成力・交渉力│
└─────────────────────────┘  └─────────────────────────────┘
```

図表3　本田由紀『多元化する「能力」と日本社会』より

のです。つまり、社会のポスト近代への移行により、その社会で求められる実践知・活用知とは、**図表3**の右にあげたような能力・性質へと進んできており、そのためにアクティブラーニングが求められるようになってきたのではないでしょうか。

④アクティブラーニングの効果

以前より、学んだことを記憶する上でアクティブラーニングが効果的であるという事実は、**図表4**のラーニングピラミッドでも指摘されています。こ

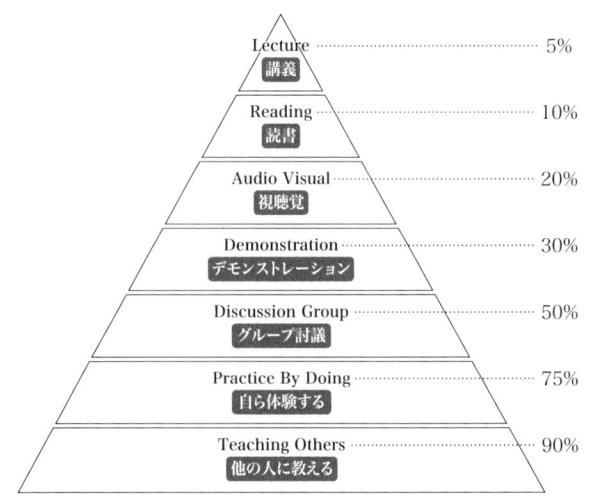

```
                    ▲
                   ╱ ╲
                  ╱Lec╲ ········ 5%
                 ╱ture ╲
                ╱ 講義  ╲
               ╱─────────╲
              ╱ Reading   ╲ ······ 10%
             ╱   読書      ╲
            ╱───────────────╲
           ╱  Audio Visual   ╲ ···· 20%
          ╱    視聴覚         ╲
         ╱─────────────────────╲
        ╱   Demonstration       ╲ · 30%
       ╱   デモンストレーション   ╲
      ╱───────────────────────────╲
     ╱    Discussion Group          ╲ 50%
    ╱      グループ討議               ╲
   ╱───────────────────────────────────╲
  ╱     Practice By Doing                 ╲ 75%
 ╱        自ら体験する                      ╲
╱───────────────────────────────────────────╲
     Teaching Others                         90%
      他の人に教える
```

Adapted from NTL Institute for Applied Behavioral Science

図表4　National Training Laboratoriesの平均学習定着率調査

のラーニングピラミッドは米 National Training Laboratories が平均学習定着率（Average Learning Retention Rates）を調査したもので、授業から半年後に内容を覚えているどうかを、学習形式によって分類比較したものです。これを見ると定着率は、「講義」では 5% しかなく、「読書」が 10%、「視聴覚」が 20%、「デモンストレーション」が 30%、「グループ討議」が 50%、「自ら体験する」と 75%、「他の人に教える」と 90% となっています。このピラミッドでは下に行くほどアクティブラーニングの要素が強まっており、そこでの相関関係が明瞭にあらわれています。

　実際、アメリカ、ヨーロッパ、オーストラリア等では、「モジュール科目」等と称され、週に 2 コマの時間を設けて、1 コマは講義、もう 1 コマは講義の内容を定着させるためのアクティブラーニング等を行う授業が一般的に採用されています。

　また、アメリカのマサチューセッツ工科大学（MIT）で伝統的に講義中心だった「物理学」の授業にアクティブラーニングが 2001 年度に導入され、大きな成果を挙げていると「東京大学現代教育ニーズ取組支援プログラム『ICT を活用した新たな教養教育の実現』」に紹介されています。この「物理学」の授業は MIT の学生全員必修であり、1 クラスは 60 〜 100 人程度で構成されています。従来の講義型の授業では授業の最初と最後の改善率が 0.2 〜 0.3 であったのに対し、アクティブラーニング導入後では改善率が 0.46 に伸び、大きな効果があったということです。

　では、どのようなアクティブラーニングが導入されたのでしょうか。簡単な机上での実験なども取り入れられていますが、「コンセプトテスト」と呼ばれる物理概念に関する質問をして、最初は学生一人ひとりに答えさせます。その上で学生たちに 3 人〜 9 人程度のグループに分かれてディスカッションをさせます。そうすると 1 回目の回答よりも、ディスカッションを経た後のほうが正答率が上がっていくのです。そうして最後に教員は、学生に「自分の考えが変わるような説明を聞けた人がいたら、クラス全員にそれを聞かせてくれませんか」と質問を投げかけます。このようにして、学生たちはコミュニケーションスキル、社会的スキルの向上の機会も与えられるのです（学生たちは恥ずかしがったりしないで話すことができますが、その理由は話す内容が他の

人の意見だからなのです)。

つまり、アクティブラーニングには、単に記憶が長続きするという以上の積極的な効果があると考えられます。

アクティブラーニングの大きな特徴は、言語による伝達を超える内容があるということです。知識伝達型の講義という授業形態は、基本的に言語または視覚による一方向的な伝達が基本です。しかし、アクティブラーニングには、言語化されている以上の事柄が含まれます。人間の1つの実践には、実は無数の側面があります。例えば、1つの問題発見・解決型の授業を想定するならば、その授業で行われていることは、問題を発見し、それに関して調査し、思惟を巡らし、筋道を立て、他者と討論し、まとめ、プレゼンテーションの準備をし、それを実践するということになります。言葉にすれば、これだけで済むのですが、実際のこのプロセスは、おそらくレポートに表現される数十倍もの豊かさを持つはずです。

2．質問紙調査の概要

(1) 調査全体の概要

本調査は、以下の2つで構成されます。

① 「ゼミ・演習などの教育システム調査」(対象：経済・経営・商学系学部149学部、法学部59学部、工学部機械系学科60学科、工学部電気・電子系学科52学科、理学部数学科14学科、理学部化学科17学科) という質問紙調査
② 「4年間を通じた大学のアクティブラーニング調査」(対象：経済・経営・商学系学部16学部、工学部機械系学科11学科、工学部電気・電子系学科9学科) という実地調査

質問紙により幅広く調査を行い、その回答をポイント化します。回答のあった大学で高いポイントを示した学部・学科を中心に、大学のHPや文科省のGP採択教育プログラムなども参考として、実地調査する学部・学科を抽出しました。実地評価のために、当プロジェクトに属する3〜5名の調査員が

訪問し、ヒアリングを行うとともに実地評価ポイントに基づく採点評価を合議の上、行いました。

この調査方法にはそれぞれ以下の特徴があります。

①の質問紙では、単純なエビデンス（あるか、ないか、何人か……など）のみを質問します。定性的な質問（力を入れているか、どのようにしているか……など）を行うと回答者の主観により基準がバラバラになりやすく、統一した評価の基盤とはなりにくいからです。

また、対象学部を「経済・経営・商」「法・政治」「工」「理」にした理由は、育成すべき人材像、すなわちカリキュラムが学部により異なるため、社会科学系と理工系(医療系では国家試験対策のカリキュラムにアクティブラーニングの要素が多いことは自明)の代表的な学部に絞りました。ただし、2009年に行った「全国大学の初年次教育調査」の結果では**図表5**のとおり、医・歯・薬・保健学部系や農学部系のポイントが高く、「経済・経営・商」と「工」が平均レベルで「理」や「法・政治」系がかなり低かったので、「法・政治」「理」のアクティブラーニング導入度も低いのではないかという予想をしていました。

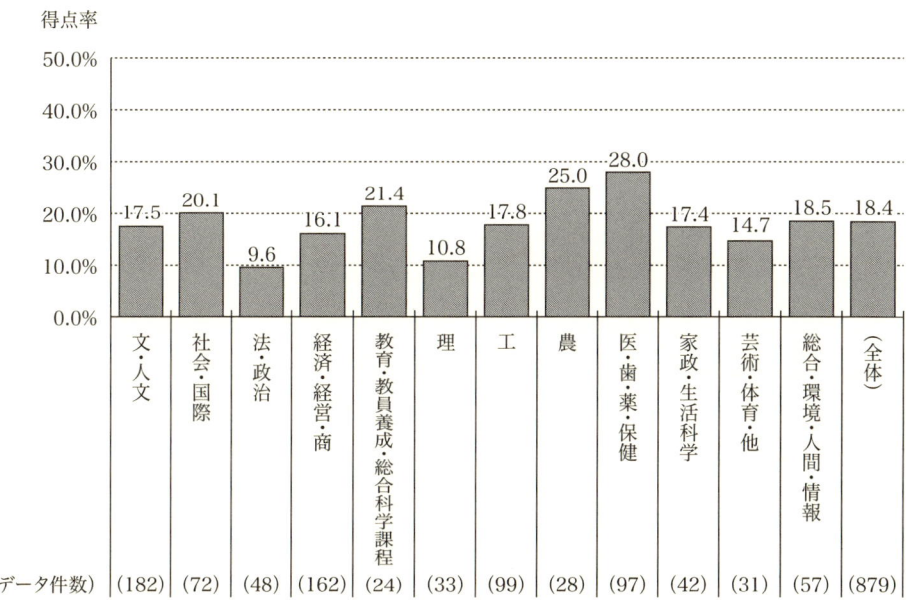

得点率

学系	得点率	データ件数
文・人文	17.5	(182)
社会・国際	20.1	(72)
法・政治	9.6	(48)
経済・経営・商	16.1	(162)
教育・教員養成・総合科学課程	21.4	(24)
理	10.8	(33)
工	17.8	(99)
農	25.0	(28)
医・歯・薬・保健	28.0	(97)
家政・生活科学	17.4	(42)
芸術・体育・他	14.7	(31)
総合・環境・人間・情報	18.5	(57)
（全体）	18.4	(879)

図表5　初年次ゼミの「学生の態度変容」学系別の平均得点率

また、工学部と理学部では学科ごとのカリキュラムの違いも大きく、学科を絞らざるを得ませんでした。工学系では全国の工学部にほぼ設置されており、且つ伝統的な機械系学科と電気・電子系学科に絞りました。理学系で選んだ学科は、数物系から数学科、化学生物系から化学科としました。

②の実地調査には、3～5名の調査員が訪問し、評価基準をもって取材します。評価基準は提示せず、取材当日のヒアリング項目だけは事前に示しておきます。採点基準は、大学のケースが多様で当初の基準で対応できない場合がでてくるため、実地取材を行うごとに再検討されます。採点は、新しい評価基準に更新されるたびに、過去の実地取材大学も再採点されていくわけです。

(2) 質問紙の採点基準

質問紙「ゼミ・演習などの教育システム調査」で、ポイント化したのは①各学年においてゼミ・演習・実験科目をどのようなやり方で設計・実施しているのか、②卒論に関する質問の2点です（287頁）。

採点基準は、**図表6**の通りです。その項目を学生が経験する比率が高い場合ほど高得点になるようにしました。ここでは、ポイント化によって見えてくる全体的な傾向と、アクティブラーニング導入状況を項目ごとに分析します。

(3) 質問紙調査によるアクティブ項目の回答分析

経済・経営・商学系学部、法学部、工学部機械系学科、工学部電気・電子系学科、理学部2学科における4年間のアクティブラーニング導入度を比較すると、次のような有意な差が見られました（**図表7**）。

工学部電気・電子系学科と機械系学科が最も高く、理学部2学科が28.5ポイントと続き、その次が経済・経営・商学系学部で19.6ポイント、最も低いのが法学部の14.6ポイントでした。工学部機械系学科と電気・電子系学科は経済・経営・商学系学部の2倍以上ものポイント差を示しています。

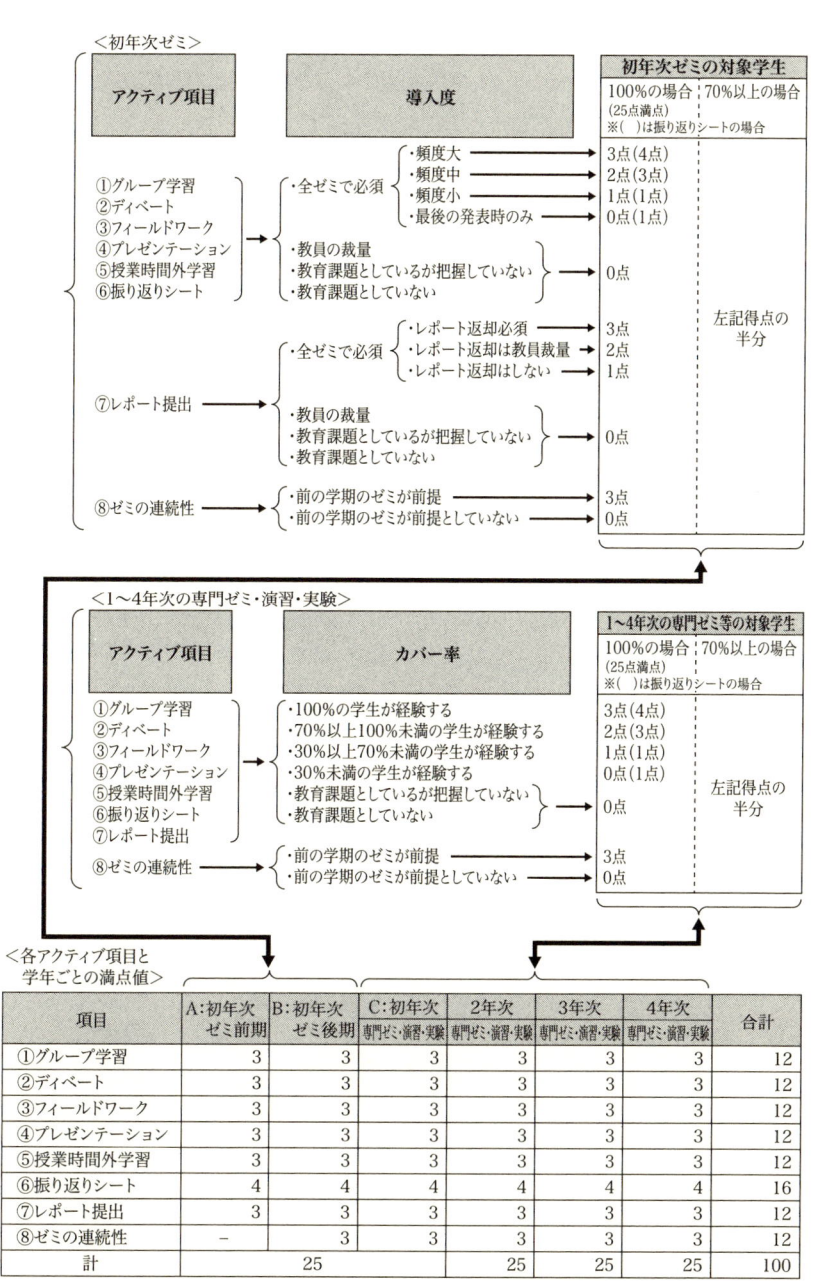

第1部　河合塾からの「大学のアクティブラーニング」調査報告　17

〈初年次ゼミ〉

アクティブ項目	導入度		初年次ゼミの対象学生
			100%の場合 / 70%以上の場合 (25点満点) ※( )は振り返りシートの場合

①グループ学習
②ディベート
③フィールドワーク
④プレゼンテーション
⑤授業時間外学習
⑥振り返りシート

- 全ゼミで必須
  - 頻度大 → 3点(4点)
  - 頻度中 → 2点(3点)
  - 頻度小 → 1点(1点)
  - 最後の発表時のみ → 0点(1点)
- 教員の裁量
- 教育課題としているが把握していない
- 教育課題としていない
  → 0点

⑦レポート提出
- 全ゼミで必須
  - レポート返却必須 → 3点
  - レポート返却は教員裁量 → 2点
  - レポート返却はしない → 1点
- 教員の裁量
- 教育課題としているが把握していない
- 教育課題としていない
  → 0点

⑧ゼミの連続性
- 前の学期のゼミが前提 → 3点
- 前の学期のゼミが前提としていない → 0点

（右側：左記得点の半分）

〈1〜4年次の専門ゼミ・演習・実験〉

アクティブ項目	カバー率		1〜4年次の専門ゼミ等の対象学生
			100%の場合 / 70%以上の場合 (25点満点) ※( )は振り返りシートの場合

①グループ学習
②ディベート
③フィールドワーク
④プレゼンテーション
⑤授業時間外学習
⑥振り返りシート
⑦レポート提出

- 100%の学生が経験する → 3点(4点)
- 70%以上100%未満の学生が経験する → 2点(3点)
- 30%以上70%未満の学生が経験する → 1点(1点)
- 30%未満の学生が経験する → 0点(1点)
- 教育課題としているが把握していない
- 教育課題としていない
  → 0点

⑧ゼミの連続性
- 前の学期のゼミが前提 → 3点
- 前の学期のゼミが前提としていない → 0点

（右側：左記得点の半分）

〈各アクティブ項目と学年ごとの満点値〉

項目	A:初年次ゼミ前期	B:初年次ゼミ後期	C:初年次専門ゼミ・演習・実験	2年次 専門ゼミ・演習・実験	3年次 専門ゼミ・演習・実験	4年次 専門ゼミ・演習・実験	合計
①グループ学習	3	3	3	3	3	3	12
②ディベート	3	3	3	3	3	3	12
③フィールドワーク	3	3	3	3	3	3	12
④プレゼンテーション	3	3	3	3	3	3	12
⑤授業時間外学習	3	3	3	3	3	3	12
⑥振り返りシート	4	4	4	4	4	4	16
⑦レポート提出	3	3	3	3	3	3	12
⑧ゼミの連続性	−	3	3	3	3	3	12
計	25			25	25	25	100

※A、B、Cについては、A〜Cの中での最高点を抽出

図表6　質問紙調査の採点基準

18　河合塾からの「大学のアクティブラーニング」調査報告

学系	入試偏差値 H：55.0以上 M：45.0〜55.0 L：45.0未満	学部 学科数	1年次 (初年次含む) 25点	2年次 25点	3年次 25点	4年次 25点	合計 100点
経済・経営・商学系	H	36	4.0	2.6	4.6	5.3	16.4
	M	49	4.0	2.8	4.6	4.4	15.9
	L	64	6.8	4.6	6.5	6.3	24.2
経済・経営・商学系 集計		149	5.2	3.5	5.4	5.4	19.6
法学系	H	22	5.8	1.6	3.1	2.9	13.4
	M	22	2.3	1.4	4.2	3.8	11.6
	L	15	6.1	4.2	5.4	5.1	20.8
法学系 集計		59	4.6	2.2	4.1	3.8	14.6
機械系	H	8	9.2	8.1	13.1	11.0	41.4
	M	26	9.8	9.8	10.9	13.2	43.6
	L	26	7.1	7.5	10.7	14.6	39.9
機械系 集計		60	8.5	8.6	11.1	13.5	41.7
電気・電子系	H	4	7.3	8.0	10.0	11.3	36.5
	M	19	7.4	11.1	12.4	12.9	43.8
	L	29	9.4	8.9	10.6	13.2	42.0
電気・電子系 集計		52	8.5	9.6	11.2	13.0	42.2
理学（数学・化学）系	H	10	4.0	5.3	7.3	14.0	30.6
	M	18	5.6	5.2	6.3	8.9	26.0
	L	3	6.0	7.0	6.5	17.0	36.5
理学（数学・化学）系 集計		31	5.1	5.4	6.6	11.3	28.5
上記全学部・学科		351	6.1	5.2	7.1	8.2	26.7

※1〜4年次は25点満点、総合は100点満点

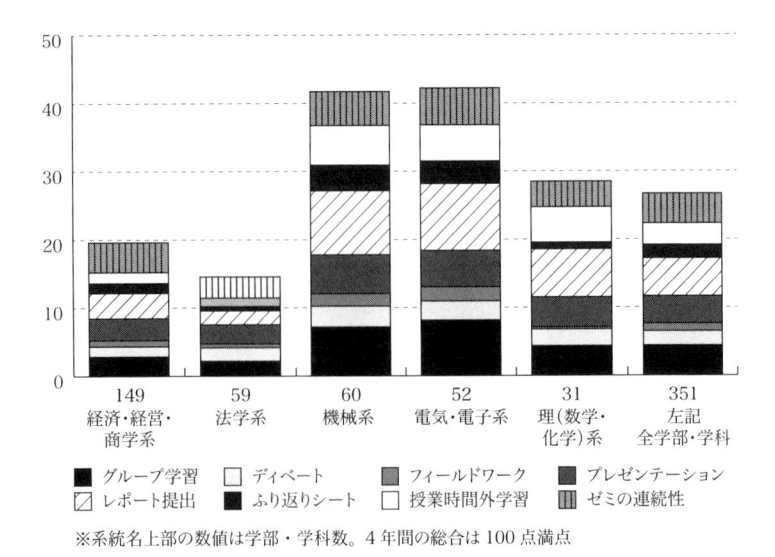

※系統名上部の数値は学部・学科数。4年間の総合は100点満点

図表7　4年間のアクティブラーニング項目導入度の学系別・学年別比較

入試難易度別に比較すると、いずれの学系も偏差値45.0未満（L）でアクティブラーニング導入度が最も高く、偏差値55.0以上（H）や偏差値45.0～55.0（M）とは有意な差が表れています。
　アクティブラーニングの各要素別にみると、「グループ学習」「振り返りシート」「授業時間外学習」等の項目が、工学部機械系学科と電気・電子系学科と経済・経営・商学系学部との間には大きな差があることが分かります。

①グループ学習

　グループ学習について4年間の合計を学系別に比較すると、工学部機械系学科と電気・電子系学科と機械系学科が高いポイントを示しています。次いで理学部2学科が4.4ポイントと続き、経済・経営・商学系学部が2.8ポイント、法学部が2.2ポイントと最も低いポイントを示しています（図表8）。工学部機械系学科と電気・電子系学科は社会科学系学部の3倍近いポイントです。

②ディベート

　ディベートについても、やはり工学部機械系学科と電気・電子系学科が高く、次いで理学部2学科が2.4ポイント、法学部が2.0ポイント、最も低かったのが経済・経営・商学系学部で1.5ポイントでした（図表9）。経済・経営・商学系学部こそ、ビジネス場面でネゴシエーション等が想定されディベートの必要性が高いと思われますが、意外な結果でした。
　学年別に比較すると、経済・経営・商学系学部と法学部では学年ごとの有意な差は見られないのに対し、工学部機械系学科と電気・電子系学科、理学部2学科では4年次が飛躍的に高い数値を示していますが、これは卒業研究においてディベートが行われているためでしょう。

③フィールドワーク

　フィールドワークについては、他の項目と比較すると「振り返りシート」の導入度に続いて2番目に低い項目です。4年間の合計を学系別に比較すると、工学部電気・電子系学科が2.1ポイントと最も高い数値を示し、工学部

学系	入試偏差値 H：55.0以上 M：45.0〜55.0 L：45.0未満	学部 学科数	1年次 (初年次含む) 3点	2年次 3点	3年次 3点	4年次 3点	合計 12点
経済・経営・商学系	H	36	0.7	0.5	0.8	0.6	2.5
	M	49	0.5	0.5	0.6	0.4	2.1
	L	64	1.1	0.7	1.0	0.7	3.6
経済・経営・商学系 集計		149	0.8	0.6	0.8	0.6	2.8
法学系	H	22	1.0	0.4	0.7	0.4	2.4
	M	22	0.3	0.2	0.7	0.5	1.7
	L	15	0.7	0.9	0.7	0.4	2.7
法学系 集計		59	0.7	0.4	0.7	0.4	2.2
機械系	H	8	1.6	0.8	1.5	0.8	4.6
	M	26	2.2	1.6	2.0	1.7	7.5
	L	26	1.6	1.7	2.0	2.3	7.7
機械系 集計		60	1.9	1.5	1.9	1.8	7.2
電気・電子系	H	4	2.3	2.3	2.5	2.5	9.5
	M	19	1.5	2.5	2.3	1.8	8.2
	L	29	1.8	2.0	2.2	2.0	7.9
電気・電子系 集計		52	1.7	2.2	2.2	2.0	8.2
理学（数学・化学）系	H	10	0.8	0.6	1.2	2.5	5.1
	M	18	0.7	0.7	1.2	1.6	4.2
	L	3	0.0	0.0	0.0	3.0	3.0
理学（数学・化学）系 集計		31	0.6	0.6	1.1	2.0	4.4
上記全学部・学科		351	1.1	1.0	1.2	1.1	4.4

※1〜4年次は3点満点、4年間の総合は12点満点

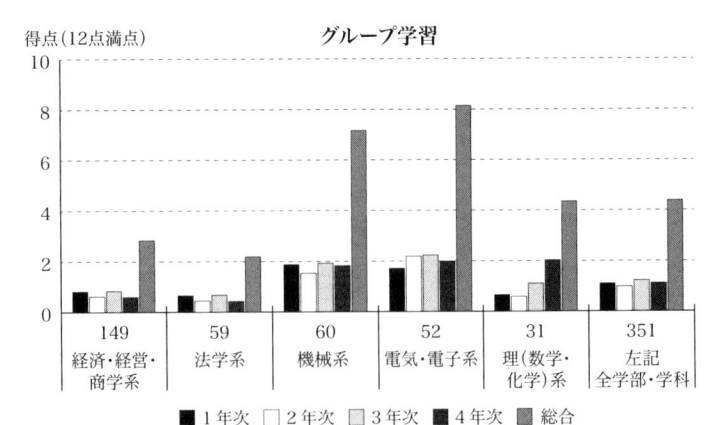

図表8　「グループ学習」の学系別・学年別平均得点

第1部　河合塾からの「大学のアクティブラーニング」調査報告　21

学系	入試偏差値 H：55.0以上 M：45.0〜55.0 L：45.0未満	学部 学科数	1年次 (初年次含む) 3点	2年次 3点	3年次 3点	4年次 3点	合計 12点
経済・経営・商学系	H	36	0.3	0.4	0.4	0.4	1.5
	M	49	0.4	0.3	0.5	0.4	1.6
	L	64	0.2	0.3	0.5	0.4	1.4
経済・経営・商学系 集計		149	0.3	0.3	0.5	0.4	1.5
法学系	H	22	1.0	0.4	0.5	0.3	2.3
	M	22	0.3	0.1	0.4	0.4	1.2
	L	15	0.6	0.7	0.8	0.5	2.6
法学系 集計		59	0.6	0.4	0.6	0.4	2.0
機械系	H	8	0.4	0.0	0.9	1.1	2.4
	M	26	0.6	0.5	0.8	1.7	3.6
	L	26	0.3	0.2	0.7	1.5	2.7
機械系 集計		60	0.4	0.3	0.8	1.6	3.1
電気・電子系	H	4	0.0	0.0	1.0	1.0	2.0
	M	19	0.5	0.5	0.8	1.3	3.1
	L	29	0.7	0.1	0.6	1.3	2.7
電気・電子系 集計		52	0.5	0.3	0.7	1.3	2.8
理学（数学・化学）系	H	10	0.3	0.3	0.3	1.8	2.7
	M	18	0.4	0.1	0.4	1.4	2.4
	L	3	0.0	0.0	0.0	1.7	1.7
理学（数学・化学）系 集計		31	0.3	0.2	0.4	1.6	2.4
上記全学部・学科		351	0.4	0.3	0.5	0.8	2.1

※1〜4年次は3点満点、4年間の総合は12点満点

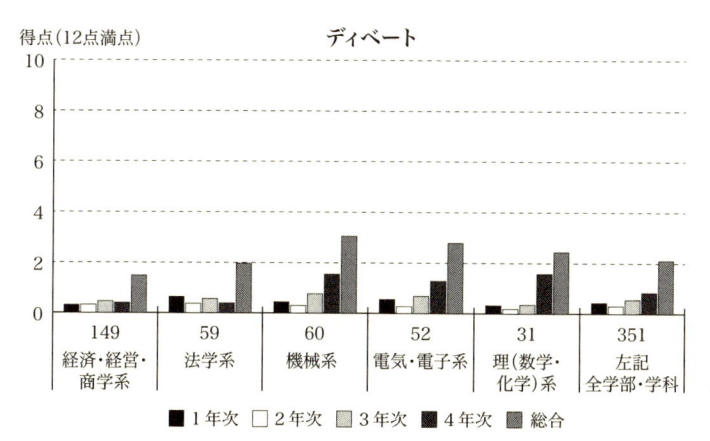

※学系名上部の数値は学部・学科数
※1〜4年次は3点満点、総合は12点満点

図表9　「ディベート」の学系別・学年別平均得点

学系	入試偏差値 H：55.0以上 M：45.0～55.0 L：45.0未満	学部 学科数	1年次 (初年次含む) 3点	2年次 3点	3年次 3点	4年次 3点	合計 12点
経済・経営・商学系	H	36	0.2	0.2	0.3	0.3	1.0
	M	49	0.1	0.0	0.2	0.1	0.5
	L	64	0.3	0.3	0.4	0.3	1.2
経済・経営・商学系 集計		149	0.2	0.2	0.3	0.3	0.9
法学系	H	22	0.4	0.0	0.1	0.1	0.6
	M	22	0.0	0.0	0.1	0.2	0.4
	L	15	0.3	0.1	0.3	0.2	0.8
法学系 集計		59	0.2	0.0	0.2	0.2	0.6
機械系	H	8	0.4	0.0	0.5	0.3	1.1
	M	26	0.4	0.2	0.2	0.5	1.2
	L	26	0.5	0.3	0.8	1.0	2.7
機械系 集計		60	0.4	0.3	0.5	0.6	1.8
電気・電子系	H	4	0.0	0.0	0.3	0.3	0.5
	M	19	0.7	0.5	0.8	0.6	2.6
	L	29	0.6	0.3	0.5	0.6	2.0
電気・電子系 集計		52	0.6	0.3	0.6	0.6	2.1
理学（数学・化学）系	H	10	0.3	0.0	0.4	0.3	1.0
	M	18	0.0	0.0	0.0	0.0	0.0
	L	3	0.0	0.0	0.0	0.0	0.0
理学（数学・化学）系 集計		31	0.1	0.0	0.1	0.1	0.3
上記全学部・学科		351	0.3	0.2	0.3	0.3	1.1

※1～4年次は3点満点、総合は12点満点

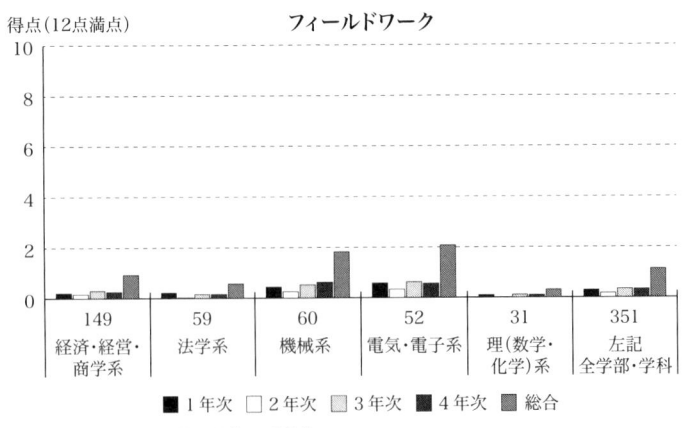

図表10 「フィールドワーク」の学系別・学年別平均得点

機械系学科が1.8ポイントとそれに続いています（**図表10**）。

④ プレゼンテーション

プレゼンテーションは、他の項目と比較すると「レポート提出」「グループ学習」「ゼミの連続性」の導入度に次いで4番目に高い項目です。学系別に比較すると工学部機械系学科と電気・電子系学科が最も高い数値を示していますが、それでも経済・経営・商学系学部や法学部、理学部2学科との差が他の項目ほど大きく開いていません（**図表11**）。どの学系でもある程度、導入されているアクティブラーニングであると言えましょう。学年別にみると理工系では4年次の導入度が高いのは卒業研究に組み込まれているためです。

⑤レポート提出

レポート提出については、各項目の中で最も高い数値を示しました。

しかし学部別に比較すると、工学部電気・電子系学科が9.8ポイント、機械系学科が9.4ポイントと、高い数値を示し、理学部2学科が次いで7.1ポイントであったのに対して、経済・経営・商学系学部は3.7ポイント、法学部では2.0ポイントと大きな差が開いています（**図表12**）。社会科学系学部では、レポート提出させるかどうかは教員裁量になっています。

入試難易度別では、経済・経営・商学系学部、法学部、理学部2学科で、入試偏差値45.0未満（L）に属する学部・学科が導入度が高い数値を示しています。特に法学部では、その差は2倍以上にも達しています。

⑥振り返りシート

各年次の満点は4点と他の項目より加重配点にしていますが、全体的に導入の度合いが低い項目です。

学系別にみると、特に法学部0.6ポイント、理学部2学科1.0ポイントが低く、経済・経営・商学系学部にしても1.5ポイントにとどまっています。工学部機械系学科が3.8ポイント、電気・電子系学科が3.3ポイント、と比較的高い数値ですが、全体的にこの取り組みは進んでいないと言えます（**図表13**）。

学系	入試偏差値 H：55.0以上 M：45.0〜55.0 L：45.0未満	学部 学科数	1年次 (初年次含む) 3点	2年次 3点	3年次 3点	4年次 3点	合計 12点
経済・経営・商学系	H	36	0.7	0.5	0.8	1.0	3.0
	M	49	0.6	0.6	0.9	0.7	2.8
	L	64	0.8	0.8	1.1	1.0	3.6
経済・経営・商学系 集計		149	0.7	0.7	0.9	0.9	3.2
法学系	H	22	1.3	0.4	0.8	0.7	3.3
	M	22	0.5	0.4	0.8	0.5	2.2
	L	15	0.8	0.7	0.9	0.7	3.1
法学系 集計		59	0.9	0.5	0.8	0.6	2.8
機械系	H	8	1.2	1.1	2.6	2.3	7.2
	M	26	0.9	1.1	1.3	2.3	5.6
	L	26	0.9	0.4	1.5	2.7	5.4
機械系 集計		60	0.9	0.8	1.6	2.5	5.7
電気・電子系	H	4	0.0	0.0	2.5	3.0	5.5
	M	19	0.5	1.0	1.4	2.3	5.2
	L	29	0.9	0.7	1.4	2.5	5.5
電気・電子系 集計		52	0.7	0.7	1.5	2.5	5.4
理学（数学・化学）系	H	10	0.2	0.3	0.5	3.0	3.9
	M	18	0.9	0.7	0.9	1.9	4.4
	L	3	1.0	1.0	1.0	3.0	6.0
理学（数学・化学）系 集計		31	0.7	0.6	0.8	2.4	4.4
上記全学部・学科		351	0.8	0.7	1.1	1.5	4.0

※1〜4年次は3点満点、総合は12点満点

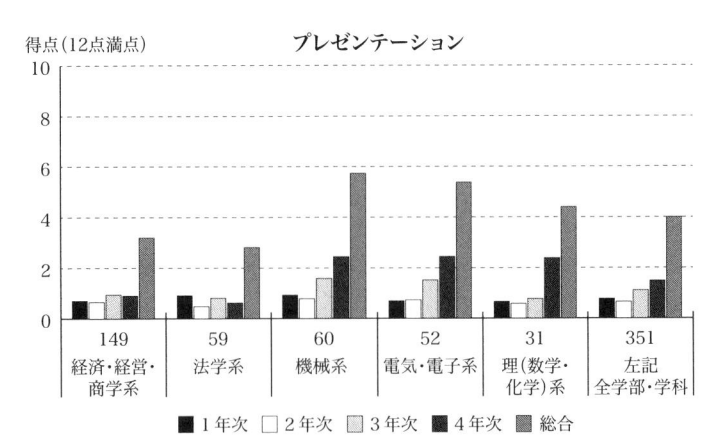

※学系名上部の数値は学部・学科数
※1〜4年次は3点満点、総合は12点満点

図表11 「プレゼンテーション」の学系別・学年別平均得点

学系	入試偏差値 H：55.0以上 M：45.0〜55.0 L：45.0未満	学部 学科数	1年次 (初年次含む) 3点	2年次 3点	3年次 3点	4年次 3点	合計 12点
経済・経営・商学系	H	36	0.7	0.4	0.7	1.0	2.8
	M	49	1.1	0.6	0.7	0.8	3.2
	L	64	1.4	0.9	1.1	1.2	4.6
経済・経営・商学系 集計		149	1.1	0.7	0.9	1.0	3.7
法学系	H	22	0.6	0.1	0.2	0.3	1.3
	M	22	0.2	0.3	0.5	0.5	1.5
	L	15	1.2	0.8	0.9	1.0	3.9
法学系 集計		59	0.6	0.3	0.5	0.5	2.0
機械系	H	8	2.2	2.4	2.1	2.3	8.9
	M	26	2.4	2.5	2.5	2.5	10.0
	L	26	1.7	2.3	2.4	2.5	8.9
機械系 集計		60	2.1	2.4	2.4	2.5	9.4
電気・電子系	H	4	3.0	3.0	1.5	2.3	9.8
	M	19	2.2	3.0	2.8	2.1	10.0
	L	29	2.3	2.4	2.4	2.5	9.6
電気・電子系 集計		52	2.3	2.7	2.5	2.3	9.8
理学（数学・化学）系	H	10	1.3	1.7	1.8	2.1	6.9
	M	18	1.8	1.9	1.6	1.3	6.7
	L	3	3.0	2.0	2.0	3.0	10.0
理学（数学・化学）系 集計		31	1.8	1.8	1.7	1.7	7.1
上記全学部・学科		351	1.4	1.3	1.4	1.4	5.6

※1〜4年次は3点満点、総合は12点満点

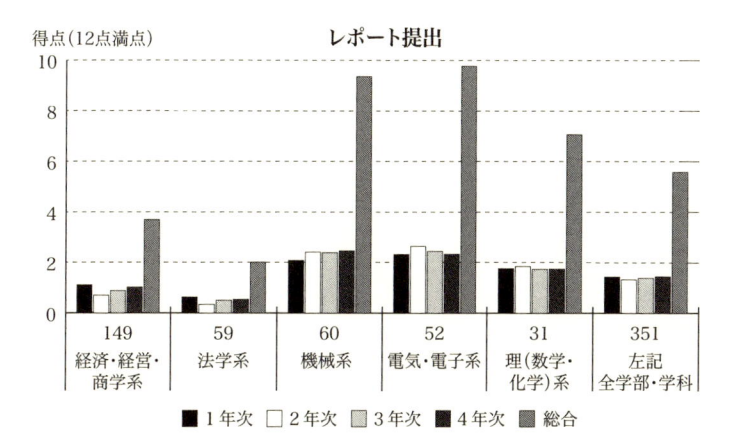

※学系名上部の数値は学部・学科数
※1〜4年次は3点満点、総合は12点満点

図表12 「レポート提出」の学系別・学年別平均得点

学系	入試偏差値 H：55.0以上 M：45.0〜55.0 L：45.0未満	学部 学科数	1年次 (初年次含む) 4点	2年次 4点	3年次 4点	4年次 4点	合計 16点
経済・経営・商学系	H	36	0.3	0.2	0.4	0.4	1.2
	M	49	0.2	0.2	0.2	0.2	0.8
	L	64	0.7	0.5	0.6	0.4	2.2
経済・経営・商学系 集計		149	0.5	0.3	0.4	0.3	1.5
法学系	H	22	0.2	0.0	0.0	0.0	0.2
	M	22	0.0	0.0	0.4	0.3	0.7
	L	15	0.2	0.2	0.5	0.3	1.2
法学系 集計		59	0.1	0.1	0.3	0.2	0.6
機械系	H	8	2.0	1.6	1.8	1.8	7.1
	M	26	1.0	0.7	0.6	1.1	3.5
	L	26	0.7	0.6	0.6	1.3	3.0
機械系 集計		60	1.0	0.8	0.7	1.3	3.8
電気・電子系	H	4	0.5	0.5	0.5	0.5	2.0
	M	19	0.3	0.8	1.1	1.6	3.8
	L	29	1.0	0.6	0.6	1.0	3.1
電気・電子系 集計		52	0.7	0.7	0.8	1.2	3.3
理学（数学・化学）系	H	10	0.4	0.4	0.4	0.4	1.6
	M	18	0.2	0.0	0.0	0.4	0.6
	L	3	0.0	0.0	0.0	1.3	1.3
理学（数学・化学）系 集計		31	0.3	0.1	0.1	0.5	1.0
上記全学部・学科		351	0.5	0.4	0.5	0.6	2.0

※1〜4年次は4点満点、総合は16点満点

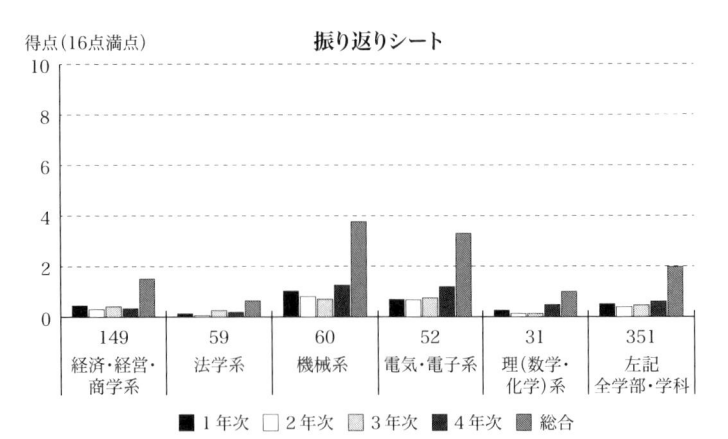

※学系名上部の数値は学部・学科数
※1〜4年次は4点満点、総合は16点満点

図表13　「振り返りシート」の学系別・学年別平均得点

入試難易度別に見ると、経済・経営・商学系学部や法学部では入試偏差値45.0未満（L）が、他の2倍以上のポイントです。特に社会科学系学部の入試偏差値45.0以上に属する学部・学科ではほとんど取り組まれていないといえるでしょう。

⑦授業時間外学習

授業時間外学習は、学系によって大きな差がついた項目です。工学部電気・電子系学科5.3ポイント、機械系学科5.8ポイント、理学部2学科5.2ポイントであったのに対し、経済・経営・商学系学部では1.6ポイント、法学部では1.3ポイントと、理工系学部が社会系学部の4倍程度の高い数値を示しています（**図表14**）。学系による全般的な勉強量の差が、このようなところでも表現されていると見ることができます。

⑧ゼミの連続性

ゼミの連続性については工学部では、電気・電子系学科5.4ポイント、機械系学科5.0ポイントと高い数値であるものの、経済・経営・商学系学部が4.4ポイントで理学部2学科が3.8ポイントなので他の項目ほど学系による差は出ていません（**図表15**）。

ただし学年別にみると、経済・経営・商学系学部や法学部では2年次に大きく落ち込んでおり、社会科学系学部では初年次ゼミと3〜4年次の専門ゼミの間の2年次がアクティブラーニングの谷間になっていることを示しています。

（4）質問紙調査による卒業論文の導入状況
①必須の有無

卒論が必須である比率は、工学部機械系学科では95.0％、電気・電子系学科が94.2％であるのに対して、理学部2学科が61.3％、経済・経営・商学系学部36.9％、法学部では11.9％でした（**図表16**）。つまり、工学部機械系学科と電気・電子系学科では、ほぼ全学科で必須に近く、経済・経営・商学系学部では3分の1強、法学部では1割強と、学部により大きく異なっていま

学系	入試偏差値 H：55.0以上 M：45.0〜55.0 L：45.0未満	学部 学科数	1年次 (初年次含む) 3点	2年次 3点	3年次 3点	4年次 3点	合計 12点
経済・経営・商学系	H	36	0.3	0.3	0.5	0.5	1.6
	M	49	0.3	0.3	0.4	0.4	1.4
	L	64	0.4	0.4	0.5	0.4	1.7
経済・経営・商学系 集計		149	0.3	0.3	0.5	0.4	1.6
法学系	H	22	0.3	0.1	0.2	0.2	0.8
	M	22	0.3	0.3	0.5	0.4	1.5
	L	15	0.2	0.3	0.3	0.7	1.5
法学系 集計		59	0.3	0.2	0.3	0.4	1.3
機械系	H	8	0.8	1.4	2.1	1.5	5.8
	M	26	1.0	1.4	1.6	1.8	5.8
	L	26	0.9	1.2	1.7	2.1	5.9
機械系 集計		60	0.9	1.3	1.7	1.9	5.8
電気・電子系	H	4	0.8	0.8	1.0	1.0	3.5
	M	19	1.1	1.4	1.6	1.6	5.7
	L	29	1.0	1.3	1.3	1.8	5.3
電気・電子系 集計		52	1.0	1.3	1.4	1.6	5.3
理学（数学・化学）系	H	10	0.6	1.2	1.8	2.1	5.6
	M	18	1.2	1.2	1.3	1.3	4.9
	L	3	1.0	1.0	1.0	2.0	5.0
理学（数学・化学）系 集計		31	1.0	1.1	1.4	1.6	5.2
上記全学部・学科		351	0.6	0.7	0.9	1.0	3.1

※1〜4年次は3点満点、総合は12点満点

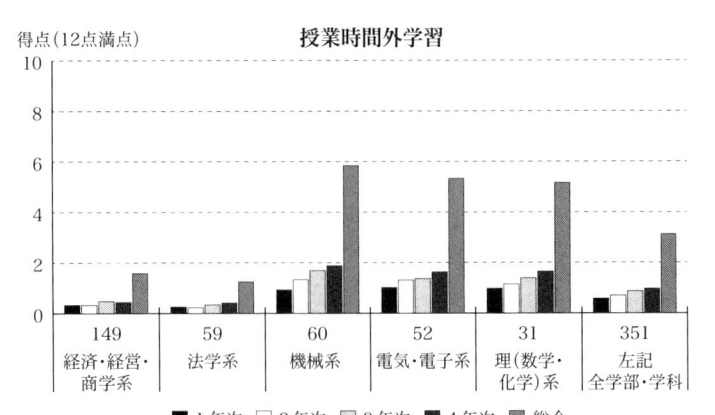

※学系名上部の数値は学部・学科数
※1〜4年次は3点満点、総合は12点満点

図表14 「授業時間外学習」の学系別・学年別平均得点

学系	入試偏差値 H:55.0以上 M:45.0〜55.0 L:45.0未満	学部 学科数	1年次 (初年次含む) 3点	2年次 3点	3年次 3点	4年次 3点	合計 12点
経済・経営・商学系	H	36	0.8	0.1	0.8	1.2	2.8
	M	49	0.7	0.3	1.1	1.4	3.5
	L	64	2.0	0.8	1.4	1.8	6.0
経済・経営・商学系 集計		149	1.3	0.5	1.1	1.5	4.4
法学系	H	22	1.0	0.1	0.6	0.8	2.6
	M	22	0.6	0.1	0.8	1.0	2.5
	L	15	2.0	0.5	1.1	1.4	5.0
法学系 集計		59	1.1	0.2	0.8	1.0	3.2
機械系	H	8	0.8	0.8	1.7	1.1	4.3
	M	26	1.2	1.6	2.0	1.7	6.5
	L	26	0.5	0.8	1.2	1.3	3.7
機械系 集計		60	0.8	1.2	1.6	1.5	5.0
電気・電子系	H	4	0.8	1.5	0.8	0.8	3.8
	M	19	0.6	1.3	1.6	1.7	5.2
	L	29	1.1	1.6	1.7	1.4	5.8
電気・電子系 集計		52	0.9	1.4	1.6	1.5	5.4
理学(数学・化学)系	H	10	0.2	0.9	1.1	1.8	3.9
	M	18	0.4	0.7	0.8	0.8	2.8
	L	3	1.0	3.0	2.5	3.0	9.5
理学(数学・化学)系 集計		31	0.4	1.0	1.1	1.4	3.8
上記全学部・学科		351	1.0	0.7	1.2	1.4	4.4

※1〜4年次は3点満点、総合は12点満点

ゼミの連続性

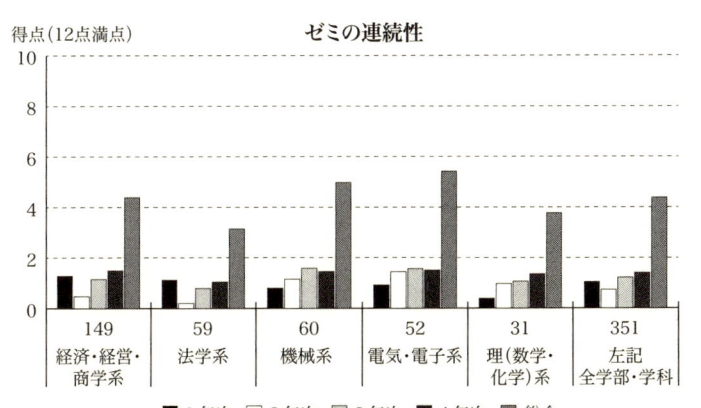

※学系名上部の数値は学部・学科数
※1〜4年次は3点満点、総合は12点満点

図表15 「ゼミの連続性」の学系別・学年別平均得点

学系	入試偏差値 H：55.0以上 M：45.0〜55.0 L：45.0未満	必須である		必須でない		未記入		総計	
経済・経営・商学系	H	11	30.6%	25	69.4%		0.0%	36	100.0%
	M	16	32.7%	31	63.3%	2	4.1%	49	100.0%
	L	28	43.8%	35	54.7%	1	1.6%	64	100.0%
経済・経営・商学系 集計		55	36.9%	91	61.1%	3	2.0%	149	100.0%
法学系	H	2	9.1%	20	90.9%		0.0%	22	100.0%
	M	2	9.1%	20	90.9%		0.0%	22	100.0%
	L	3	20.0%	12	80.0%		0.0%	15	100.0%
法学系 集計		7	11.9%	52	88.1%		0.0%	59	100.0%
機械系	H	8	100.0%		0.0%		0.0%	8	100.0%
	M	24	92.3%	2	7.7%		0.0%	26	100.0%
	L	25	96.2%	1	3.8%		0.0%	26	100.0%
機械系 集計		57	95.0%	3	5.0%		0.0%	60	100.0%
電気・電子系	H	4	100.0%		0.0%		0.0%	4	100.0%
	M	16	84.2%	3	15.8%		0.0%	19	100.0%
	L	29	100.0%		0.0%		0.0%	29	100.0%
電気・電子系 集計		49	94.2%	3	5.8%		0.0%	52	100.0%
理学（数学・化学）系	H	6	60.0%	4	40.0%		0.0%	10	100.0%
	M	10	55.6%	8	44.4%		0.0%	18	100.0%
	L	3	100.0%		0.0%		0.0%	3	100.0%
理学（数学・化学）系 集計		19	61.3%	12	38.7%		0.0%	31	100.0%
上記全学部・学科		187	53.3%	161	45.9%	3	0.9%	351	100.0%

※左数値＝データ件数／右数値＝比率

図表 16　学系別「卒論必須」の割合

学系	入試偏差値 H：55.0以上 M：45.0〜55.0 L：45.0未満	30%未満		30%以上 70%未満		70%以上		未回答		総計	
経済・経営・商学系	H	2	8.0%	7	28.0%	13	52.0%	3	12.0%	25	100.0%
	M	5	16.1%	14	45.2%	12	38.7%		0.0%	31	100.0%
	L	8	22.9%	12	34.3%	12	34.3%	3	8.6%	35	100.0%
経済・経営・商学系 集計		15	16.5%	33	36.3%	37	40.7%	6	6.6%	91	100.0%
法学系	H	8	40.0%	4	20.0%	2	10.0%	6	30.0%	20	100.0%
	M	6	30.0%	8	40.0%	2	10.0%	4	20.0%	20	100.0%
	L	3	25.0%	3	25.0%	2	16.7%	4	33.3%	12	100.0%
法学系 集計		17	32.7%	15	28.8%	6	11.5%	14	26.9%	52	100.0%

※学部［学科］1学年の学生数を母数とする
※左数値＝データ件数／右数値＝比率

図表 17　社会科学系学部で「卒論必須でない」場合の卒論を執筆する学生の割合

す。しかも、入試難易度別にみると、経済・経営・商学系学部では(L)が必須としている割合が1.5倍程度高く、難関大ほど選択制をとっているという結果でした。

②卒論が必須とされていない場合の卒論を執筆する学生の割合

それでは、卒論必須割合が低い経済・経営・商学系学部と法学部について、「必須でない」場合の卒論を執筆する学生の割合を見てみます(**図表17**)。

法学部では「70%以上の学生が執筆する」と回答した学部は全体の11.5%しかなかったのに対し、経済・経営・商学系学部では40.7%と高い比率を示していました。法学部では卒論執筆せずに卒業する学生の割合が多いことが判明しました。

③卒論の審査体制

それでは卒論の教員の審査体制はどうでしょうか。卒論の複数教員による

学系	入試偏差値 H:55.0以上 M:45.0～55.0 L:45.0未満	複数教員による審査		担当教員のみの審査		未記入		総計	
経済・経営・商学系	H	1	2.8%	35	97.2%		0.0%	36	100.0%
	M	4	8.2%	43	87.8%	2	4.1%	49	100.0%
	L	5	7.8%	54	84.4%	5	7.8%	64	100.0%
経済・経営・商学系 集計		10	6.7%	132	88.6%	7	4.7%	149	100.0%
法学系	H	5	22.7%	10	45.5%	7	31.8%	22	100.0%
	M	1	4.5%	17	77.3%	4	18.2%	22	100.0%
	L	1	6.7%	10	66.7%	4	26.7%	15	100.0%
法学系 集計		7	11.9%	37	62.7%	15	25.4%	59	100.0%
機械系	H	6	75.0%	2	25.0%		0.0%	8	100.0%
	M	21	80.8%	5	19.2%		0.0%	26	100.0%
	L	19	73.1%	7	26.9%		0.0%	26	100.0%
機械系 集計		46	76.7%	14	23.3%		0.0%	60	100.0%
電気・電子系	H	3	75.0%	1	25.0%		0.0%	4	100.0%
	M	11	57.9%	8	42.1%		0.0%	19	100.0%
	L	20	69.0%	8	27.6%	1	3.4%	29	100.0%
電気・電子系 集計		34	65.4%	17	32.7%	1	1.9%	52	100.0%
理学(数学・化学)系	H	7	70.0%	2	20.0%	1	10.0%	10	100.0%
	M	9	50.0%	6	33.3%	3	16.7%	18	100.0%
	L	2	66.7%	1	33.3%		0.0%	3	100.0%
理学(数学・化学)系 集計		18	58.1%	9	29.0%	4	12.9%	31	100.0%
上記全学部・学科		115	32.8%	209	59.5%	27	7.7%	351	100.0%

※左数値=データ件数／右数値=比率

図表18 学系別「複数教員による卒論審査」の割合

審査が導入されている比率は、工学部機械系学科で76.7％と最も高く、次いで電気・電子系学科65.4％、理学部2学科58.1％であるのに対し、法学部は11.9％、経済・経営・商学系学部に至ってはわずか6.7％という結果です（**図表18**）。経済・経営・商学系学部や法学部では、学部としての卒論の質保証意識があまりない、あるいは個々の教員のゼミに干渉しない体質を表しているのかもしれません。

④卒論の審査基準

この項目では、卒論の審査にあたって、明文化された基準があるか否かを質問しました。工学部機械系学科の41.7％、電気・電子系学科の38.5％でチェックシートがあると回答がありました（**図表19**）。これに対して、理学部2学科6.5％、経済・経営・商学系学部6.0％、法学部に至っては1.7％です。チェックシートには、教員の主観や経験値のみで審査することを防ぐ役割が

学系	入試偏差値 H：55.0以上 M：45.0〜55.0 L：45.0未満	審査[評価]基準の チェックシートがある		審査[評価]基準の チェックシートがない		未記入		総計	
経済・経営・商学系	H	2	5.6%	31	86.1%	3	8.3%	36	100.0%
	M	1	2.0%	46	93.9%	2	4.1%	49	100.0%
	L	6	9.4%	54	84.4%	4	6.3%	64	100.0%
経済・経営・商学系 集計		9	6.0%	131	87.9%	9	6.0%	149	100.0%
法学系	H		0.0%	15	68.2%	7	31.8%	22	100.0%
	M		0.0%	19	86.4%	3	13.6%	22	100.0%
	L	1	6.7%	9	60.0%	5	33.3%	15	100.0%
法学系 集計		1	1.7%	43	72.9%	15	25.4%	59	100.0%
機械系	H	4	50.0%	4	50.0%		0.0%	8	100.0%
	M	10	38.5%	15	57.7%	1	3.8%	26	100.0%
	L	11	42.3%	14	53.8%	1	3.8%	26	100.0%
機械系 集計		25	41.7%	33	55.0%	2	3.3%	60	100.0%
電気・電子系	H	1	25.0%	2	50.0%	1	25.0%	4	100.0%
	M	8	42.1%	10	52.6%	1	5.3%	19	100.0%
	L	11	37.9%	15	51.7%	3	10.3%	29	100.0%
電気・電子系 集計		20	38.5%	27	51.9%	5	9.6%	52	100.0%
理学（数学・化学）系	H	1	10.0%	8	80.0%	1	10.0%	10	100.0%
	M	1	5.6%	14	77.8%	3	16.7%	18	100.0%
	L		0.0%	3	100.0%		0.0%	3	100.0%
理学（数学・化学）系 集計		2	6.5%	25	80.6%	4	12.9%	31	100.0%
上記全学部・学科		57	16.2%	259	73.8%	35	10.0%	351	100.0%

※左数値＝データ件数／右数値＝比率

図表19　学系別「卒論審査基準チェックシート」導入の割合

学系	入試偏差値 H:55.0以上 M:45.0〜55.0 L:45.0未満	卒論発表会が行われる		卒論発表会が行われていない		未記入		総計	
経済・経営・商学系	H	7	19.4%	25	69.4%	4	11.1%	36	100.0%
	M	8	16.3%	40	81.6%	1	2.0%	49	100.0%
	L	21	32.8%	39	60.9%	4	6.3%	64	100.0%
経済・経営・商学系 集計		36	24.2%	104	69.8%	9	6.0%	149	100.0%
法学系	H	2	9.1%	14	63.6%	6	27.3%	22	100.0%
	M	2	9.1%	18	81.8%	2	9.1%	22	100.0%
	L	1	6.7%	11	73.3%	3	20.0%	15	100.0%
法学系 集計		5	8.5%	43	72.9%	11	18.6%	59	100.0%
機械系	H	7	87.5%		0.0%	1	12.5%	8	100.0%
	M	25	96.2%	1	3.8%		0.0%	26	100.0%
	L	26	100.0%		0.0%		0.0%	26	100.0%
機械系 集計		58	96.7%	1	1.7%	1	1.7%	60	100.0%
電気・電子系	H	4	100.0%		0.0%		0.0%	4	100.0%
	M	17	89.5%	2	10.5%		0.0%	19	100.0%
	L	28	96.6%	1	3.4%		0.0%	29	100.0%
電気・電子系 集計		49	94.2%	3	5.8%		0.0%	52	100.0%
理学（数学・化学）系	H	8	80.0%	1	10.0%	1	10.0%	10	100.0%
	M	12	66.7%	4	22.2%	2	11.1%	18	100.0%
	L	3	100.0%		0.0%		0.0%	3	100.0%
理学（数学・化学）系 集計		23	74.2%	5	16.1%	3	9.7%	31	100.0%
上記全学部・学科		171	48.7%	156	44.4%	24	6.8%	351	100.0%

※左数値＝データ件数／右数値＝比率

図表20　学系別「卒論発表会」実施の割合

あり、学系ごとの差が示している意味は大きいと思われます。

⑤卒論発表会の有無

　工学部機械系学科96.7％、電気・電子系学科94.2％と、ほとんどの学科で卒論発表会が行われ、理学部2学科でも74.2％で開催されています（**図表20**）。これに対して経済・経営・商学系学部では24.2％にとどまり法学部に至っては8.5％しか開かれていません。従って、「卒論発表会が行われる」場合に限定した以下の統計データ⑥、⑦、⑧については、法学部を除外しています。

　⑥卒論発表会が行われる場合の全員の口頭発表の有無、および成績への反映
　⑦卒論発表会が行われる場合の全員参加のポスターセッション
　⑧卒論発表会が行われる場合の優秀論文の発表会

学系	入試偏差値 H:55.0以上 M:45.0〜55.0 L:45.0未満	口頭発表がある		口頭発表は行われていない		未記入		総計	
経済・経営・商学系	H	2	28.6%	4	57.1%	1	14.3%	7	100.0%
	M	2	25.0%	3	37.5%	3	37.5%	8	100.0%
	L	12	57.1%	8	38.1%	1	4.8%	21	100.0%
経済・経営・商学系 集計		16	44.4%	15	41.7%	5	13.9%	36	100.0%
機械系	H	7	100.0%		0.0%		0.0%	7	100.0%
	M	23	92.0%	1	4.0%	1	4.0%	25	100.0%
	L	26	100.0%		0.0%		0.0%	26	100.0%
機械系 集計		56	96.6%	1	1.7%	1	1.7%	58	100.0%
電気・電子系	H	4	100.0%		0.0%		0.0%	4	100.0%
	M	17	100.0%		0.0%		0.0%	17	100.0%
	L	28	100.0%		0.0%		0.0%	28	100.0%
電気・電子系 集計		49	100.0%		0.0%		0.0%	49	100.0%
理学（数学・化学）系	H	8	100.0%		0.0%		0.0%	8	100.0%
	M	11	91.7%	1	8.3%		0.0%	12	100.0%
	L	3	100.0%		0.0%		0.0%	3	100.0%
理学（数学・化学）系 集計		22	95.7%	1	4.3%		0.0%	23	100.0%

※左数値＝データ件数／右数値＝比率

学系	入試偏差値 H:55.0以上 M:45.0〜55.0 L:45.0未満	成績に反映される		成績に反映されない		未記入		総計	
経済・経営・商学系	H	2	100.0%		0.0%		0.0%	2	100.0%
	M	2	100.0%		0.0%		0.0%	2	100.0%
	L	10	83.3%	2	16.7%		0.0%	12	100.0%
経済・経営・商学系 集計		14	87.5%	2	12.5%		0.0%	16	100.0%
機械系	H	6	85.7%	1	14.3%		0.0%	7	100.0%
	M	19	82.6%	4	17.4%		0.0%	23	100.0%
	L	18	69.2%	7	26.9%	1	3.8%	26	100.0%
機械系 集計		43	76.8%	12	21.4%	1	1.8%	56	100.0%
電気・電子系	H	3	75.0%	1	25.0%	1	25.0%	4	100.0%
	M	13	76.5%	4	23.5%	2	11.8%	17	100.0%
	L	26	92.9%	2	7.1%		0.0%	28	100.0%
電気・電子系 集計		42	85.7%	7	14.3%	3	6.1%	49	100.0%
理学（数学・化学）系	H	6	75.0%	2	25.0%		0.0%	8	100.0%
	M	6	54.5%	5	45.5%	2	18.2%	11	100.0%
	L	2	66.7%	1	33.3%		0.0%	3	100.0%
理学（数学・化学）系 集計		14	63.6%	8	36.4%	2	9.1%	22	100.0%

※左数値＝データ件数／右数値＝比率

図表21（上段）　学系別「卒論発表会が全員の口頭発表」の割合

図表22（下段）　全員口頭発表の場合の「成績反映」の割合

学系	入試偏差値 H：55.0以上 M：45.0〜55.0 L：45.0未満	ポスターセッションがある		ポスターセッションは行っていない		未記入		総計	
経済・経営・商学系	H		0.0%	6	85.7%	1	14.3%	7	100.0%
	M	1	12.5%	4	50.0%	3	37.5%	8	100.0%
	L	1	4.8%	19	90.5%	1	4.8%	21	100.0%
経済・経営・商学系 集計		2	5.6%	29	80.6%	5	13.9%	36	100.0%
機械系	H	1	14.3%	6	85.7%		0.0%	7	100.0%
	M	3	12.0%	21	84.0%	1	4.0%	25	100.0%
	L	2	7.7%	24	92.3%		0.0%	26	100.0%
機械系 集計		6	10.3%	51	87.9%	1	1.7%	58	100.0%
電気・電子系	H		0.0%	4	100.0%		0.0%	4	100.0%
	M		0.0%	17	100.0%		0.0%	17	100.0%
	L	2	7.1%	26	92.9%		0.0%	28	100.0%
電気・電子系 集計		2	4.1%	47	95.9%		0.0%	49	100.0%
理学（数学・化学）系	H		0.0%	8	100.0%		0.0%	8	100.0%
	M	3	25.0%	9	75.0%		0.0%	12	100.0%
	L		0.0%	3	100.0%		0.0%	3	100.0%
理学（数学・化学）系 集計		3	13.0%	20	87.0%		0.0%	23	100.0%

※左数値＝データ件数／右数値＝比率

図表23　学系別「卒論発表会にポスターセッション」の割合

学系	入試偏差値 H：55.0以上 M：45.0〜55.0 L：45.0未満	優秀論文の発表がある		優秀論文の発表は行っていない		未記入		総計	
経済・経営・商学系	H	4	57.1%	2	28.6%	1	14.3%	7	100.0%
	M	3	37.5%	2	25.0%	3	37.5%	8	100.0%
	L	9	42.9%	11	52.4%	1	4.8%	21	100.0%
経済・経営・商学系 集計		16	44.4%	15	41.7%	5	13.9%	36	100.0%
機械系	H		0.0%	7	100.0%		0.0%	7	100.0%
	M	1	4.0%	23	92.0%	1	4.0%	25	100.0%
	L	1	3.8%	25	96.2%		0.0%	26	100.0%
機械系 集計		2	3.4%	55	94.8%	1	1.7%	58	100.0%
電気・電子系	H		0.0%	4	100.0%		0.0%	4	100.0%
	M		0.0%	17	100.0%		0.0%	17	100.0%
	L		0.0%	28	100.0%		0.0%	28	100.0%
電気・電子系 集計			0.0%	49	100.0%		0.0%	49	100.0%
理学（数学・化学）系	H		0.0%	8	100.0%		0.0%	8	100.0%
	M	1	8.3%	11	91.7%		0.0%	12	100.0%
	L		0.0%	3	100.0%		0.0%	3	100.0%
理学（数学・化学）系 集計		1	4.3%	22	95.7%		0.0%	23	100.0%

※左数値＝データ件数／右数値＝比率

図表24　学系別「卒論発表会が優秀論文発表会」の割合

卒論発表会が行われる学部・学科で全員の口頭発表が行われる割合は、工学部機械系学科と電気・電子系学科、理学部2学科ともほぼ100%であるのに対し、経済・経営・商学系学部が44.4%にとどまっています（**図表21**）。

また、その口頭発表が行われる学部・学科に成績に反映されるかを問うたところ、各学系とも3分の2以上で反映されるとの回答があり、学系による有意な差は認められませんでした（**図表22**）。

卒論発表会が行われる学部・学科で、ポスターセッションや優秀論文発表会があるか質問しました。経済・経営・商学系学部では44.4%が優秀論文の発表会を開催していましたが、工学部（機械系学科と電気・電子系学科）、理学部2学科では開催していません（**図表23、24**）。

(5) 質問紙調査によるレポートの返却と教員によるコメントの有無（初年次ゼミのみ）

図表25は、1年前期の初年次ゼミにおいて、レポート提出が必須であるか否かを質問したものです。この表の中の「学部で必須」「学科で必須」と回答した学部・学科を対象として「レポートの返却必須の有無」を質問した回答が**図表26**です。

レポートを返却必須と回答したのは全学系合計で34学部・学科であり、学系別に見ると工学部電気・電子系学科で42.9%、他の学系ではすべて返却必須が20%台の回答でした。しかもその返却必須の場合、コメント必須としたのは全学系を合わせて17学部・学科でした。つまり、調査対象351学部・学科のなかで、初年次ゼミ前期でレポートの返却が必須で、且つ教員のコメントが必須とされているのはわずか17学部・学科しかありません。5%未満です。最も学生が変容する初年次ゼミで、一人ひとりのモチベーションを上げられない原因になっているかもしれません。

なお、1年後期ゼミについても同様の質問をしましたが、1年前期の結果と大差はありませんでした。

第1部 河合塾からの「大学のアクティブラーニング」調査報告

学系	入試偏差値 H:55.0以上 M:45.0～55.0 L:45.0未満	学部で必須		学科で必須		教員裁量		教育課題でない		未把握		未記入		総計	
経済・経営・商学系	H	4	11.1%	3	8.3%	22	61.1%	1	2.8%		0.0%	6	16.7%	36	100.0%
	M	19	38.8%	2	4.1%	17	34.7%		0.0%	3	6.1%	8	16.3%	49	100.0%
	L	26	40.6%		0.0%	26	40.6%	1	1.6%	2	3.1%	9	14.1%	64	100.0%
経済・経営・商学系 集計		49	32.9%	5	3.4%	65	43.6%	2	1.3%	5	3.4%	23	15.4%	149	100.0%
法学系	H	1	4.5%	3	13.6%	14	63.6%		0.0%	1	4.5%	3	13.6%	22	100.0%
	M	1	4.5%	2	9.1%	16	72.7%		0.0%		0.0%	3	13.6%	22	100.0%
	L	5	33.3%	2	13.3%	5	33.3%		0.0%	1	6.7%	2	13.3%	15	100.0%
法学系 集計		7	11.9%	7	11.9%	35	59.3%		0.0%	2	3.4%	8	13.6%	59	100.0%
機械系	H		0.0%	4	50.0%	1	12.5%		0.0%		0.0%	3	37.5%	8	100.0%
	M		0.0%	11	42.3%	2	7.7%	2	7.7%	1	3.8%	10	38.5%	26	100.0%
	L		0.0%	9	34.6%	8	30.8%	2	7.7%		0.0%	7	26.9%	26	100.0%
機械系 集計			0.0%	24	40.0%	11	18.3%	4	6.7%	1	1.7%	20	33.3%	60	100.0%
電気・電子系	H		0.0%	2	50.0%		0.0%		0.0%		0.0%	2	50.0%	4	100.0%
	M		0.0%	7	36.8%	2	10.5%		0.0%		0.0%	10	52.6%	19	100.0%
	L		0.0%	12	41.4%	11	37.9%		0.0%	1	3.4%	5	17.2%	29	100.0%
電気・電子系 集計			0.0%	21	40.4%	13	25.0%		0.0%	1	1.9%	17	32.7%	52	100.0%
理学(数学・化学)系	H		0.0%	1	10.0%	5	50.0%		0.0%		0.0%	4	40.0%	10	100.0%
	M		0.0%	2	11.1%	7	38.9%	2	11.1%		0.0%	7	38.9%	18	100.0%
	L		0.0%	1	33.3%	1	33.3%		0.0%		0.0%	1	33.3%	3	100.0%
理(数学・化学)系 集計			0.0%	4	12.9%	13	41.9%	2	6.5%		0.0%	12	38.7%	31	100.0%
総計		56	16.0%	61	17.4%	137	39.0%	8	2.3%	9	2.6%	80	22.8%	351	100.0%

※左数値=データ件数／右数値=比率

学系	入試偏差値 H:55.0以上 M:45.0～55.0 L:45.0未満	返却必須		教員裁量		返却しない		未記入		総計	
経済・経営・商学系	H	1	14.3%	6	85.7%		0.0%		0.0%	7	100.0%
	M	4	19.0%	14	66.7%	1	4.8%	2	9.5%	21	100.0%
	L	11	42.3%	14	53.8%		0.0%	1	3.8%	26	100.0%
経済・経営・商学系 集計		16	29.6%	34	63.0%	1	1.9%	3	5.6%	54	100.0%
法学系	H	1	25.0%	3	75.0%		0.0%		0.0%	4	100.0%
	M		0.0%	3	100.0%		0.0%		0.0%	3	100.0%
	L	2	28.6%	5	71.4%		0.0%		0.0%	7	100.0%
法学系 集計		3	21.4%	11	78.6%		0.0%		0.0%	14	100.0%
機械系	H		0.0%	2	50.0%	2	50.0%		0.0%	4	100.0%
	M	3	27.3%	5	45.5%	2	18.2%	1	9.1%	11	100.0%
	L	2	22.2%	4	44.4%	3	33.3%		0.0%	9	100.0%
機械系 集計		5	20.8%	11	45.8%	7	29.2%	1	4.2%	24	100.0%
電気・電子系	H		0.0%	2	100.0%		0.0%		0.0%	2	100.0%
	M	5	71.4%		0.0%	2	28.6%		0.0%	7	100.0%
	L	4	33.3%	5	41.7%	1	8.3%	2	16.7%	12	100.0%
電気・電子系 集計		9	42.9%	7	33.3%	3	14.3%	2	9.5%	21	100.0%
理学(数学・化学)系	H		0.0%	1	100.0%		0.0%		0.0%	1	100.0%
	M		0.0%	2	100.0%		0.0%		0.0%	2	100.0%
	L	1	100.0%		0.0%		0.0%		0.0%	1	100.0%
理(数学・化学)系 集計		1	25.0%	3	75.0%		0.0%		0.0%	4	100.0%
総計		34	29.1%	66	56.4%	11	9.4%	6	5.1%	117	100.0%

※左数値=データ件数／右数値=比率

図表25（上段） 学系別「1年前期ゼミでのレポート必須」の割合

図表26（下段） 学系別レポート「返却必須」の割合

3．実地調査の概要

(1) 実地調査の対象学部・学科の抽出

質問紙調査による各学部・学科の獲得ポイントに基づいて、実地調査対象学部・学科を抽出しました。抽出方法は、質問紙調査によるポイントの高い学部・学科から抽出しましたが、4年間の中で0ポイントの学年がある学部・学科に関しては除外しました。抽出して実地調査した学部・学科は次の通りです（◎は国公立大学）。

〈工学部　機械系学科、電気・電子系学科〉

　　◎北見工業大学（工学部機械工学科）、◎室蘭工業大学（工学部情報電子工学系学科）、◎秋田大学（工学資源学部機械工学科）、◎秋田大学（工学資源学部電気電子工学科）、日本大学（生産工学部電気電子工学科）、◎東京大学（工学部機械情報工学科）、東京都市大学（工学部電気電子工学科）、◎新潟大学（工学部機械システム工学科）、◎金沢大学（理工学域機械工学類）、金沢工業大学（工学部電気電子工学科／機械工学科）、◎三重大学（工学部電気電子工学科）、◎京都工芸繊維大学（工芸科学部機械システム工学課程）、大阪工業大学（工学部機械工学科）、近畿大学（理工学部機械工学科）、◎岡山大学（工学部機械工学科）、◎九州工業大学（工学部機械知能工学科）、九州産業大学（工学部電気情報工学科）、福岡工業大学（工学部電気工学科）、◎宮崎大学（工学部電気電子工学科）

以上、合計19学科（金沢工業大学は電気電子工学科と機械工学科の2学科を実地調査したが、取り組み内容がほぼ同じであるため、1学科としてカウントした）。

〈経済・経営・商学系学部〉

　　函館大学（商学部）、東日本国際大学（経営情報学部）、千葉商科大学（サービス創造学部）、嘉悦大学（経営経済学部）、産業能率大学（経営学部）、創価大学（経営学部）、創価大学（経済学部）、武蔵大学（経済学部）、立教大学（経営学部）、中京大学（経済学部）、立命館大学（経済学部）、龍谷大学（経済学部）、流通科学大学（サービス産業学部）、◎和歌山大学（経

済学部)、◎香川大学(経済学部)、宮崎産業経営大学(経営学部)
以上、合計 16 学部

(2) 実地調査における評価ポイント
①評価基準の設計

《評価の視点：Ⅰ》 一般的アクティブラーニング、高次のアクティブラーニング、産学連携のアクティブラーニングの導入度とそれぞれに関係する「知識」の活用度を評価しました。

《評価の視点：Ⅱ》 アクティブラーニングが教員の恣意に委ねられるのではなく、いかにチームティーチングによって一定レベル以上の水準が担保されているのかを評価しました。ただし、経済・経営・商学系学部においては、アクティブラーニングに限定すると評価が成立しない学部が多いため、アクティブラーニングだけではなく、すべての科目を対象としました。一方、工学部(機械系学科、電気・電子系学科)では学年をまたぐアクティブラーニングのチームティーチングを高く評価しました。

《評価の視点：Ⅲ》 学生の自律・自立化を促すための取り組みを問題としました。自律・自立化を促すためには、大学は学生が身につけるべき能力要素を明示し、それをカリキュラムや科目の中で学生が自らチェックできるようにしていく必要があります。また、学生が自ら目標設定し、それを振り返り、次の目標に活かしていく、即ち PDCA サイクルを自ら回していけるように援助する取り組みが重要です。その点を評価しました。

②評価基準

実地評価基準は以下の通りで 25 点満点です。下記に該当しない場合は 0 点としました。

なお、《評価の視点Ⅰ》(1) ②、および《評価の視点Ⅱ》については、工学部と経済・経営・商学部で異なります。

【実地評価基準 (25点満点)】

(下記に該当しない場合は0点として評価する)

<u>評価の視点Ⅰ</u>：アクティブラーニングそのものについての評価 (配点17点)

(1) 4年間を通じたアクティブラーニング (配点4点)

① 4年間を通じたアクティブラーニングの導入度 (配点2点)

点 数	内 容
2	対象学部・学科中、質問紙での得点が上位3分の1である。
1	対象学部・学科中、質問紙での得点が中位3分の1である。

② 一般的アクティブラーニングにおける知識定着・確認の度合 (配点2点)

<工学部系の評価基準>

※ 授業で必ず演習が行われるという理由で情報系科目は除く。

点 数	内 容
2	専門および専門基礎の複数の基本的な科目（機械系学科では4力学、電気・電子系学科では電磁気・電気回路等）において、実験・演習等が意識的に講義と同時期に開講され連携が図られている（半数以上が目安）。または専門の複数の基本的な科目において、講義科目の中で演習等のALが行われる決まりになっている（半数以上が目安）。
1	専門および専門基礎の基本的な科目において、一部の科目（半数以下が目安）で実験・演習等が意識的に講義と同時期に開講され連携が図られている。または専門の複数の基本的な科目において、講義科目の中で演習等のALが行われる決まりになっている。

<経済・経営・商学系学部の評価基準>

※ 授業で必ず演習が行われるという理由で情報系科目と簿記系の科目は除外する簿記科目は除く。

点 数	内 容
2	演習等のGALと講義科目の連携が図られている科目が複数ある。または講義科目の中に演習や討議等のALを組み込むことが、学部として指定されている科目が複数ある（教員裁量ではない）。
1	演習等のGALと講義科目の連携が図られている科目が1つある。または講義科目の中に演習や討議等のALを組み込むことが、学部として指定されている科目が1つある（教員裁量ではない）。

(2) 高次のアクティブラーニング (配点9点)

※ 高次のアクティブラーニングには「卒論」と「PBL・創成授業」の二種類があると定義する。

① 高次のアクティブラーニングの導入度 (配点5点)

点 数	内 容
4	「PBL・創成授業」が、必須を含み3年間連続して置かれている。
3	「PBL・創成授業」が、選択で3年間連続して置かれている。または2つの学年必須で置かれている。
2	「PBL・創成授業」が、選択で2年間置かれている。または1つの学年で必須で置かれている。
1	「PBL・創成授業」が、選択で1つの学年に置かれている。

★ 学科で卒論が必須であれば、上記の得点に1点加算する。

② 高次のアクティブラーニングにおける専門知識の活用度 (配点4点)

卒論は専門知識を前提としているが故に、ここでは「PBL・創成授業」のみを対象とする。「PBL・創成授業」についても、設問(1)と連動して、初年次のみに設置されているケースは評価しない。

理由は、「PBL・創成授業」の導入の意義は、知識の習得とその活用を3～4年間を通じて行ったり来たりすることにあり、初年次のみに優れた「PBL・創成授業」と知識の活用が導入されていても、それを連続しないのでは評価に値しないからである。

点 数	内 容
2	「PBL・創成授業」が知識の活用を強く意識し、シラバスや授業計画書に明記するなど具体的に連携した設計となっている。
1	「PBL・創成授業」が知識の習得を前提とした設計となっている。

★ 上記が、全員必須の科目で行われている場合、上記の得点に2を乗じる（選択科目の場合は1を乗じる）。

(3) 産学連携のアクティブラーニング (配点4点)
　① インターンシップの導入度 (配点2点)

点数	内容
2	単位化されているインターンシップが必修科目で設定されている。
1	単位化されているインターンシップが選択科目で設定されている。

　② 産学連携での高次のアクティブラーニングの導入度 (配点2点)

点数	内容
2	全員必修の科目で産学連携のHALが行われている。
1	選択科目で産学連携のHALが行われている。

評価の視点Ⅱ：学部学科による質保証 実施主体の体制、教育内容を統一するためのチームティーチング・FD活動 (配点：4点)

<工学部系の評価基準>
(1) アクティブラーニング科目の複数教員 (配点1点)

点数	内容
1	AL科目において、学部・学科で同じ科目名を複数の教員が担当し、教育内容が学部・学科主導で統一されている。

(2) 学年をまたぐアクティブラーニング科目の複数教員 (配点1点)

点数	内容
1	学年をまたぐAL科目を複数の教員が担当し、教育内容が学部・学科主導で統一されている。

(3) 学年をまたぐ高次のアクティブラーニング科目の複数教員 (配点2点)

点数	内容
2	学年をまたぐ高次のアクティブラーニング科目の全体でチームティーチングが行われている。
1	学年をまたぐ高次のアクティブラーニング科目の一部でチームティーチングが行われている。

<経済・経営・商学系学部の評価基準>
(1) 同一科目の複数教員 (配点1点)

点数	内容
1	ALに限らず、学部・学科で同じ科目を複数の教員が担当する場合、教育内容が学部・学科主導で統一されている。

(2) 2セメスター以上にまたがる積み上げ科目の複数教員 (配点1点)

点数	内容
1	ALに限らず、2セメスター以上にまたがる積み上げ型科目で複数の教員が担当する場合、教育内容が学部・学科主導で統一されている。

(3) アクティブラーニング科目の複数教員 (配点2点)

点数	内容
2	AL科目のうち、1科目に対して複数の教員が関わり、チームティーチングを行っている科目が複数ある。
1	AL科目のうち、1科目に対して複数の教員が関わり、チームティーチングを行っている科目が1つある。

<u>評価の視点Ⅲ</u>：学生の能力形成と自律・自立化 (配点4点)
(1) 獲得させるべき能力と対応したアクティブラーニングを含んだカリキュラム設計 (配点2点)

点 数	内　　　　容
2	シラバスなどで、各科目の中に獲得させるべき能力要素が落としこまれている。
1	シラバスなどで、各科目が獲得させるべき能力の中に分類されている。

(2) 振返りとコミットメント (配点：2点)

点 数	内　　　　容
2	学生にPDCAサイクルを回させる仕組みになっている。
1	何らかの振り返りを行わせる具体物がある。または一部の学生に対してのみPDCAの仕組みがある。

4．実地評価　項目別評価結果と取り組み紹介

《評価の視点Ⅰ》　アクティブラーニングそのものについての評価

工学部19学科の平均：11.7／17.0ポイント

経済・経営・商学系16学部の平均：10.4／17.0ポイント

(1) 4年間を通じたアクティブラーニング

①4年間を通じたアクティブラーニングの導入度

工学部19学科の平均：1.9／2.0ポイント

経済・経営・商学系16学部の平均：2.0／2.0ポイント

　この項目の評価基準は、質問紙項目をポイント化したものを、各学系上位3分の1が2ポイント、中位3分の1が1ポイント、下位3分の1が0ポイントとしました。総合評価として学部・学科を得点化するために、質問紙で回答された量的な導入度も評価項目に組み入れたわけです。平均点が極めて高いのは、実地評価の対象学部・学科の抽出がそもそも基本的に質問紙調査ポイントの高いものから選んでいるためです。

②一般的アクティブラーニングにおける知識定着・確認の度合

工学部19学科の平均：1.7／2.0ポイント

経済・経営・商学系学部16学部の平均：1.4／2.0ポイント

講義と一般的アクティブラーニングとの連携がどのように図られているのかについては、工学部と経済・経営・商学系学部ではやや観点が異なります。

■工学部（機械系学科、電気・電子系学科）

　工学部（機械系学科、電気・電子系学科）では、演習等の一般的アクティブラーニングと講義科目の連携が図られている科目が四力学（機械系学科）、電磁気学・電気回路（電気・電子系学科）等の基本的科目の半数以上で、または講義科目の中に演習や討議等のアクティブラーニングを組み込むことが、学部として指定されている科目が半数以上ある（教員裁量ではない）場合に2ポイントとします。半数以下で複数科目ある場合には1ポイント、そうでない場合が0ポイントです。

　この項目については、概ね基本的な科目での講義とアクティブラーニングの連携は図られていました。

　機械系学科では熱力学、機械力学、流体力学、材料力学の「四力学」と呼ばれる基本的な科目群があり、どの大学でも全学生の必修とされています。また一般に、この四力学には上級科目が置かれています。電気・電子系学科では、この四力学に相当するのが電磁気学と電気回路で、やはり上級科目に連続します。実地調査した多くの機械系学科で、こうした四力学の科目が演習とセットとなっていました。電気・電子系学科でも然りです。講義と演習が別コマ・別単位でセットになっているケース、別コマだが演習は単位認定しないケース、さらに講義コマ内で演習を行うケースがあり、セットの形態は3つのパターンが見られました。ここで重要なことは講義と演習等の一般的アクティブラーニングが有機的に連携しているかどうかですが、それが四力学や電磁気学・電気回路等の基本的科目の半数以上で行われている大学が大半でした。以下に、注目すべき取り組みを紹介します。

[金沢工業大学　工学部　電気電子工学科]

　金沢工業大学の「『総合力』ラーニング」は、基本的にすべての科目の中にアクティブラーニングを取り入れるというもので、2007年度か

らスタートしている。知識を取り組んだ後、自分で考え、討議し、場合によってはグループ活動を通じて、応用力を培うことが目的だ。

　この「『総合力』ラーニング」を導入することで一方的な講義だけの科目はなくなり、その結果、「講義」という呼び方は使われず「授業」と一般的には呼ばれている。たとえば電気機器の授業等で、講義を聴いただけでは「問いかけ」が理解できない学生が多いが、レポートを書かせることで、問いかけの意味が初めて理解できるようになる。

　また、「入門」で学んだことを「基礎」で繰り返し、「基礎」で学んだことを「応用」で繰り返すことが意図的に組み込まれている。たとえば、教養科目で学んだ数学を工学に活かせない学生が多い場合には、工学の専門科目の中で、教養科目の数学を復習させつつ、毎回小テストを行う。そして成績評価は試験の比率を40％にとどめ、この小テストのポイントも加算している。

　「『総合力』ラーニング」型授業の導入以降、QPA（Quality Point Average＝他大学の「GPA」に相当）の点数が上昇するようになった。たとえば、「高電圧パルスパワー」の授業は例年、単位の取れない学生が何名かいたが、内容が年々難しくなっているにもかかわらず、全員が合格するという成果などが出ている。

[三重大学　工学部　電気電子工学科]

　必修科目はすべて演習とセットで、宿題が出される。演習を実施することをカリキュラム上でも明記して、実行するため科目名に「演習」をつけている。その結果として、授業時間内での演習と宿題か、宿題のみかの違いはあるが、全ての必修科目で演習が行われている。宿題は平均3時間くらいかかる程度のボリュームである。

　学生アンケートによると、電気電子工学科の専門科目の時間外学習は全学平均の2倍にも達している。図書館利用率も一番高い。

[京都工芸繊維大学　工芸科学部　機械システム工学課程]

　85人を2クラスに分けて、四力学は必修で講義と演習がセットとなっ

ている。まとめて講義し、まとめて演習する場合もある。

　実験は講義と完全に同期させているわけではない。1つのことを複数の見方ができることが重要で、講義での理論的な見方、実験での見方などが重層的になることが肝心。実験が先行してもよい。

[近畿大学　理工学部　機械工学科]
　四力学については、講義（選択だがほぼ全員履修）→演習実験（必修）→講義（選択）の"三位一体教育"を導入している。（例えば、1年次後期「流れ学の基礎」→2年次前期「流れ学演習実験」→2年次後期「流れ学」）

■経済・経営・商学系学部
　経済・経営・商学系学部の場合は、工学部（機械系学科、電気・電子系学科）と比較してこの面での取り組みが遅れていたので、評価基準も異ならざるを得ませんでした。具体的には、工学部（機械系学科、電気・電子系学科）は演習とセットになっている科目が基本科目の半数以上で2ポイント、半数以下で1ポイントであるのに対し、経済・経営・商学系学部では演習とセットとなっている科目が複数あれば2ポイント、1科目あれば1ポイントとしました。このため得点率で工学部（機械系学科、電気・電子系学科）と単純比較することはできません。

　確かに学問の性格上、工学部（機械系学科、電気・電子系学科）と比較すると、伝統的に演習と講義系の科目の連携は行われてこなかった面もあります。しかし、当プロジェクトとしては、通常、講義で十分とされてきた知識伝達型科目においても、アクティブラーニングと結合することで、その学習効果が大きく高まる点に注目し、それを評価しました（なお、一般的アクティブラーニングとセットで行われるのが当然の情報リテラシー系科目と簿記系の科目は、評価対象からは除外しました）。そこで、評価の高い取り組みを以下にご紹介します。

[産業能率大学　経営学部]
　専門科目も含め、すべての科目は「基本プログラム」と「バックアッププログラム」に分類され、前者が実践科目、後者が理論科目という位

置づけである。つまり、基本プログラムに分類される科目群では、一般的か高次であるかを問わず、アクティブラーニングが組み込まれているのだ。

　2年次から専門科目が始まるが、ビジネス経営コースの場合、「株式会社の実務」が講義科目（＝バックアッププログラム）で、それとセットになった「ビジネス経営演習」がグループワークでビジネスプランを作成する実践（＝基本プログラム）である。マーケティング情報コースでは、講義の「マーケティング実践」とセットで「マーケティング情報演習」が置かれ、後者ではビジネスゲームを導入して、定量的に評価できる実践に取り組む。

[嘉悦大学　経営経済学部]
　嘉悦大学では、大学の校訓である「怒るな働け」になぞらえて、すべての科目が「怒るな科目」と「働け科目」に分類されている。「怒るな科目」は、社会を俯瞰する科目群で講義が中心になるのに対して、「働け科目」は、実践的で演習などのアクティブラーニングが組み込まれた科目群のことを指している。

[立教大学　経営学部]
　経営学科ではビジネス・リーダーシップ・プログラム（BLP）という5セメスター連続の科目群がコア・カリキュラムとなっている。1年次前期のBL0（学部必修）はプロジェクト実行、1年次後期のBL1（経営学科必修）はディベート、2年次前期のBL2（経営学科必修）はプロジェクト実行、2年次後期のBL3（選択）はグループワークや討議や対話、3年次前期のBL4（選択）はプロジェクト実行と連続しながらビジネスリーダーを実践的に育成していくプログラムである。その中で講義とアクティブラーニングの連携も図られている。具体的には、2年次前期（BL2）のプロジェクトが座学の「経営学を学ぶ」「ファイナンシャル・マネジメント」の知識を応用し、「マーケティング戦略論」、「財務分析」等の知識は3年次前期（BL4）のプロジェクトで応用される。

[立命館大学　経営学部]
　2年次前期、2年次後期、3年次前期に選択科目として設置されている「金融市場分析演習Ⅰ・Ⅱ・Ⅲ」は金融分野の演習である。Ⅱでは、証券会社の提供するデータベースや各種ソフトを利用しながら金融に特化した分析技法を習得する。Ⅲでは金融のプロからグループワークを通して演習する。サイバーリーディングルームも活用する。

[龍谷大学　経済学部]
　初年次ゼミの「入門演習」の教員向け指示書に「『現代と経済』（全員履修）、『マクロ経済学入門』（必修）の講義内容とリンクした発表（需要と供給、価格、GDP、景気動向、経済政策等を想定）をさせる」と明記されている。他大学の場合、漠然と「講義科目との連携もしている」程度の表現だが、ここまで指示書に明記して徹底されていた。

[宮崎産業経営大学　経営学部]
　講義科目「商学概論」の中で部分的にアクティブラーニングを取り入れたり、3年次の「会計監査論Ⅰ・Ⅱ」で会計モデルを自分で作成した後、監査役の視点から分析する演習を行ったりしている。

(2) 高次のアクティブラーニング
①高次のアクティブラーニングの導入度
②高次のアクティブラーニングにおける専門知識の活用度

| 工学部19学科の平均：①3.7／5.0ポイント　②2.7／4.0ポイント |
| 経済・経営・商学系学部16学部の平均：①3.5／5.0ポイント　②1.8／4.0ポイント |

　この項目は、知識を活用するPBLや創成授業などの高次のアクティブラーニングが4年間を通じて、どれだけ配当されているかを評価しました。「①

高次のアクティブラーニングの導入度」では高次のアクティブラーニングが4年間どれだけ切れ目なく配当されているかを、「②高次のアクティブラーニングにおける専門知識の活用度」では高次のアクティブラーニングにおいて、どれだけ専門知識の活用が図られているかを問題としました。高次のアクティブラーニングは、専門知識との結合がなければ、ともすると、"お遊び"的なものに終始してしまうことになりがちであり、アイデアや思いつきに偏重するのではなく、そこに大学で学ぶ専門知識が活かされていなければならないという視点からです。

　①については最高5ポイントです。そのうち、卒論について全員必須であれば、1点を付加し、さらに4年次を除く学年で必修を含み3年間に高次のアクティブラーニングが置かれていれば4ポイントとして評価しました。よって、4年間にわたり、切れ目なく高次のアクティブラーニングが配当され、そのうちの1〜3年次で必修科目を含み、かつ卒論が必須であると最高の5ポイントになります。

　②については、「PBL・創成授業」が知識の活用を強く意識し、シラバスや授業計画書に明記するなど具体的に連携した設計となっている場合が2ポイント、「PBL・創成授業」が知識の習得を一応前提とした設計となっている場合が1ポイントです。そして、上記が全員必修科目で行われている場合、ポイントを2倍にします（選択科目の場合は×1）。ただし、卒論は専門知識を前提としているのでこの項目の対象とはせず、ここでは「PBL・創成授業」のみを対象としました。さらに「PBL・創成授業」が初年次のみに設置されているケースは評価しませんでした。理由は、「PBL・創成授業」が初年次だけでは専門知識を活用できないだろうという判断です。

■工学部（機械系学科、電気・電子系学科）

　平均は「①高次のアクティブラーニングの導入度」が3.6ポイント、「②高次のアクティブラーニングにおける専門知識の活用度」が2.7ポイントでした。以下に、この項目で優れた取り組みを行っている学科を紹介します。

［室蘭工業大学　工学部　情報電子工学系学科］

　情報電子工学系学科は1年次から4年次までのすべての学年で、実習科目が設けられている。初年次の「フレッシュマンセミナー」でモチベーションを上げ、2年次後期の「工学演習Ⅰ」では初年次からスキルアップしたエンジニアリング・デザインを行い、さらに3年次後期の「工学演習Ⅱ」では前期の学生実験を踏まえて専門知識を用いたエンジニアリング・デザインが必修とされている。これは4年次の卒業研究に連続する。2年次の「工学演習Ⅰ」では課題が与えられ、シラバスには「マイクロプロセッサを組み込んだ電子回路の作成とマイクロプロセッサのプログラミングを行う」「作成した作品の発表を通してプレゼンやコミュニケーションの能力向上を図る」と書かれている。これに対し、3年次の「工学演習Ⅱ」では課題を自分で設定して取り組む。「工学演習Ⅱ」のシラバスでは次のように記載されている。

　　第1～3週：インターネット検索、オンライン公募などにより情報を収集し、その中で電気電子技術で解決可能な問題を抽出し、解決方法を企画し、設計する（3週後に企画書（設計図、使用部品リスト、作業工程を含む）を提出）。

　　第3週　　：企画書を提出、説明する。

　　第4～14週：機器の製作あるいはソフトウェアの開発とその評価（必要に応じて作製、開発にフィードバック）

　　第15週　　：結果を報告書にまとめ、プレゼンテーションする。

　これらの創成型授業では専門知識が活用される。「工学演習Ⅰ」では、電子回路に組み込むマイクロプロセッサのプログラミングのために、1年次の「プログラミング演習」の知識が必要となり、また3年次の「工学演習Ⅱ」では、ライントレースロボットを製作するために、それまでの講義・演習・実験で身につけた電気回路、電磁気およびプログラミングに関する知識が必要となる。

　「工学演習Ⅰ・Ⅱ」は元々「学生実験」という科目であったものを発展させて、JABEE取得時に創設した経緯がある。企業への就職でも、

こうしたエンジニアリング・デザイン能力が求められるようになり、同学科は推薦での就職も多いため、その企業の期待にこたえるためにも、エンジニアリング・デザインに力を注いでいる。

[秋田大学　工学資源学部　機械工学科]
主要な一般的AL課目と高次のAL科目の配置

区分		1前	1後	2前	2後	3前	3後
GAL	必修	初年次ゼミ	流れ学	工業力学演習 機械実習 設計製図I 熱力学I	熱力学II	機械工学実験 設計製図II 流体力学	機械工学実験
	選択						
HAL	必修						創造設計演習
	選択		ものづくり基礎実践	プロジェクトゼミ	プロジェクトゼミ		

注)GAL:General Active Learning(一般的アクティブラーニング)、HAL:High level Active Learning(高次のアクティブラーニング)
4年次前期にも必修の高次のALとして創造工房実習(全教員参加)が設定されている。

　秋田大学工学資源学部機械工学科では、「スイッチバック方式」と呼ばれる独自のカリキュラム設計を行っている。これは要素技術（何にでも使えるように幅広く）→ものづくり（絞って実践）→座学（幅広く）と実践と知識がスイッチバックしながら、そのレベルが段階的に上昇していくことを構想したものである。

　まず1年次後期に「ものづくり基礎実践」が置かれ、これは教養基礎科目に対応しており、学科の80／90人が履修する。続く2年次の「プロジェクトゼミ」は専門基礎科目の知識に対応しており、学科学生の約半数が履修する。さらに3年次後期の「創造設計演習」、4年次前期の「創造工房実習」は必修科目となっている。これらの創成型科目は専門科目の知識に対応して、ステップアップしながら、それぞれのステージの知識を活用した"ものづくり"科目として設定されている。例えば「ものづくり基礎実践」は設計、熱流体、メカトロニクスの3つに分かれており、設計ではストローでグライダーを作り、構造と強度の重要性を学ぶ。熱流体では、あきたこまちを美味しく炊くことで、温度管理や伝熱につ

いて学ぶ。メカトロニクスでは、レゴでロボットアームを作る。

　1年次に通年で1つの"ものづくり"に取り組ませることで、学生に"知識の不足"を感じさせ、失敗することでモチベーションを高めることが狙いである。ものづくりがそれとして上手く行くかどうかは、あまり問題ではない。

　2年前期では「機械実習」があり、その技術を使って「プロジェクトゼミ」で"ものづくり"に取り組む、というように設計されている。「プロジェクトゼミ」には、例えば「たたら製鉄プロジェクト」があり、そのために必要な「ふいご」まで製作させる。

　また3年次では「機械工学実験」があり、そこで修得した知識や技術は、4年次前期の「創造工房実習」で活かされる。以前の「機械工学実験」の内容は、型通りのテーマで実験して終わりだったが、それを創成授業と繋げることで、効果を上げることを狙っているのである。この「創造工房実習」では、計画→計画発表→製作に加え、コンペも行っているが、このコンペの結果は成績とは直結させていない。たまたまうまくいくこともあり、コンペそのものが評価に値しないというケースもあるからである。

[東京大学　工学部　機械情報工学科]

　東京大学は1〜2年次は駒場の教養学部で学ぶが、2年次後期には専門科目の履修も開始される。それ以降は、高次のアクティブラーニングが途切れなく置かれているのが、同学科の大きな特徴である。

　2年次後期の「機械設計」は、講義と演習がセットになった科目で、講義と演習にかける時間の比率は1：1である。演習では、講義で得た専門知識をもとに、デザイン的なアイデアスケッチなどを行う。PBLではないが、創成するという意味においては高次のアクティブラーニングに属する科目である。

　3年次前期の「機械工学総合演習第二」は高次のアクティブラーニング。同学科全講座教員参加のもとに実施され、2コマ連続の授業が週4回配置されている必修科目である。1セメスターで2コマ連続の授業が

主要な一般的AL科目と高次のAL科目の配置

区分		1前	1後	2前	2後	3前	3後
GAL	必修	基礎演習			機械工学総合演習第一		知能ソフトウェア演習 ロボットシステム演習 メカトロニクス設計演習
GAL	選択				機械力学演習 機械数学演習 流れ学第一注2 熱工学第一注2 材料力学B第一注2 機械ソフトウェア演習 ソフトウェア第一	流れ学第二 熱工学第二 材料力学B第二 ソフトウェア第二	ソフトウェア第三 ロボットインテリジェンス
HAL	必修					機械工学総合演習第二	
HAL	選択	全学自由研究ゼミナール 全学体験ゼミナール	全学自由研究ゼミナール 全学体験ゼミナール	全学自由研究ゼミナール 全学体験ゼミナール	機械設計	産業実習	機械工学少人数ゼミ 知能ソフトウェア演習 ロボットシステム演習 メカトロニクス設計演習

注1)GAL:General Active Learning(一般的アクティブラーニング)、HAL:High level Active Learning(高次のアクティブラーニング)
注2)「流れ学第一」、「熱工学第一」、「材料力学B第一」などは、講義科目であるがその中に演習も盛り込まれているため、一般的アクティブラーニングに含めた。

60回あるが、そのうちの12回はスターリングエンジンの設計・製作に費やされる。スターリングエンジンの製作では、空気の膨張・収縮の原理など熱力学の基礎的知識や、機構学、機械力学などの専門知識が活用される。作動原理は共通であるが、その構造は各学生に考えさせる。①3D-CADで設計→②材料の機械加工→③組立→④動作の工程で作業を進め、最後にコンテストを開き、一番よく動くスターリングエンジンを決める。

　スターリングエンジンの製作以外の創成授業のテーマとしては計算機演習があり、2年後期の「ソフトウェア第一」で学んだ知識を活用した創造的・プロジェクト的な取り組みが行われている。この「機械工学総合演習第二」では、さらに電子回路の実験、半田付け指導、計測機器の使用方法なども教えられている。

　「機械工学総合演習第二」を引き継ぐのが3年次後期の「メカトロニクス設計演習」「ロボットシステム演習」「知能ソフトウェア演習」の3科目である。これは便宜上3科目に分けられているが、合計すると毎週4日間2コマ連続で行われ、実態的には統合的に運用されている。ボ

リュームも「機械工学総合演習第二」と同じである。この3科目でロボットの製作に必要な、ノートPCプログラム、ワンチップマイコン、組込マイコン、FPGA、画像処理、グラフィックス、シミュレーション、ボードマイコンプログラミング（組込制御基盤）、ロボット行動プログラミング等の専門知識を、演習を通して定着・補足させる。そして11月下旬からは「メカトロニクス設計演習」、「ロボットシステム演習」、「知能ソフトウェア演習」の中に設けられた統合演習で、学んだ要素を統合してロボットを実際に製作する。

このロボット製作は年内に終了して、年末からはそれまでの演習で定着させた知識をもとに自由な設計でロボットを製作する自主プロジェクト（同学科での伝統的な取り組み）に取り組ませる。ここでは制約を設定せず、それまでの講義・演習で得た専門知識を活かして、材料選択、設計、製作の順で進行する。例えば、使用する材料・部品は、自費で購入したり、学科が提供するジャンク品を貰い受けたりして調達する。

この製作活動は、個人で取り組んでも、グループを結成して取り組んでもよい。ただし、実現可能な内容でなくてはならないので、全く自由に取り組ませているわけではない。設計に入る前に、各個人あるいはグループには、製作したいものを具体的にコンセプトシートに落とし込ませ、その計画を複数の若手担当教員の前で発表させアドバイスを送る。もし、提出されたコンセプトシートの内容が、実現可能性の低いものであれば、再考を促している。

コンセプトシートの通過を受けた後、材料調達、設計、加工・製作に取り組む。この作業の間、教員は交代で演習室に詰めて学生の指導や助言にあたっている。最後には発表会の場が設けられ、学科の学生や教員が参加して、1人あるいは1グループ当たり約5分間で、製作したロボットのデモンストレーションを行う。参加した教員・学生全員が全出展作品について評価し、優秀な作品を表彰する。

この他、3年次後期には高次のアクティブラーニングとして「機械工学少人数ゼミ」が設けられている。4年次の「卒業論文」に入る前に、研究室での取り組みを、学生に体験して知ってもらうために設定してい

る科目であり、選択科目ではあるがほとんどの学生が履修する。学生の取り組みは様々であるが、何らかのプロジェクトに取りかかる学生もいれば、独自の調査・研究に取り組む学生もいる。

［金沢工業大学　工学部　電気電子工学科／機械工学科］
主要な一般的ＡＬ科目と高次のＡＬ科目の配置

区分		1前	1後	2前	2後	3前	3後
GAL	必修	人間と自然Ⅰ 入門電気磁気学 入門電気回路 機械系入門 機械系CAD	基礎電気磁気学 機械系製図 工業力学(その他3単位科目)	人間と自然Ⅱ 基礎電気回路		専門実験・演習Ⅰ 専門実験・演習Ⅱ 人間と自然Ⅲ 機械設計演習	専門実験・演習Ⅲ
GAL	選択						機械工学演習 コンピュータ援用工学Ⅱ 3D設計
HAL	必修	プロジェクトデザインⅠ 機械の原理	創造実験Ⅰ・Ⅱ	創造実験Ⅲ 機械工作・演習	プロジェクトデザインⅡ		コアゼミ
HAL	選択						

注) GAL: General Active Learning (一般的アクティブラーニング)、HAL: High level Active Learning (高次のアクティブラーニング)

　金沢工業大学では、多様な高次のアクティブラーニングが4年間連続し、かつ複数組み合わせる設計になっている。学部教育の主柱となっているのがエンジニアリング・デザイン型創成授業で、具体的な科目としては1年次前期の「プロジェクトデザインⅠ」、2年次後期の「プロジェクトデザインⅡ」、そして4年次前・後期の「プロジェクトデザインⅢ」である。

　「プロジェクトデザインⅠ」はエンジニアリング・デザイン（工学設計）過程の第一段階であるが、数人のグループに分かれ、授業の大半を使って自分で課題を発見し解決する創成授業である。1学年を、1クラス50人程度、1グループ4～5人でグループワークを行わせる。内容は以前は教員ごとにバラバラだったが、現在では教員マニュアルが作成され、内容・レポート回数・評価などが統一されている。

　「プロジェクトデザインⅡ」も、Ⅰと同様の問題発見・解決型（解決案の創出・実行）の創成授業でエンジニアリング・デザイン（工学設計）

過程の第二段階。Ⅰと異なっているのは、専門知識が必要なレベルになっている点である。Ⅱでは最後の発表として学年全体でのポスターセッションが必須で行われるが、パワーポイントによるプレゼンテーションにしていないのは、グループワークを重視しているためで、パワーポイントであれば個人作業が中心となってしまうのを避けるためである。

「プロジェクトデザインⅢ」は、卒業研究に該当するもので、その成果は企業や教育関係者が参加する「プロジェクトデザインⅢ公開発表審査会」において全員が口頭発表する。

このプロジェクトデザインには3年次が抜けているようにみえるが、3年次後期には「コアゼミ」が置かれている。これは一般に「プレゼミ」と呼ばれるもので、「プロジェクトデザインⅢ」が始まってから研究テーマを探すのではなく、3年次後期の研究室配属から、つまり3年次から研究テーマを自ら探して提案し、4年次になるとすぐにスタートできるようにしている。この「コアゼミ」では4年次と3年次が一緒に学び、上級生が下級生の面倒を見ることのできる利点もある。研究手法等も上級生から学ぶことができる。この科目の導入により、「プロジェクトデザインⅢ」の内容が活発化してきている。

もう1つ、高次のアクティブラーニングとなっているのが、「創造実験Ⅰ・Ⅱ・Ⅲ」である。「創造実験Ⅰ・Ⅱ」は1年後期に配当され、「創造実験Ⅲ」は2年次前期に配当される。科目名に「創造」とつく通り、旧来の基礎実験とは異なる形の、創成授業となっている。たとえばオシロスコープを用いた実験でも、最初からオシロスコープを与えてその扱い方を学ばせるという通常の実験科目の手順を取らない。まず、学生に「何を測りたいのか」を考えさせ、それに必要な機器としてのオシロスコープを目的に応じて工夫して活用させる。そのプロセスの中でオシロスコープという機器の扱い方も身につけさせるという考えである。この他に、学科独自の高次のアクティブラーニングとしては、例えば機械工学科の場合、1年次の「機械の原理」、2年次の「機械工作・演習」などがある。

以上、金沢工業大学の高次のアクティブラーニングでは、プロジェク

トデザイン教育と創造実験の2本柱があり、それらが組み合わされ、かつ専門科目での専門知識とつながることで効果を上げるように設計されているのが特徴である。

［岡山大学　工学部　機械工学科］

　高次のアクティブラーニングは、2年次前期の「創成プロジェクト」、3年次通年の「創造工学実験」が該当する。「創成プロジェクト」は半期2コマ連続開講で必修。発想の訓練を行う。前半は座学で後半はモノづくりに取り組む。前半は、オープンエンドの問題に対してアイデア競争を行う。そしてアイデアが出ない学生には発想法訓練を行っている。後半では助教10人が付き、具体的にモノづくりに取り組み、それを4人グループ20チームで競う。

　シラバスから引用すると第一段階では「発想ツール＝メカニカル発想法とブレーンストーミング法を駆使して、『小惑星からのエネルギー獲得プロジェクト』と『五感関連製品の大学生発明工夫展』のOpen-Ended課題を発想させている。これらのリポート成果の発表・質疑応答訓練で、プレゼンテーション能力とディベート能力の練達の必要性を自覚させる」とある。

　第二段階では、「80本のストローとセロテープ1巻で高さ（H）、張り出し量（L）、座屈荷重（W）の積HLWが最大となる『ストローの斜塔』創成実験を試みる。モノ創成を実体験させるこの訓練では単なる夢想的な発想ではなく、構造力学的考察や座屈理論などの専門知識を駆使した発想力の重要性を認識させることが最大の狙いである」。

　第三段階では「最終課題＝『金属ピース運び現代版からくり』を創成し、コンテストを実施する。アイデアの創出から物品の購入・加工・組み立てのすべてを学生自らが企画して、独創性と意外性ならびにコミュニケーション能力を公開実験において発揮しなければならない」とある。

　この「創成プロジェクト」は、10人の助教とTAが関わるため、内容をティーチングマニュアルで統一し毎年更新するとともに、成績評価においてはリーダーシップやチームワーク等をTAと教員で判定し、グルー

プ点と個人点で評価している。

「創造工学実験」は3年次に通年で3コマ連続で開講される。機械工学科に一般的な実験科目は、四力学を中心に各研究室の代表的な実験を順繰りにやっていくというものだが、ここではそのような旧来の実験はほとんど行っていない。理由は、四力学は大学院入試でほとんどの学生が再度勉強し直すので、この科目で再確認をするのは重複となってしまうためである。そのため、この科目は「創成プロジェクト」の延長の授業として組み直されている。たとえば、計測実験でモノの表面の粗さを計測する授業では、計測器の扱い方はしっかりと教えるが、何の粗さを計測するかは学生がグループワークで自分たちで考えて決める。ユニークなテーマでは女性の皮膚の粗さを計測し年齢との相関を考察したグループもあった。この「創成工学実験」は、素材製作学、機械製作学などの講義での専門知識を活用する。金沢工業大学の「創造実験」とも共通した考えで行われている。

[九州工業大学　工学部　機械知能工学科]

3年次後期の「設計製図Ⅲ」は高次のアクティブラーニングである。宇宙工学コースの「設計製図Ⅲ」は2012年度から「宇宙工学PBL」へと名称変更される予定であるが、グループワークでロケットを飛ばし、課題を達成する。この課題達成のためには、コース内で学んだ専門知識に加え、電気電子の授業を受けたり、自分で調べる学習が必要となる。またこの中では同時にチームで働く力を高めさせる取り組みが意識的に取り入れられている。チーム編成は、敢えて親しくないものが組むように考えられている。さらに、この科目のレポートでは「グループワークがどのように実現されたのか」も振り返らせているが、それは「工学教育にはチームワーク力を高めることも含まれている」という考えが反映されたものである。また成績評価はチームに対して行われる。社会では、そのチームに評価が下されるのであり、これも工学教育の一環として位置付けられている。

■経済・経営・商学系学部

　平均ポイントは「①高次のアクティブラーニングの導入度」が3.5ポイントで、「②高次のアクティブラーニングにおける専門知識の活用度」が1.8ポイントでした。工学部（機械系学科、電気・電子系学科）と比較して高次のアクティブラーニングの導入度合いは、やや低くなっています。その中で進んだ取り組みを紹介します。

[立教大学　経営学部]

主要な一般的AL科目と高次のAL科目の配置

区分		1前	1後	2前	2後	3前	3後
GAL	必修						
GAL	選択	初年次ゼミ	BL1(経営学科) EAP1(国際経営学科)	EAP2(国際経営学科)	BL3-A、BL3-B BL3-C(各経営学科)		
HAL	必修	BL0					
HAL	選択			BL2(経営学科) 専門ゼミ		BL4(経営学科) BBP(国際経営学科) 専門ゼミ	専門ゼミ

注1) GAL:General Active Learning(一般的アクティブラーニング)、HAL:High level Active Learning(高次のアクティブラーニング)
注2) 経営学部全体として評価しているので、学科必修科目は選択科目として扱っている。
「専門ゼミ」以外に「ビジネス・リーダーシップ・プログラム(BLP)」が、高次のアクティブラーニングを組み込んだプログラムとして導入されている。

　このビジネス・リーダーシップ・プログラムは、BL0（1年次前期　学部必修）→ BL1（1年次後期　経営学科必修）→ BL2（2年次前期　経営学科必修）→ BL3（2年次後期　選択）→ BL4（3年次前期　選択）と連続し、各学年前期に置かれているBL0・BL2・BL4が問題解決のグループプロジェクトで、BL1・BL3がスキル強化の授業として位置付けられている。

　内容を見ると、1年次前期のBL0は「基礎演習」とも呼ばれ、学部（370人）共通で全員必修。20人1クラスで18クラスが設置されている。この授業ではモスフードサービスとの産学連携で、ビジネスプランを学生に考案させ、それをプレゼン大会で発表させる。この時点では、経営学

の専門知識は学んでいないため、専門知識の活用は目的に含まれていない。ここでの取り組みで、学生にはむしろ無力感を感じさせ、これを週1回の講義の「経営学を学ぶ」へのモチベーションアップへつなげていくのが狙いとなっている。

1年次後期に置かれているBL1は、経営学科は必修で10クラス設置。ここではスキルアップが目的とされ、例えばディベートでは東京電力と連携して"太陽光発電を全体的に導入すべきかどうか"というテーマを設定して、学生が事実を分析して討議する。その分析の視点は基礎科目群の「マーケティング」で学ぶというように科目がリンクしている。

2年次前期のBL2は、経営学科必修で10クラス置かれ、内容は日産自動車と産学連携での問題解決のグループプロジェクトで、「ファイナンシャル・マネジメント」等の専門知識の活用をしつつ、産学連携で問題解決に当たる。

2年次後期のBL3は選択科目で、A、B、Cの3科目があり各1〜2クラス。Aは講義とグループワーク、Bはグループ討議やペアセッション、Cは対話法と添削による文章表現改善をテーマにスキルを高める。

さらに3年次前期のBL4は選択科目で20人程度が履修する。このBL4は起業グループプロジェクトと位置付けられ、アップルジャパンと産学連携して行われる高次のアクティブラーニングとなっている。「ファイナンシャル・マネジメント」はもちろん、その上位科目である「マーケティング戦略論」、「財務分析」等の専門知識を活用するものとして設計されている。

この他に「専門ゼミ」が2年次前期〜4年次後期にかけて置かれ、どのゼミでも必ずグループワーク、フィールドワーク、プレゼン、レポート、時間外学習が必須とされている。「専門ゼミ」は学生の8割が履修し、4年は卒論執筆が中心となる。

上記は経営学科が中心だが、国際経営学科にはEAP（イングリッシュ・フォー・アカデミック・パーパス）やBBPといった科目がある。

［産業能率大学　経営学部］

　高次のアクティブラーニングの設計には次のような特徴がある。3～4年次に置かれている「専門ゼミ」は、「進路支援ゼミ」と呼ばれ、キャリア教育の要素を大きく取り入れている。そのため専門知識は「コース専門科目」「ユニット専門科目」「都市型ビジネス」などの科目群で活用され、産学連携の高次のアクティブラーニングが手厚く行われている。

　「コース専門科目」は2年次前期～3年次後期のコース分属後の選択必修科目で、例えばビジネス経営コースでは、「株式会社の実務」で講義、「ビジネス経営演習」でそれに連携しながらグループワークでビジネスプランを作成する。マーケティング情報コースでは、「調査リサーチ活動の進め方」で講義を行い、それとセットなる「フィールド調査の基礎」では高次のアクティブラーニングを行う。具体的には調査テーマをたとえば、「自由が丘の駐輪場問題」や「自由が丘の飲料自動販売機のマーケットシェアと全国比較」、「自由が丘の犬種シェアと全国比較」等に設定し、①観察調査、②ヒアリング調査、③表現、④検証が順次行われる。

　こうした事例に代表されるように、コースはすべて講義と高次のアクティブラーニングで組み合わせられている。そこでの基本的な考えは、まず実践し、その後に座学で知識を学ぶという順番で、その意味では、2年次前期の高次のアクティブラーニングは、まだ専門知識の活用というよりも「触発系」というべき性格のものと思われる。こうした順番での取り組みは、定量的には測定されていないが、授業アンケートで"モチベーションが上がった"等の声も少なくない。

　「ユニット専門科目」は3年次通年の選択必修科目で、4科目セットの5テーマが用意されている。5テーマとは、「ショップビジネス」「まちづくり」「心理・コミュニケーション」「広告・消費トレンド」「新事業・商品企画」。3年次前期および後期で、それぞれのテーマとも高次のアクティブラーニングと座学を組み合わせ、基本的に同じ日に連続2コマで行われる。たとえば「新事業・商品企画」というテーマでは、3年次前期が「新事業・商品企画の基礎」という授業で、その前半は講義においてブックオフの研究を行い、後半で新事業を考える。セットとなって

いる「ビジネスプラン作成演習」では、前半は講義で後半に実際に商品企画し外部のビジネスプラン・コンテストに応募する。さらに、3年次後期では「新事業推進におけるマネジメント」が座学で、「新事業・商品企画の実践演習」がカルビーの商品企画を産学連携で行うという高次のアクティブラーニングであり、この両者がセットとなっている。

　この「コース専門科目」と「ユニット専門科目」は選択必修だが、それ以外に「都市型ビジネス」という科目群が選択で置かれ、2～3年生が対象。ここでも自由が丘という街に根付いた高次のアクティブラーニングが行われている。「ミュージック・エンターテインメント」「アミューズメント・ビジネス」「エディター養成プログラム」「アーティスト・プロモーション」「自由が丘イベントコラボレーション」の科目群で、エディター養成は40名程度が履修し、実際に雑誌を制作するために取材や編集をする。アーティスト・プロモーションは15人が履修し、実際にコンサートを開く。「自由が丘イベントコラボレーション」も60人履修。自由が丘商店街振興組合が主催する各種イベントの企画、運営面での参加、または自由が丘という街への貢献策として、"自由が丘セザンジュ"という活動を担っている。イベント参加としては「自由が丘スイーツフェスタ」「自由が丘女神祭り」「クリスマスイベント」などがあり、教員は3人で担当する（内1名は自由が丘商店街振興組合より非常勤講師として参画）。さらに「インターンシップⅡ」の単位を活用して、3年次生や4年次生もこの授業に関わることができる。現在は20名程度が関わっている。

　この「都市型ビジネス」の評価は、平常点（座学と実践への出席＋貢献度）、最後の役割ごとの個人レポート（アーティスト・プロモーションの場合、プロデューサー、会計・経理、プロモーター）等で決まる。楽しいというよりも学生同士の衝突があり、それをいかに乗り越えさせるのかがテーマとなっている。

　これ以外のゼミを説明すると、初年次の「基礎ゼミ」は通年で必修。前期はスタディスキルを学ばせ、後期ではグループワークによるテーマ研究を行う。このテーマ研究は2～3時間でお茶を濁すような取り組みではなく実に13週にもおよび、かなり本格的な取り組みとなっていて、

内容も高次のアクティブラーニングに分類される。

　2年次のゼミは必修で、内容も共通テキストで進度も統一する。1クラス25人で編成され、グループワークは5人単位。前期は講義→ビデオ→議論→発表というサイクルを3回繰り返され一般的アクティブラーニングに分類される。後期のテーマは業界研究で、前期と同じサイクルを3回繰り返す。

　3年次ゼミは「進路支援ゼミ」と呼ばれ、内4週間は自己表現力を課題とし400字で文章を書いて添削して発表。28回の授業の内10回が就職支援関連を共通プログラムで行い、残りの18回が専門ゼミとなる。専門ゼミは調査→発表が基本で、教員によってはPBLも含むが、内容は教員の専門に依っており、PBL等の導入も統一されているわけではない。

　4年次ゼミは学生が自分の就職予定の企業研究を行うことも含まれている。

　このように、3～4年次ゼミが業界研究、企業研究や、就職支援に比重が置かれているのは、キャリア教育は教員と学生が1対1の関係にあることが基本であるべきで、それはゼミでしかあり得ないという考えからである。その分、専門性が薄れるのを「コース専門科目」や「ユニット専門科目」でカバーするという設計である。

　同学部ではゼミは選択だが履修するのは96％で、ほぼ全員。4年次ゼミを受けた学生はA4・10頁のレポートを書く。

[武蔵大学　経済学部]

　2年次から4年次に「専門ゼミナール」が置かれ、各ゼミは20人以下に人数制限されている。この内の2年次・3年次のゼミが必修である。「専門ゼミナール」では多くの場合PBL等の高次のアクティブラーニングが行われているが、各ゼミで絶対に行うという決まりにはなっていない。ただ経営学科にはPBLを含む高次のアクティブラーニングが多い。あるゼミでは反復練習をさせることから始まる。また別のゼミでは、前期はテキストを読む講読→発表が中心だが、後期はグループワークで自

主要な一般的ＡＬ科目と高次のＡＬ科目の配置

区分		1前	1後	2前	2後	3前	3後
GAL	必修	教養ゼミナール 数的処理	プレ専門ゼミナール				
GAL	選択						
HAL	必修						
HAL	選択	デジタル協働学	デジタル協働学	専門ゼミナール第1部 起業家インターンシップ	専門ゼミナール第1部 三学部横断型ゼミ	専門ゼミナール第2部 三学部横断型ゼミ	専門ゼミナール第2部 三学部横断型ゼミ

注1）GAL：General Active Learning（一般的アクティブラーニング）、HAL：High level Active Learning（高次のアクティブラーニング）
注2）2年次の「専門ゼミナール第1部」は各コースで必修であるが、アクティブラーニングかどうかはゼミに一任されているため選択のHALとみなした。

分たちの課題を見つけ、チームワークで解決する。

「ゼミナール」へのモチベーションを高めるため、同学部では「ゼミ大会」が開催されている。2010年で7年目になる取り組みで、2年次でも3年次でも「ゼミ大会」に参加でき、経営学科や金融学科はほぼすべてのゼミが参加し、経済学部全体でも約8割のゼミが参加している。ゼミ内でこの大会参加をめぐって競争があり、当初と比べても現在では相当レベルアップしている。ゼミ大会は各会場とも学内審査員2名、学外審査員2名の計4名で審査する。

「三学部横断型ゼミ」は2年次後期～3年次前・後期に配当され、経済学部、人文学部、社会学部の3学部が1クラスに混在する形で学ぶ。2007年に開始し、経済産業省の社会人基礎力育成事業に採択された。1クラスは1学部10名×3学部の30名。2つの企業と提携して、その企業のCSR報告書を大学生が分かるように作ることがテーマである。1クラスは2チームに分かれ、半期を前半と後半の2つに分けて取り組む。まず前半は各学部別のチーム5名ずつで課題を分析する。経済学部のチームは経営活動の分析、人文学部のチームは企業が発信する情報の在り方、社会学部のチームはCSR活動の分析である。そして後半は、3学部の3チームが合体してその企業のCSR報告書を作成する。経済学部の学生にとっては"株式会社って何？"というような他学部の素朴な疑問に答えることや、学部間のコミュニケーションの壁を乗り越えさせ

ることで成果を上げている。この「三学部横断型ゼミ」は年間120人が履修している。

1年次前・後期に置かれている「デジタル協働学」（選択科目）はIBMとの産学連携で行われている創成授業である。1年前期は経済学部のみ履修でき、1年次後期は3学部とも履修できる。定員は20人で、後期は10名前後が経済学部から履修している。

その概要をシラバスより紹介する。

『演習では数名ごとにチームを編成して仮想的な企業を経営する。履修者は、企画課長、総務課長、営業課長、および工場長のいずれかの役職を担当する。各チームは、社長からの指示に従って、会社設立、経営戦略、製品開発、マーケティング、受注・製造、および決算処理などを実施することになるが、ビジネススクールなどで実施されるビジネスゲームとは異なり、この演習では財務上の成果だけを追求するのではなく、企業理念の決定や製品開発などのような創造的な活動に重点が置かれている。したがって、演習中には多くの試行錯誤や失敗を繰り返すことになる。それらの体験から社会の仕組みを学び、さらには、大学での勉学に対する目的意識を養うことができる。また、一連の活動を通して、コンピューターを能動的に使用するスキルだけでなく、時間管理、自己管理、協働作業、問題発見、問題解決、創作作業、対人コミュニケーション、あるいはビジネスマナーなどのいわゆるソフトスキルを向上させることができる。』

「起業家コース」必修の「起業家インターンシップ」は2年次に配当され5～6人が履修。グループで担当する企業を決め、企業訪問、企業からの来訪を受け、経営課題を見つける。そして夏休みに1週間程度のインターンシップを行い、課題の解決策を考えて企業に対する成果発表→企業からのコメントという流れである。この起業家インターンシップは、履修しておくべき科目が特に指定はされていない。専門科目の履修がそれほど進んでいない段階で行われるので、フレームワークは教員が示唆する。高次のアクティブラーニングに分類されるが、それほど専門知識が活用される訳ではない。

[創価大学　経済学部]

　高次のアクティブラーニングの特徴は、1年次～4年次まで置かれたいわゆる「演習（＝ゼミ）」の流れと、英語での学びを中心とした「IP (International Program)」、「JAS（Japan-Asia Studies）Program」系の流れが組み合わされているところにある。

　演習の流れを見ると、1年次前期は「基礎演習（必修）」、2年後期～3年後期は「演習Ⅰ・Ⅱ・Ⅲ（各選択）」、4年後期は「演習Ⅳ（必修）」となっている。

　1年次前期の「基礎演習」はスタディスキル等の修得が中心となった一般的アクティブラーニングに分類され、2年次後期～3年次後期に配置されている「演習Ⅰ・Ⅱ・Ⅲ」および4年次後期に配置されている「演習Ⅳ（選択）」はいわゆる専門ゼミであり、高次のアクティブラーニングを含んでいる。4年次前期に「演習」が配置されていないのは、学生が就職活動に集中できるように配慮しているためである。「演習」は全学部生の約95％が履修し、学生は25のゼミにそれぞれ配属される。学生へのモチベーション装置として機能するのが、3年次に設けられているゼミ生対抗の研究発表大会。各ゼミはこの大会に向けて、早いゼミでは3年次前期の早い段階で準備に取りかかる。まずゼミ内で各自が論文を書き、その中からゼミ内コンペで優れた論文が選ばれる。それをゼミの論文として競い、優秀なゼミには賞金が贈られる。

　4年次後期に配置されている「演習Ⅳ」は、卒論作成が主テーマとなるが、卒論執筆率は70～80％程度。

　創価大学経済学部の大きな特徴となっているのが、英語と経済学の両方の習得を狙った選択の科目コースとしての「IP（International Program）」（1～2年次）と「JAS（Japan-Asia Studies）Program」（3年次）である。

　「IP（International Program）」は、経済学を英語で学びながら語学力を向上させることを目的に、1999年に開講され、学生の人気が高い。「IP」は2年間の科目コースだが、履修者が絞り込まれていく設計になっている。1年次前期では当学部生280人のうち、入学時の希望者から180人

が履修可能。また1年次後期以降は、学生の英語力およびGPAを基にさらにふるいにかけ、前期履修者数の約半数の学生が履修を続けている。

　1年次の授業では、基礎的リテラシーや入門レベルの経済学をゼミ形式により英語で学ぶ。基礎的リテラシーの内容は、英語でのノートのとり方、ライティング、プレゼンなどである。2年次は、グループワークにより、自分たちでテーマを決めて、会社や業界などについて調べて、それについて英語でプレゼンをするというのが基本的授業形態であるが、1年次・2年次とも「IP」ではグループ学習、PBL、ディベートなどにより授業が進められており、高次のアクティブラーニングに分類される。この「IP」の履修で取得する単位は、例えば1年前期と後期それぞれ14単位、年間で28単位と非常に大きくなっている。

　「JAS（Japan-Asia Studies）Program」では、日本人学生および留学生を対象に、英語で日本およびアジアの経済について学ぶことを目的に、2009年に開講された科目であるが、「IP」を2年間履修した学生は通常3年次でこの「JAS Program」を履修する。「JAS」もグループ学習、PBL、ディ

平成18年度〜平成22年度前期　授業外学習時間の変化（学部）

1-(2)　毎週、平均するとどの程度の予習・復習をしましたか？

	18年前期	18年後期	19年前期	19年後期	20年前期	20年後期	21年前期	21年後期	22年前期
経済学部　平均	2.82	2.76	3.24	2.82	3.43	3.25	3.14	2.95	3.01
大学全体の平均 ※共通科目・特設課程を含む	2.15	2.13	2.27	2.24	2.30	2.27	2.43	2.37	2.49

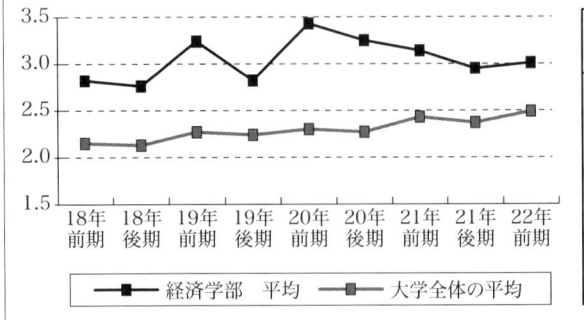

設問内容	毎週、平均するとどの程度の予習・復習をしましたか？
回答内容 5	3時間以上
回答内容 4	2時間程度
回答内容 3	1時間程度
回答内容 2	30分程度
回答内容 1	何もしなかった

図表27　創価大学（経済学部）学部生の授業外学習時間

（創価大学経済学部提供）

ベートを中心とした高次のアクティブラーニングとして分類される。

「IP」設置の効果としては、学内での英語のプレイスメントテストの平均点がかつては全学部中最下位であったのが、2010年度ではトップになっていることや、学内の学部別にみた学生の授業外学習時間調査でも最近5年間伸び続け、常にトップになっている等である（**図表27**）。

[立命館大学　経営学部]

初年次の「基礎演習」は30年前ほどから行っていた。大規模大学では学生が孤立しがちであるために、丁寧に入門的なことを教える目的として置かれた。現在は通年で必修。1クラス30～35人、24～25クラス開講している。学生は前期でスタディスキルを学び、後期ではグループワークでテーマを選びPBLに取り組む。そしてそれを1年次生のプレゼン大会で発表する。統一教科書が採用され、内容は年に4回、担当者の懇談会を開催して統一している。「基礎演習」では教員が希望すれば、SAがクラスについて、学生が生活に慣れるのを支援する。SAは教務的にも関わりレポートのチェック等も行う。

これまでは3年次～4年次で「専門演習」が開講されていたが、2011年度の2年生に「専門演習Ⅰ・Ⅱ」を行うように早めることが決まっている。1つ目の理由は就職活動が早まり、ゼミの肝心な時に学生が抜けざるを得ないためである。もう1つの理由は留学する学生が増えたためである。ゼミを2～3年次に早めることで、3年次のゼミの終わりでゼミのレポートをまとめることが出来ていると、就職活動でも有利になるとも考えられている。

専門演習が早まると、卒論は「卒業特別研究」として、より高度なことをやりたい学生のみの選択科目となる。留学に行く学生は2年で留学し、帰国してから「プロジェクト研究」（選択科目）というPBL授業に加わる。

「プロジェクト研究」は、2年次でゼミに入らない学生、希望が通らない学生の受け皿にもなると考えている。2年次の「専門演習Ⅰ・Ⅱ」は選択科目で全体の8割程度（留学する学生が5～10％なので）になりそ

うだ。

　学生委員会が主催する2年次〜3年次生を対象とした「ゼミ大会」もあり、こちらはトーナメント形式で、140チームが参加する。上位5チームは全国インターゼミ大会に出場する。

[宮崎産業経営大学　経営学部]

　1年次から「Cナビ」（＝進路支援演習）というキャリア教育科目が4年間必修で置かれている。この「Cナビ」の1年次は、1クラス10〜12名程度で10クラスが開講される。「Cナビ」では、企業研究を通じて、研究のスタイルを学ぶことを重視する。1年次には企業研究を行う。ソート分析などの手法を用い、「経営学総論」の教員がナビゲートしたテンプレートに合わせて記入して行くことで、マーケティング分析を進める。対象企業がR&Dをどうやっているか、商品展開をどうしているか等のマーケティング分析を行い、それらの成果を学園祭で発表するのである。

　2年次の「Cナビ」では企業研究から業界研究まで範囲を広げる。証券会社から講師を派遣してもらい、その話を聞いて株価の動きなども含めた企業研究を行い、オープンキャンパスで地元高校生に向けて発表する。

　「Cナビ」の3年次からは経営学的な内容は「専門演習」に移行し、「Cナビ」は企業の講演、エントリーシートの書き方等の就職活動支援に純化する。

　「専門演習」は全部で13あり、2〜4年次で必修。専門科目および「SUN18°塾」（注）と連携している。あるゼミでは学生に「宮崎学生インターゼミ」で発表させている。「宮崎学生インターゼミ」は宮崎県内の5大学から120人程度の学生が参加する。また別のゼミでは3年次にこれまでの学習を生かし、企画・広告を立て、学園祭に出店するなどの取り組みも行われている。

注　「SUN18°塾」……正課外のプロジェクト科目。1年後期から始まり、経営学部としては「税務会計塾」「ITリーダー塾」「青年実業家養成塾」の3つを提供している。この「SUN18°塾」は複数教員でチームを組んで教える。「税務会計塾」では週に2回学生が集まり、教員による講義→練習問題に取り組んで簿記1級をめざす。「ITリーダー塾」は専門ゼミのサ

ブゼミとしての性格も持つ。「青年実業家養成塾」では地元の企業と連携して、学生にビジネスを体験させている。まず学生を店員として実習に行かせ、そして次回は社長の横に1日密着して、社長としての立場から何を観るのかを体験させ考えさせる。全学共通を含めると経営学部学生の5割程度がこの塾に参加する。

(3) 産学連携のアクティブラーニング

①インターンシップの導入度
②産学連携での高次のアクティブラーニングの導入度

工学部19学科の平均：① 1.1／2.0 ポイント　② 0.7／2.0 ポイント

経済・経営・商系16学部の平均：① 0.9／2.0 ポイント
② 0.9／2.0 ポイント

　この項目では、産学連携の在り方を評価しました。「①インターンシップの導入度」はインターンシップが単位化され導入しているかであり、学生全員に必修で課されている場合は2ポイント、選択で単位化されている場合は1ポイントとしました。
　「②産学連携での高次のアクティブラーニングの導入度」は、産学連携での高次のアクティブラーニングがどれだけ導入されているかを評価したもので、全員必修の科目で行われていれば2ポイント、選択科目の場合は1ポイントとしました。

①インターンシップの導入度

　実地調査したすべての学部・学科で単位化されていました。ただし、平均ポイントが示すように選択科目がほとんどで、学生参加率は数％から100％までと幅が広く、実地評価の対象学部・学科ではおしなべて10～30％でした。全員にインターンシップを必修で課しているのは、日本大学生産工学部電気電子工学科のみでした。

[日本大学　生産工学部　電気電子工学科]

　「生産実習（＝インターンシップ）」は全員必修となっており、前後に講義を行う。前期では外部の講師と専任教員による講義を行い、毎回レポートを提出させる。夏休みにレポートの成績が高い順に希望する企業に2週間～1ヵ月配属。後期では、何をやったかの日誌とレポートによる報告の後プレゼンを行う。何が要求されたか、何が自分に足りなかったか、ポスターにして掲示する。このうち毎年10名くらいが就職に繋がっている。インターンシップで研究開発に近いところに行った学生では、企業での成果発表のプレゼンや全国大会での成果発表に行く者もいる。インターンシップの効果としては、一般に就職してから3年間で3割が退職すると言われているが同学科では11.7％しかない。インターシップによりミスマッチが少なくなっているからではないかと考えられている。

[東京大学　工学部　機械情報工学科]

　3年次に配置された「産業実習」がインターンシップに該当するが、就業経験に終始する一般的なインターンシップとは異なる。企業と実習テーマのリストに基づいて学生を2週間派遣し、そこで課題を与え、PBLに取り組ませるような設計になっている。終了後に学科で報告・総括会を実施している。

②産学連携での高次のアクティブラーニングの導入度

　企業へ学生を派遣して高次のアクティブラーニングを経験させる事例としては、上記の東京大学工学部機械情報学科のインターンシップがあります。それ以外は、企業の方に大学に来てもらう場合が一般的です。

[京都工芸繊維大学　工芸科学部　機械システム工学課程]

　「産学連携ものづくり実践」は3年次前期に選択科目で30名が履修する。全学で30名の定員だが、そのうち25名が機械システム工学課程の学生である。関西の6つの企業からテーマが与えられ、解決法を考えて

試作品を製作しプレゼンする。レポートを企業に提出してOKかどうかを判断してもらっている。就職につながった例もあり、参加者が増えている。2008年度文科省の委託事業『産学連携による実践型人材育成事業〜ものづくり技術者育成〜』に採択されたもので、その成果を順次、正課の授業に移していく。

[秋田大学　工学資源学部　機械工学科]

課外活動の「学生自主プロジェクト」では、2月に発表会があり、審査の上で単位が付与される。この中の発電プロジェクトは、横手市で予算がつけられている。1プロジェクトは5〜10名で、教官が必ず付く。

[千葉商科大学　サービス創造学部]

「プロジェクト実践A」のオフィシャルプロジェクトでは4つのプロジェクトが稼働中で、千葉ロッテマリーンズ(45人)、千葉テレビ(20人)、音楽(17人)、新潟の地域活性化(16人)がある。ただし、これらは選択科目で通年4単位となっている。プロジェクトを通じて学問から学ぶ意欲を高める効果もあり、千葉ロッテマリーンズではマーケティングや統計学の必要性を2年次の学生たちが感じ取っている。また、プロジェクト発表会で全プロジェクトがプレゼンを行い、学び得たことと次の目標を発表し、次年度開設の有無を審査される。

[立教大学　経営学部]

コア・カリキュラムの「ビジネス・リーダーシップ・プログラム(BLP)」そのものが、産学連携の高次のアクティブラーニングとなっている。58頁で紹介したように、1年次前期のBL0では、モスフードサービスと連携してのプロモーションを考え、1年次後期のBL1では東京電力と連携して太陽光発電をめぐるディベートを行う。さらに2年次前期のBL2では日産自動車と連携しての電気自動車の普及法を考え、3年次前期のBL4では外資系IT大手企業と連携して同社の戦略的立案に取り組む。

[武蔵大学　経済学部]

　1年次の「デジタル協働学」はIBMとの産学連携で行われている創成授業で、チームを編成して仮想的な企業を経営する。企画課長、総務課長、営業課長、および工場長のいずれかの役職を担当し、各チームは社長からの指示に従って、会社設立、経営戦略、製品開発、マーケティング、受注・製造、および決算処理などを実施する。企業理念の決定や製品開発などのような創造的な活動に重点が置かれている。

　「起業家インターンシップ」では、グループで担当する企業を決め、夏休みまでに経営課題を見つける。企業訪問、企業からの来訪をしてもらう。夏休みに1週間程度のインターンシップをして中から課題を発見し、企業に対して成果発表→コメントをもらうという流れである。

　「三学部横断型ゼミ」では、2つの企業から課題をもらい、その企業のCSR報告書を大学生が分かるように作る。経済学部、人文学部、社会学部のそれぞれの特性を活かして、対象企業を分析し、最後は3学部の学生が協力して1つのCSR報告書を作成する。

[産業能率大学　経営学部]

　アクティブラーニングを含む科目の半数近くが産学連携で行われている。例えば、「都市型ビジネス」という科目群の中の「自由が丘イベントコラボレーション」では、自由が丘商店街振興組合が主催する各種イベントの企画、運営面での参加、または自由が丘での体感治安活動の一環として、"自由が丘セザンジュ"という活動を担っている。

[龍谷大学　経済学部]

　2年次後期～3年次前期の「演習Ⅰ」は高次のアクティブラーニングとなっている。例えば、実際に茶農家と連携してオリジナル宇治茶を製品化し、マーケティングから事業戦略まで(川上から川下まで)実体験させている。また、京都市南部の新産業育成の政策提言を行っているゼミもある。それらを4年次の「演習Ⅱ」「卒業研究」で論文化している。これら産学連携

に取り組むゼミに対しては、経済学会から、1ゼミあたり年15万円を限度に研究補助が出る等の支援策が導入されているのも特徴である。

《評価の視点Ⅱ》 学部・学科による質保証　実施主体の体制、教育内容を統一するためのチームティーチング・ＦＤ活動

工学部 19 学科の平均：2.2／4.0 ポイント

経済・経営・商系 16 学部の平均：2.7／4.0 ポイント

　ここではアクティブラーニングが教員の恣意に委ねられるのではなく、いかに学部・学科によって一定レベル以上の水準が担保されているのかを評価しました。工学部と経済・経営・商学系学部の評価基準は同一ではなく、経済・経営・商学系学部においては、アクティブラーニングに限定するとポイントが出ない大学が多いため、観点（1）および観点（2）ではアクティブラーニングだけではなくすべての科目を対象としました。また観点（3）でも、工学部では「学年をまたぐ高次のアクティブラーニング」を対象としたのに対し、経済・経営・商学系学部では「アクティブラーニング科目のうち複数の教員が関わる」科目を対象としました。

　全体として、工学部（機械系学科、電気・電子系学科）は学科としてのチームティーチングが前提となっていました。基本的には、講義系の科目でも、「科目に人がつく」という具合に、学科として「この科目で何を教えるのか」が討議・決定され、それを教員が分担するということが浸透しています。

（1）アクティブラーニング全般において、学科で同じ科目名を複数の教員が担当し、教育内容が学科主導で統一されている（工学部）

工学部 19 学科の平均：1.0／1.0 ポイント

アクティブラーニングに限らず、学部で同じ科目名を複数の教員が担当し、教育内容が学部主導で統一されている（経済・経営・商学部）

経済・経営・商系 16 学部の平均：0.9 ／ 1.0 ポイント

　工学部（機械系学科、電気・電子系学科）では、ほとんどの学部で満点（1.0）でした。つまり、高次と一般的を問わずアクティブラーニングが導入されている場合、工学部では基本的にシラバスや内容が統一されているのがごく一般的でした。

　これに対し、経済・経営・商学系学部では、そもそもアクティブラーニングに限らず、同一科目で複数の教員による複数コマ開講の場合の内容統一を対象としたため、0.9 ポイントと高くなっています。工学部（機械系学科、電気・電子系学科）とポイントの意味は異なりますが、「ミクロ経済学」、「マクロ経済学」等の科目においては 15 学部で内容統一が行われていました。

(2) 学年をまたぐアクティブラーニング科目を複数の教員が担当し、教育内容が学科主導で統一されている（工学部）

工学部 19 学科の平均：0.7 ／ 1.0 ポイント

アクティブラーニングに限らず、2 セメスター以上にまたがる積み上げ型科目で複数の教員が担当し、教育内容が学部主導で統一されている（経済・経営・商学系学部）

経済・経営・商学系 16 学部の平均：0.5 ／ 1.0 ポイント

　工学部（機械系学科、電気・電子系学科）では、多くの学科で満点でした。つまり、高次と一般的を問わずアクティブラーニングがセメスターをまたいで導入されている場合、工学部（機械系学科、電気・電子系学科）では基本的に統一シラバスや内容の調整がなされているのがごく一般的でした。

　これに対し、経済・経営・商学系学部では、そもそもアクティブラーニングに限らず、積み上げ型の科目で内容調整が行われているかを対象としましたが、「ミクロ経済学」、「マクロ経済学」等とその上級科目との間について内容統一が行われているのは半数にとどまっています。

(3) 学年をまたぐ高次のアクティブラーニング科目でチームティーチングが行われている（工学部）

工学部19学科の平均：0.5／2.0ポイント

アクティブラーニング科目でチームティーチングが行われている（経済・経営・商学系学部）

経済・経営・商学系16学部の平均：1.3／2.0ポイント

　工学部（機械系学科、電気・電子系学科）では、学年をまたぐ高次のアクティブラーニングが設定されている場合には、ほぼすべてでチームティーチングが導入されていました。平均ポイントが低い理由は「学年をまたぐ高次のアクティブラーニング」が導入されておらず、該当しないケースも多かったためです。

　経済・経営・商学系学部では、アクティブラーニング科目のうち、1科目に対して複数の教員が関わりチームティーチングが行われているかを評価したため、工学部よりポイントが高くなっています。アクティブラーニングが導入されている初年次ゼミなどでは、1科目に複数の教員が関わり、不断に内容調整されるチームティーチングが導入されている学部も少なくありません。ただ、初年次ゼミの内容は教員任せとなっている学部もありました。

　概して、《評価の視点Ⅱ》の項目については、高次のアクティブラーニングの導入が進んでいる学部・学科ほど高いポイントを表しており、《評価の視点Ⅰ》(2)との相関関係が明瞭です。

《評価の視点Ⅲ》 学生の能力形成と自律・自立化

| 工学部 19 学科の平均：2.1／4.0 ポイント |
| 経済・経営・商学系 16 学部の平均：1.3／4.0 ポイント |

　この項目においては、学生の自律・自立化を促すための取り組みを評価しました。

　「(1) 獲得させるべき能力と対応したアクティブラーニングを含んだカリキュラム設計」では、カリキュラムおよび個々の科目が能力要素別に分類・設計されているかどうかを評価しました。評価基準は、能力要素別に科目が分類され、「〇〇の能力を育てるためには、△△の科目を履修すればよい」と分かるようになっていれば1ポイントとし、さらに、その能力要素が科目に落とし込まれている場合には2ポイントとしました。後者の場合は、シラバスを読めば、その科目で複数の能力形成がどのように目的として組み入れられているのかが分かることがポイントです。

　「(2) 振り返りとコミットメント」では、振り返りシートやポートフォリオ等を用いて、学生がPDCAサイクルを回せるような習慣を身につけさせているかを評価しました。何らかの具体物（シート）等が存在し、学生に取り組ませていれば1ポイントです。さらに、学生がPDCAを回せるようにするための仕掛けや教員の労力が必要な仕組みがあれば2ポイントとしました。

(1) 獲得させるべき能力と対応したアクティブラーニングを含んだカリキュラム設計

| 工学部 19 学科の平均：1.1／2.0 ポイント |
| 経済・経営・商学系 16 学部の平均：0.4／2.0 ポイント |

　この項目は、工学部（機械系学科、電気・電子系学科）では、最低でも1ポイントが確保されていました。実地調査対象19学科の内13学科がJABEE認定コースを設けており、学科としてJABEEに対応した能力要素別の科目編成が行われていました。JABEEでは学生に獲得させるべき能力（＝教育目

標）が以下の（a）～（h）に分類されています。

(a) 地球的視点から多面的に物事を考える能力とその素養
(b) 技術が社会および自然におよぼす影響・効果に関する理解力や責任など、技術者として社会に対する責任を自覚する能力（技術者倫理）
(c) 数学、自然科学、情報技術に関する知識とそれらを応用できる能力
(d) 該当する分野の専門技術に関する知識とそれらを問題解決できる能力
(e) 種々の科学・技術・情報を利用して社会の要求を解決するためのデザイン能力
(f) 日本語による論理的な記述力、口頭発表力、討議などのコミュニケーション能力および国際的に通用するコミュニケーション基礎能力
(g) 自主的、継続的に学習できる能力
(h) 与えられた制約の下で計画的に仕事を進め、まとめる能力

そのうえで、(a) の能力を身につけるには、どの科目とどの科目を取れば良いのかが示されています。ただし、金沢工業大学と福岡工業大学電気工学科においては、その科目を通じて身につけることを目標とする能力要素を、科目毎に複数設定されていました。当然ですが、1つの科目は1つの能力要素のみに対応しているわけではありません。たとえば (a) と (d) と (h) の複数を能力要素とし、しかも (a)、(d)、(h) のそれぞれに比重が異なるのが一般的です。それをシラバスに明示して、"この科目を履修すれば、これこれの能力要素が身につく"と学生にも分かるように落とし込まれているのが、この2大学でした（**図表28、29**）。

平成22年度　学習支援計画書

授業科目区分	科　目　名	単位	科目コード	開講時期	履　修　条　件
修学基礎教育課程 修学基礎科目 修学基礎	コアガイド（EM） Introduction to Major	1	0005-01	4期（後学期）	修学規程第5条別表第2を参照
担当教員名	研究室	内線電話番号	電子メールID		オフィスアワー

（中略）

達成度評価

指標と評価割合＼評価方法	試験	クイズ 小テスト	レポート	成果発表 （口頭・実技）	作品	ポートフォリオ	その他	合計
総合評価割合	0	45	45	0	0	10	0	100
総合力指標　知識を取り込む力	0	15	10	0	0	0	0	25
思考・推論・創造する力	0	15	10	0	0	0	0	25
コラボレーションとリーダーシップ	0	0	0	0	0	0	0	0
発表・表現・伝達する力	0	5	10	0	0	0	0	15
学習に取組む姿勢・意欲	0	10	15	0	0	10	0	35

※総合力指標で示す数値内訳は、授業運営上のおおよその目安を示したものです。

図表28　金沢工業大学のシラバス

http://www.kanazawa-it.ac.jp/syllabus/clip/12010220090005010.pdf　　　　　（金沢工業大学提供）

科目名	電気回路I

（中略）

必修・選択	必修	単位数	2	授業形式	講義・演習
キーワード	電圧、電流、電力、キルヒホッフの法則	関連リンク			
授業内容	電気工学科で独自に作成したテキストを用いて電気回路の基礎について学ぶ。また、毎回プリント教材を用いた演習を行い、学習したことを確実に身につける。				

学習目標A～Hを達成するために費やされる時間の割合(%)	A	0	B	0	C	30	D	40	E	10	F	10	G	5	H	5

学習目標に対するこの授業の達成目標	C. 電気回路を取り扱う上では基本的な計算能力や関数に関する知識が不可欠である。そのため、それらに関する知識をしっかりと身につけるとともに、それを電気回路の解析に応用できる能力を身につける。また、電気エネルギーは、物理分野で重要な概念であるエネルギーの一形態であり、その知識とそれを例えば加熱や仕事などに応用する知識を身につける。 D. 電気回路の知識は電気技術者として仕事をしていく上での基礎となるものである。本講義によりその知識を身につけるとともに、それを応用できる能力を身につける。 E. 毎回のプリント教材の中の応用的な問題により、社会の要請を解決するためのデザイン能力を身につける。 F. 毎回のプリント教材を用いた演習を通じて日本語による論理的な記述力を身につける。また、講義中に質問に答えることによって口頭発表力を身につける。 G. 毎回の講義に対する予習・復習を通じて自主的、継続的に学習できる能力を身につける。 H. 4回の講義の後にそれまでの学習内容が身についていることを確認するためのテストを行うが、その実施を通じて、計画的に仕事を進め、まとめる能力を身につける。

図表29　福岡工業大学（電気工学科）のシラバス例

http://syllabus.fit.ac.jp/up/faces/up/km/Kms00802A.jsp　　　　　（福岡工業大学提供）

こうした工学部（機械系学科、電気・電子系学科）に対し、経済・経営・商学系学部では、能力要素別のカリキュラム設計が行われている大学は、産業能率大学経営学部、立教大学経営学部（**図表30**）、創価大学経済学部（**図表31**）の3学部にとどまっていました。むしろ、こうしたことが行われていないのが、経済・経営・商学系学部では標準的であり、工学部（機械系学科、電気・電子系学科）との意識の大きな差が見られる点です。

経営学部経営学科のカリキュラム				経営学部の学習成果との関連 （◎＝強く関連、○＝関連、△＝やや関連）						
科目名	科目区分	配当年次	科目の学習成果	(1)高い倫理観を持って行動できる	(2)良好な人間関係を構築し、協働的に作業ができる	(3)英語以外の外国語による運用能力の（平易な会話、読み・書き）養成	(4)自律的・創造的に研究・調査できる能力の養成	(5)経営学全般に関する知識の応用	(6)経営学プロジェクトを論理的に立案・実行	(7)ビジネス分析ツールの活用と、問題解決のためのリーダーシップの養成
経営学入門・経営学基礎	必修科目	1	（省略）	△			△	◎	○	
ミクロ経済学	必修科目	1					◎	○		
マクロ経済学	必修科目	1					◎	○		
基礎演習	選択科目 基礎科目	1		○	◎					○
グッドビジネス	選択科目 基礎科目	1		○			△	◎	△	
ファイナンシャル・マネジメント	選択科目 基礎科目	1～4 (1・2年次推奨)		○				◎	○	○
組織マネジメント	選択科目 基礎科目	1～4 (1・2年次推奨)		△			△		◎	
マーケティング	選択科目 基礎科目	1～4 (1・2年次推奨)					○	◎	○	

図表30　立教大学（経営学部）カリキュラムマップ

（立教大学経営学部提供）

80　河合塾からの「大学のアクティブラーニング」調査報告

創価大学経済学部の「教育目標」Diploma Policy	学士力	細目	Economic Development of Japan		
			近世から第二次大戦までの日本の経済発展を英語で学ぶ	海外からの留学生と日本の経済発展について英語でディスカッションする	毎週、英語のテキストを読み、自分の意見をまとめた英文エッセイを書く
体系的な経済学教育を通して、問題発見・解決能力と論理的思考力を備えた人材を育成する。	人類の文化、社会と自然に関する知識の理解	現代世界の社会問題について適切な知識を持っている			
		現代日本の社会問題について適切な知識を持っている	○		
		人類の文化・歴史について適切な知識を持っている			
		日本の文化・歴史について適切な知識を持っている	○		
	論理的思考力	日常の経済問題を理解できる			
		政策提案を理解し評価するために経済理論を用いることができる			
		複数の主張を比較できる		○	
		社会問題を複数の視点から分析できる		○	
		仮説・検証のプロセスを理解している			
人間主義に基づく経済学教育を通して、人類の平和に貢献し、世界に通用する人間力ある人材を育成する。	数量的スキル	数学の基礎的スキルを身につけている			
		社会分析での数量データの役割を理解している			
		統計的な分析の結果を理解し解釈できる			
		自ら統計的な分析を行える			
		自らにデータを集め統計的分析を行える			
	情報リテラシー	ICTを用いて、多様な情報を収集・分析して適正に判断し、モラルに則って効果的に活用することができる			
	問題解決力	明確な解答のある問題を解くことができる			
		社会現象の中に、自ら問題を発見することができる			
		明確な解答のない問題を解決することができる			○
	多文化・異文化に関する知識の理解	異文化を偏見のない態度で学ぶことができる	◎		
	コミュニケーション・スキル	日本語で社会科学の専門書を読むことができる			
		日本語で明確な文章を書くことができる			
		日本語で明確なプレゼンテーションが行える			
		日本語で社会問題・経済問題を論じられる			
		英語で社会科学の専門書を読むことができる			◎
		英語で明確な文章を書くことができる			◎
		英語で明確なプレゼンテーションが行える			
		英語で社会問題・経済問題を論じられる			
人間主義に基づく経済学教育を通して、人類の平和に貢献し、世界に通用する人間力ある人材を育成する。	自己管理力	自らを律して行動できる			
	チームワーク、リーダーシップ	他者と強調・協働して行動できる		○	
		他者に方向性を示し、目標の実現のために動員できる			
	倫理観	自己の良心と社会の規範やルールに従って行動できる			
	市民としての社会的責任	社会の一員としての意識を持ち、義務と権利を適正に行使できる			
		建学の理念を深く理解し、社会の発展、人類の平和のために積極的に行動できる			
	生涯学習力	自立的な学習者として、自ら課題を決めて学習を続けられる			
	統合的な学習経験と創造的な思考力	これまで獲得した知識・技能・態度等を総合的に活用し、自らが建てた新たな課題にこれらを適用し、その課題を解決する能力			

※学部教育目標をもとに、文部科学省「各専攻分野を通じて培う『学士力』」、および、US Berkeley, Learning Goals for Economics Majors を参考に作成した。

図表31　創価大学（経済学部）カリキュラムチェックリスト

(創価大学経済学部提供)

(2) 振り返りと教員のコミットメント

工学部19学科の平均：0.9／2.0ポイント

経済・経営・商学系16学部の平均：0.9／2.0ポイント

　この項目は、工学部（機械系学科、電気・電子系学科）と経済・経営・商学系学部とも平均0.9ポイントであり、両者の間での差は見られませんでした。しかし、導入されていない割合としては工学部（機械系学科、電気・電子系学科）で、3／19学科（約17％）に対し、経済・経営・商学系学部で5／13学科（38％）と有意な差が見られました。

　ここでは、実際にPDCAが回せるようになっていた金沢工業大学、岡山大学機械工学科、立教大学経営学部、産業能率大学経営学部、創価大学（経済学部／経営学部）を紹介します。

［金沢工業大学　工学部］
　学科独自ではなく金沢工業大学の全学的な仕組みとしてのポートフォリオシステムがある。このポートフォリオシステムは「修学ポートフォリオ」「キャリアポートフォリオ」「自己評価ポートフォリオ」「プロジェクトデザインポートフォリオ」そして「達成度評価ポートフォリオ」の5つで構成されており、それぞれが有機的に組み合わされている。

　たとえば「修学ポートフォリオ」では、毎日「一週間の行動履歴」（①出欠席遅刻、②学習、③課外活動、④健康管理、⑤1週間で満足できたこと、努力したこと、反省点、困ったこと）を記録し、学期末に「各期の達成度自己評価」を作成してポートフォリオに入力する。これを修学アドバイザーに提出、修学アドバイザーはコメントをつけて1週間後に返却し、学生はそれにさらにコメントを記入する（**図表32**）。30週間繰り返すうちに、学生は生活上何が重要であるかに気づき、自己管理力とタイム・マネジメント力が身についていく。

　そして、他の4種のポートフォリオを相互に連関させるツールが「達成度評価ポートフォリオシステム」で、4つのポートフォリオの成果をサマリー化し、俯瞰することで1年間の自分の学習を評価し、自己成長

の軌跡と自覚・自信・反省などを確認するとともに次年度の目標を設定する。4つのポートフォリオが日常的なPDCAサイクルであるのに対して、「達成度評価ポートフォリオシステム」は年間のPDCAサイクルを回していくシステムとなっている。

重要なポイントは、教員が必ず修学ポートフォリオにコメントを記入することである。面談は年に2回、修学アドバイザーによって全員に対して行われる。その際、ポートフォリオなどのコメントが活きている。

こうした結果、「高校時代に比べて自学自習が身についたか」という授業アンケートでは「十分身についた」「やや身についた」が合計で2007年には89.9％だった。これは2004年の79.9％と比べると10ポイントも向上している。

授業アンケートでの「『行動履歴』や『達成度自己評価』は自分を見つめ直し、自己評価を行うものですが、この作成は有益と考えますか」という問いには、「大変有益」「有益」と回答した比率が92.7％に達した（2008年度）。

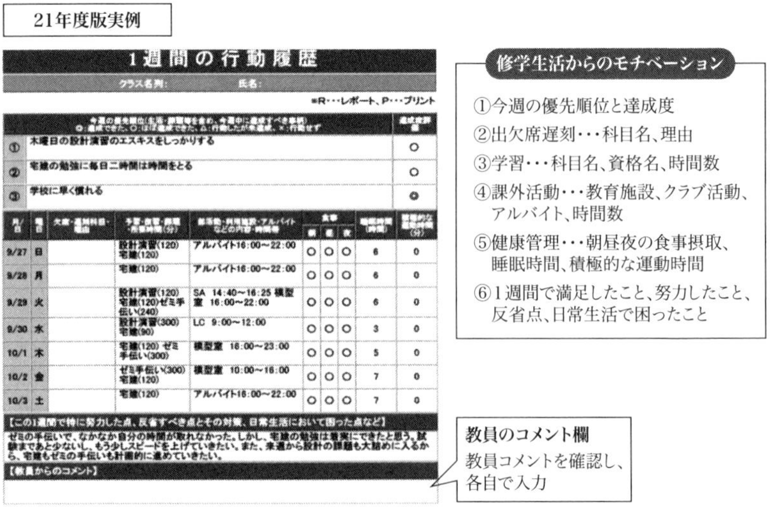

図表32　金沢工業大学の修学ポートフォリオ

（金沢工業大学提供）

[岡山大学　工学部　機械工学科]

　「創成プロジェクト」科目の中での学生通知簿（振り返りシート）は個人点とグループ点に分けられ、対課題、対グループ、対自己の要素が盛り込まれている点が特徴である。

　具体的には授業の中で「発明工夫展」「ストローの斜塔」「現代版からくり」の3つのイベントが行われ、それぞれについて、学生が努力目標を記入して教員がコメントを記して返却するという往復を3回繰り返す。

　ここでの成績評価は個人点とグループ点に分かれ、個人点の評価項目としては3つのイベント共通で課題探求力、創成能力、チームワーク、リーダーシップ、実務能力が挙げられている。グループ点の評価項目は、「発明工夫展」がレポートの独創性・プレゼン力、「ストローの斜塔」が製作物の性能数値、「現代版からくり」が独創性・意外性・発表技術力となっている（139頁参照）。

[立教大学　経営学部]

　「ビジネス・リーダーシップ・プログラム（BLP）」の中で、学生同士の相互フィードバックを織り込みながら、チームワークとリーダーシップについて学生に振り返りと目標設定を行わせている。

　具体的には、2～3週間をかけて、学生同士が相互フィードバックを行う。セメスターの終わりに全員が相手となる学生のポジティブ面で3点、ネガティブ面で3点を記入して伝える。それを受けた学生は翌週、自己の次の目標・課題を設定する。そしてリーダーシップ持論を書き、①積極性、②他人への配慮、③成果達成力、に沿って自分がどう考えているのか、何を目指すのかを明確にして、それをポートフォリオ上にアップする。BL0～BL4の中でも、特にプロジェクト系のBL0・BL2・BL4は、この相互フィードバックと目標設定を重点的に行っている。

[産業能率大学　経営学部]

　セメスターごとに学生に振り返りを行わせている。項目は大きく3つ

あり、第一が「直前の学期の振り返り」、第二が「卒業時での目標設定」、第三が「今学期の具体的な取り組み」である。そして第一の「直前の学期の振り返り」では、①「学修」の振り返り、②「マナー目標」の振り返り、③「あなたのキャリア目標」の振り返り、があり、さらに「直前の学期の『ディプロマポリシー』に関する振り返り（5段階評価－達成度）」があり、①知識・理解、②思考・判断、③関心・意欲、④技能・表現、⑤態度で自己評価を行わせる。

これらにアカデミックアドバイザー教員からコメントを加えることになっている。

［創価大学　経済学部／経営学部］

経済学部では1年前期の「基礎演習」において、授業の初期段階で「4年間計画表」「セメスター目標」「1週間リズム」という3種類のポートフォリオを記入させている。「4年間計画表」には、各学年でやるべきこと・やりたいこと、「セメスター目標」には1年前期のセメスター目標を記入させる。「1週間リズム」には、1週間の各曜日をどのように過ごすのかを時間ベースで計画として記入させ、それ以降はWeb上の「学生生活ポートフォリオ」に毎週入力するよう指導している。これは、1年次の間は「基礎演習」の各ゼミのSAと担当教員がチェックする。同学部では教員によるサポートよりもSAによるサポートの方が、より1年生の目線に近いので適切なアドバイスができるという考えに基づき、特にSAは担当ゼミの1年生のポートフォリオを毎週チェックしてコメントを付す。

経営学部でも同様の取り組みが行われている。加えて、1年次後期と2年前期のどちらか選択必修で「グループ演習」が置かれているが、その中ではテーマを自分たちで決めてPBLに取り組む。この授業で、「学び始めシート」「対話ジャーナル」「プロジェクト企画書」「グループ演習研究分担表」「振り返りシート」（**図表33**）のシートがセットになって活用されている。これに教員は毎回コメントをし、蓄積して成績評価に結び付けている。この科目にはSAやTAを活用して、シートの集計も行わせている。「グループ演習」ではプレゼン大会が行われ、学生と

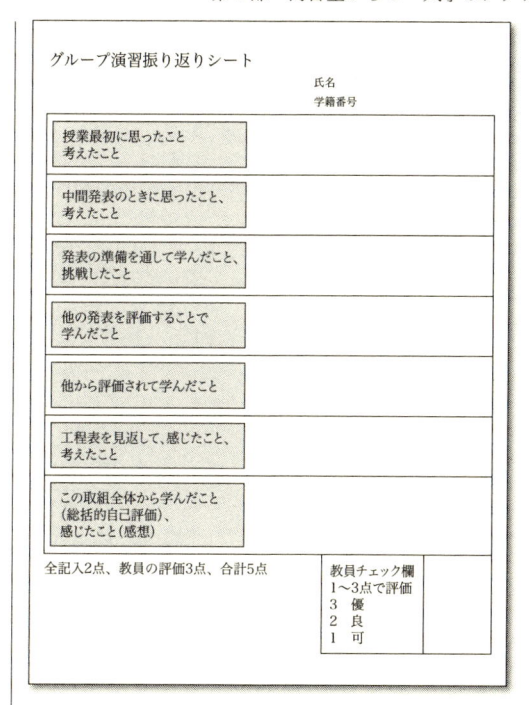

教員が評価する。学生が自ら PDCA を回せるようになっていく仕組みである。

図表33　創価大学（経営学部）グループ演習振り返りシート

(創価大学経営学部提供)

5．提言・まとめ

(1) 工学部（機械系学科、電気・電子系学科）について

図表34 は工学部（機械系学科、電気・電子系学科）の実地調査で評価の高かった大学・学部・学科の一覧です。

工学部（機械系学科、電気・電子系学科）に関しては、実験や演習をはじめ伝統的にアクティブラーニングが取り入れられているといえます。機械系学科では「四力学」、電気・電子系学科では「電磁気学」「電子回路」等の基本的な科目で、講義と知識の定着・確認を図る一般的アクティブラーニングを含む演習がセットで行われる取り組みがある程度行われていました。

大学	学部	学科	I. ALそのものについての評価			II. 学部学科による質保証、実施主体の体制、教育内容を統一するためのチームティーチング・FD活動	III. 学生の能力形成と自律・自立化
			4年間を通じたAL	高次のAL	産学連携のAL		
金沢工業大学	工学部	電気電子工学科/機械工学科	a	a	b	a	a
◎秋田大学	工学資源学部	機械工学科	a	a	b	a	b
◎室蘭工業大学	工学部	情報電子工学系学科	a	a	c	a	b
◎新潟大学	工学部	機械システム工学科	a	a	b	a	c
◎秋田大学	工学資源学部	電気電子工学科	b	b	b	a	b
◎京都工芸繊維大学	工芸科学部	機械システム工学課程	a	b	b	b	b
◎岡山大学	工学部	機械工学科	b	b	b	c	a
◎宮崎大学	工学部	電気電子工学科	a	b	b	b	b
◎金沢大学	理工学域	機械工学類	b	b	b	b	b
◎三重大学	工学部	電気電子工学科	b	b	b	b	b
◎九州工業大学	工学部	機械知能工学科	b	b	c	b	b
福岡工業大学	工学部	電気工学科	a	b	c	c	a

◎は国公立大。a〜eの評価は、a:進んでいる、b:やや進んでいる、c:普通、d:やや遅れている、e:遅れているを示す。
注) 東京大学工学部機械情報工学科については、1・2年次は教養学部に所属するため、4年間を通じたアクティブラーニングに関しては把握できていない。よって、上表から割愛した。

図表34 工学部(機械・電気系)の実地調査で評価の高かった大学・学部・学科

また初年次の導入科目で問題意識や専門分野への関心を触発するためのアクティブラーニングに始まり、2年次での基本科目での演習、3年次での実験科目、4年次での卒研という、4年間を通じてのアクティブラーニングの配置が多くの調査した学科で行われていました。

授業内容の質保証という視点から見ると、学科組織が教育内容・授業内容を保証するのが当然であるという考えが定着しています。"人に科目が付く"のではなく"科目に人が付く"という発想があり、一般的アクティブラーニングである演習・実験はもちろん、創成授業などの高次のアクティブラーニングが導入されている学科では、そこにおいても、チームティーチングが行われている学科が多かったのも事実です。

しかし、不十分な点も少なくありません。第一に、講義と演習がセットになっている科目は多くの場合、「流体力学Ⅰ」「電磁気学Ⅰ」等の主要科目の

基礎に限定されており、上級科目の「Ⅱ」については教員裁量であるようなケースが少なくありませんでした。また、専門科目の講義科目単体の科目も多く見受けられました。欧米豪の大学では、いわゆる知識伝達系の科目にも演習（アクティブラーニング）をセットして、知識のより強い定着を図っています。工学部（機械系学科、電気・電子系学科）の多くの教員から、"まずは知識の伝達""基礎をしっかり教え込むことが大切"という意見を聞きました。確かに目標としてはその通りでしょうが、一方で、単なる講義という一方通行的な授業の型を墨守するだけでは、学生はその目的である"基礎をしっかりと覚える"ことすら困難である現実に目を向けるべきではないでしょうか。

第二に、創成授業等の高次のアクティブラーニングは、実地評価対象学科でもそれほど多いとは言えません。高次のアクティブラーニングは、卒業研究を除くと、3年次にエンジニアリング・デザイン科目として置かれているケースが多くありました。まず知識を与え、それから知識を活用する、という考えに基づくものであると思われます。しかし、他方で高次のアクティブラーニングを行うことで、そこで不足となった専門知識への渇望やモチベーションが生まれるという発想に立って行われているケースもあります。その意味では、1学年に1回だけではなく、それぞれの専門知識のレベルに応じて、1年次から3年次まで系統的に高次のアクティブラーニングを配置していくことが求められているのではないでしょうか。

第三に、能力要素別カリキュラムと振り返りでは、JABEEに準拠してある程度までは進んでいましたが、別の面からみるとJABEEの範囲を超えた取り組みはまだ少ないように感じました。学生に自らの能力を自覚させ、目的意識的に能力形成に向き合わせる取り組みがもっと重要視されてしかるべきではないでしょうか。たとえば、エンジニアリング教育には、チームワークへの貢献やリーダーシップなどの要素を含むものと考えられています。単位が取得できれば能力が形成されるとする考え方では、創成授業の単位を取得すれば、学生は自動的にチームワーク能力が高まるということになります。しかし実際には、その授業の中でどのように個々の学生が関わり、それをとらえ返し、自覚を深めたのかが問題となるはずです。その点で、いくつかの学科では創成授業の中で、チームへの関わりをとらえ返させるレポートや振

り返りシートを導入していましたが、こうした取り組みはもっと多くの学科で取り入れられるべきでしょう。

付記すると、この点については興味深い調査結果も得ることができました。それは、金沢工業大学（全学）と東京大学（機械情報工学科）の違いです。実地評価でも明らかなように、前者は学生の振り返りや目標設定に大学を挙げて注力しているのに対して、東京大学の場合はこの面では全くと言っていいほど、具体的な取り組みは行われていません。

しかし、巷間言われるように東京大学は"研究を通じた教育"というフンボルト理念の体現者として研究にシフトし、学生への教育それ自体には注力をしていないかと言えば、決してそうではありません。実地評価の3つの視点のうち、《評価の視点：Ⅲ》学生の自律・自立化を除いて、すべての項目で金沢工大と東京大学は最高の評価ポイントを示しています。学生の自律・自立化の取り組みのみが、見事と言うほどに異なっているのです。これは、入学してくる学生の違いによるものであることは容易に想像がつきます。東京大学の場合には超難関の入試を突破してきたという点で、モチベーションも高いと言われているからです。しかし、それに加えて東京大学の場合には、卒業必要単位数が圧倒的に多いのです。ほとんどの大学で卒業必要単位が最低限の124単位から130単位台に留まるのに対し、東京大学工学部では平均で160単位にも達しています。しかもレイトスペシャリゼーションに基づき、2年次終了時には成績に基づく進路振り分けが行われ、多くの学生は希望学部に進むためにモチベーションを維持せざるを得ません。さらに、先に見た「アクティブラーニングの設計」にもあるように、3年生と4年生では毎週4日間も午後全体を使った「機械工学総合演習第二」や「知能ソフトウェア演習」「ロボットシステム演習」「メカトロニクス設計演習」などが置かれています。つまり、こうした圧倒的なボリュームと質をクリアするために、あるいは少なくともそれをクリアしようとする学生は、自律的に勉学に取り組まざるを得ません。こうしたカリキュラムの徹底があってこそ、学生の自律・自立化を支援する振り返りや目標設定などの取り組みは不要となっているように思われます。ここで注意していただきたいのは、入試が難関であることのみをもって、学生の自律・自立化の取り組みが不要であるわけではないと

いう点です。

つまり、学生の自律・自立化で問われていることは、現実の学生に見合った対応が必要だということであり、その点では金沢工業大学も東京大学も、見合った対応が行われていると思われます。

(2) 経済・経営・商学系学部について

図表35は経済・経営・商学系学部の実地調査で評価の高かった大学・学部の一覧です。

経済・経営・商学系学部では、工学部（機械系学科、電気・電子系学科）と比較すると大きな差がありました。

第一に、アクティブラーニングの4年間を通じた配置を見ると、2年次に配置されていない学部が多くありました。これは、工学部（機械系学科、電気・電子系学科）では2年次に四力学や「電磁気学」「電子回路」などの基本科目が"演習"を含んで行われているのに対し、経済・経営・商学系学部では講義科目のみ置かれるアクティブラーニングの空白学年となりやすいことを示

大学	学部	I. ALそのものについての評価			II. 学部学科による質保証、実施主体の体制、教育内容を統一するためのチームティーチング・FD活動	III. 学生の能力形成と自律・自立化
		4年間を通じたAL	高次のAL	産学連携のAL		
産業能率大学	経営学部	a	a	b	b	a
立教大学	経営学部	a	b	a	a	a
函館大学	商学部	b	a	b	b	c
創価大学	経済学部	a	b	b	b	b
創価大学	経営学部	b	b	c	a	b
立命館大学	経営学部	a	b	b	b	b
宮崎産業経営大学	経営学部	a	b	b	b	b
東日本国際大学	経済情報学部	a	b	b	a	b
武蔵大学	経営学部	b	b	b	b	b
流通科学大学	サービス産業学部	a	c	b	b	b

a〜eの評価は、a:進んでいる、b:やや進んでいる、c:普通、d:やや遅れている、e:遅れているを示す。

図表35　経済・経営・商学系の実地調査で評価の高かった大学・学部

しています。

　1年次で初年次ゼミを導入してアクティブラーニングを行う学部は増えてきており、また、伝統的に3年次から専門ゼミが始まる学部が多いのですが、せっかく初年次で始めたアクティブラーニングを2年次で中断してしまわないように、カリキュラム設計を考えるべきではないでしょうか。

　第二に、経済・経営・商学系学部では講義のみの科目が"当たり前"のこととして置かれていますが、その教育効果を検証すべきだと思います。講義科目のみで事足れりとするのは、いわば"教える側"の都合が優先されているわけであり、"学習者中心"で教育に取り組もうとするのであれば、こうした旧来の"常識"を突破することが求められているのではないでしょうか。

　第三に、高次のアクティブラーニングについてです。工学部（機械系学科、電気・電子系学科）への提言同様、1年次から3年次まで途切れなく配置すべきと言うことはできますが、経済・経営・商学系学部ではそれ以前に課題があると思われます。つまり、積極的にPBLや創成授業などの高次のアクティブラーニングを取り入れている学部も現れてきていますが、他方で、その高次のアクティブラーニングにおいて専門知識を活用する意識が弱いと思われる事例も散見されるのです。高次のアクティブラーニングを行い、何かイベント等に取り組むと学生は活性化します。モチベーションも高まります。特に経済・経営・商学系学部の場合は、専門知識を活用しなくても、それなりの関わりが学生にできてしまうことが多いのも事実です。しかし、それだけに終始すれば、"何を学んだか""何を学ぶべきか"を確認しないままで終わることにもなりかねません。そうさせないように、専門知識を否が応にも使わざるを得ない場面を作ることが高次のアクティブラーニングの設計者には必要ではないかと思います。

　第四に、授業の質保証の面です。工学部（機械系学科、電気・電子系学科）では、基本的に学科としてのチームティーチングが行われていましたが、経済・経営・商学系学部では、その面では未だ"科目が人に付く"という学部が多く見られました。旧来から在る講義系の科目では特にその傾向が強いようです。他方で、新しい領域であるアクティブラーニング系科目に関しては、科目の内容を学部で決めていくところも多く見られました。しかし、いずれにせよ、

高度な専門科目やゼミでない限り、"学部として"何を教え、何を身に着けさせるべきかに責任を持った体制を構築すべきではないでしょうか。

　第五に、教育目標・獲得させるべき能力とカリキュラムの関係を明確にすべきです。工学部（機械系学科、電気・電子系学科）においては、JABEE 対応を意識してか、教育目標や獲得させるべき能力とカリキュラムの関係がある程度は明確になっています。しかし、経済・経営・商学系学部においては、そうしたカリキュラム編成上の問題意識が見られた学部は極めて少なかったのです。こうした点も早急に改革していく必要があると思います。

(3) まとめ─学習者中心の教育を─

　最後に、工学部（機械系学科、電気・電子系学科）、経済・経営・商学系学部にまたがる問題として、レポートの返却にも触れておきます。

　このレポート返却および教員のコメントについては、2009 年度に発行された「全国大学学生調査　追跡調査　報告書」（東京大学大学院教育学研究科大学経営・政策研究センター発行）に興味深い数値が載っています。この調査は第一次が国公私大生 48,233 名を対象に 2007 年に実施され、追跡調査はその内の 14,083 名を対象に 2009 年に実施されたものです。そこで報告されているのは、レポートにコメントを付されて返却された学生の方が、その後のモチベーションに有意な差があるという調査結果です。学習者を中心に据えるならば、学生が自ら行動した結果であるレポートに教員が具体的に対応することは不可欠のはずです。

　本調査の質問紙調査では、36 頁に、初年次ゼミにおけるレポート返却と教員コメントの有無を調査しましたが、その結果を再掲しますと

　「……レポートを返却必須と回答したのは全学系合計で 34 学部・学科であり、学系別に見ると工学部電気・電子系学科で 42.9％、他の学系ではすべて返却必須が 20％台の回答でした。しかもその返却必須の場合、コメント必須としたのは全学系を合わせて 17 学部・学科でした。つまり、調査対象 351 学部・学科のなかで、初年次ゼミ前期でレポートの返却が必須で、且つ教員のコメントが必須とされているのはわずか 17 学部・学科しかありません。5％未満です……」

というように、学生のモチベーションアップを目的とする初年次ゼミでさえ、全体的には対応できていないようです。

　この点を実地調査で検証すると、工学部（機械系学科、電気・電子系学科）の実験科目ではレポートの受理までのプロセスが教員との応酬になっており、その意味では大多数の学科の実験科目ではコメントが付されてレポートが返却されているようでした。また、京都工芸繊維大学工芸科学部機械システム工学課程では、すべての科目でレポートの返却が義務付けられていました。

　レポートのコメント付き返却は教員の負担も大きいことは自明ですが、その効果や意義を考えればレポート提出の回数を減らしてでも、この双方向性の確保に取り組むべきではないでしょうか。

　本調査は大学における４年間のアクティブラーニングに"形態的に"フォーカスしたものです。しかし、これはあくまでも"学習者中心の教育"システムを調査しようとした目的意識の結果として"そうなった"ものです。その意味では、アクティブラーニングという形態がアプリオリに重要なのではなく、学習者中心の教育こそが重要なのです。それを追求していくと"必然的"にアクティブラーニングという授業形態の調査にならざるを得なかった、という点を最後に申し添えておきます。

第2部
大学事例報告と質疑応答

Ⅰ．工学系－東京会場
  ●室蘭工業大学　工学部　情報電子工学系学科
  ●秋田大学　工学資源学部　機械工学科
  ●質疑応答Ⅰ

Ⅱ．工学系－大阪会場
  ●岡山大学　工学部　機械工学科
  ●金沢工業大学　工学部　機械工学科
  ●質疑応答Ⅱ

Ⅲ．経済・経営・商学系学部－東京会場
  ●産業能率大学　経営学部
  ●立教大学　経営学部
  ●質疑応答Ⅲ

Ⅳ．経済・経営・商学系学部－大阪会場
  ●立命館大学　経営学部
  ●武蔵大学　経済学部
  ●質疑応答Ⅳ

大学事例報告Ⅰ – 工学系（東京会場）

室蘭工業大学（工学部情報電子工学系学科）

室蘭工業大学 大学院工学科もの創造系領域教授　青柳学

【Summary】

- ☐ 知識獲得と関連付けられたアクティブラーニング科目の配置
    - ➢ アクティブラーニング科目は各科目間を関連付けて配置。
    - ➢ 1年次前期「フレッシュマンセミナー」では動機付け、2年次後期「工学演習Ⅰ」で知識を活用してソフトウェアに関するＰＢＬ、3年次後期「工学演習Ⅱ」でハードウェアの知識とプログラミングの知識を活用して、ライントレーサーをゼロから製作。
- ☐ 講義と演習をセットで学ぶ
    - ➢ 専門基礎科目の電気回路および電磁気学の各科目では、講義と演習をセットで学ぶカリキュラム設計。
- ☐ アクティブラーニングを取り入れた「技術者倫理」
    - ➢ 全15回中の半分は、講義で得た知識を活かして事例研究、グループディスカッション、発表会に充てる。
- ☐ チームティーチング
    - ➢ 講義や演習課題の内容や進度は、学科の担当教員全員で話し合って決定。
    - ➢ 教員相互の授業参観の義務化、コース独自の授業アンケートの実施により教員間の問題共有を行う。
- ☐ 卒論評価
    - ➢ 卒論発表は、複数教員の審査。予稿の評価、プレゼン資料の評価、話し方・質疑応答の評価等に項目を細分化して評価。
- ☐ 振り返り
    - ➢ 「学習自己点検シート」で、定量的な取得単位だけでなく、態度、反省、抱負などもの定性的振り返りも行わせる。

1. アクティブラーニングを含む科目の全体設計

情報電子工学系学科でのアクティブラーニングについて説明させていただきます。この学科は、2008 年に改組してできました。前身は、電気電子工学科と情報工学科です。それぞれ1つのコースを持っていたのですが、改組時に2つのコースを作り、今は合計4つのコースで運営しています。今日ご紹介するのは、旧電気電子工学科からつながってきている、2つのコースでのアクティブラーニングです。旧学科と新学科の話を混同してお話ししますが、基本的には大きく変わりはありません。今は2つのコースがありますが、一体として運営していますので、つながりとしては切れていないという話です。

図表 36 は本コースのアクティブラーニング科目を配置した表です。特徴は、1年次の前期から3年次の後期まで、何がしかの科目が配置されている点です。4年次は卒業研究だけになっています。

図表 36 では河合塾が分類した方法を利用し、一般的なアクティブラーニ

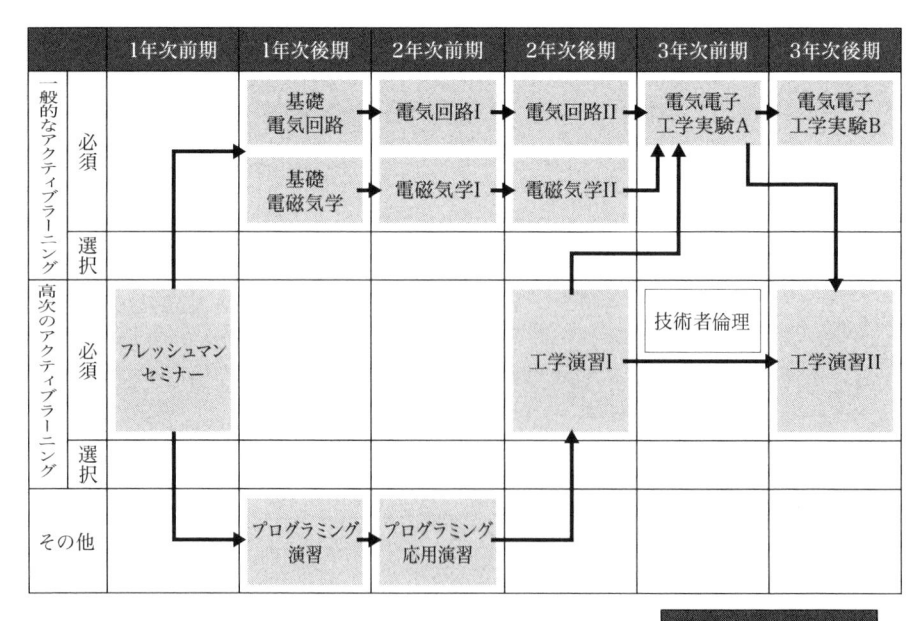

		1年次前期	1年次後期	2年次前期	2年次後期	3年次前期	3年次後期
一般的なアクティブラーニング	必須		基礎電気回路	電気回路I	電気回路II	電気電子工学実験A	電気電子工学実験B
			基礎電磁気学	電磁気学I	電磁気学II		
	選択						
高次のアクティブラーニング	必須	フレッシュマンセミナー				工学演習I / 技術者倫理	工学演習II
	選択						
その他			プログラミング演習	プログラミング応用演習			
							4年:卒業研究

図表 36　室蘭工業大学（情報電子工学系学科）アクティブラーニング科目の配置

(室蘭工業大学情報電子工学系学科提供)

ングと高次のアクティブラーニングというふうに分けています。一般的なアクティブラーニングでは、演習科目や学生実験が配置されています。高次のほうには、「フレッシュマンセミナー」の一部と、「工学演習Ⅰ・Ⅱ」が入っています。「工学演習」は、エンジニアリングデザイン教育を行う科目です。情報系の科目は入れないということでしたので、『その他』に配置しましたが、一応こういう流れができています。先ほどの河合塾からの報告には、「演習と座学を行ったり来たりするのがいいんじゃないか」とありましたが、低年次ではこれはあまりできておらず、高年次で少しできているような構成になっています。

　設計のポイントを簡単に述べさせていただきます。まずは全学年を通じてアクティブラーニング科目を設置し、穴があくことがないように気をつけて設計しています。2年次は演習中心で、3年次で実験と実習を行っています。のちほど学年ごとに詳細を見ていきますが、初年次では「フレッシュマンセミナー」を開講します。目的はモチベーションをアップすること、自分で勉強する動機付けをすることです。1年次は情報系の学生と一緒なので、総勢180名の学生に「フレッシュマンセミナー」を受けてもらいます。学年全員を4つの50人クラスに大きく分けて、決められたテーマに取り組みます。その中には、グループワーク、プレゼンテーション、レポート作成という課題が入っています。レポートは添削して返します。1年次後期の「プログラミング演習」はアクティブラーニング科目には入っていませんが、「フレッシュマンセミナー」で扱うプログラムのスキルを磨くという意味で、つながっています。「プログラミング演習」は個人学習が中心になります。

　2年次では、エンジニアリングデザイン科目として、「工学演習Ⅰ」があります。これも初年次の「フレッシュマンセミナー」で動機付けしたものをスキルアップさせるということで、つながりができています。3年次になると、さらに発展した「工学演習Ⅱ」があります。「工学演習Ⅰ」まではハードをあまり扱わず、プログラムと座学のほうが多いのですが、「工学演習Ⅱ」と「電気電子工学実験A・B」でハードを扱っていきます。ハードとプログラムを両方学んだこの時点で、創成型の授業であるエンジニアリングデザイン科目として配置しています。そして4年次の卒業研究に接続されていくと

いう流れです。

　創成型の授業に関しては、2年次では課題を与えています。「与えられた課題を解く」という解決型です。3年次では課題を自分で設定して、これを解決しています。あとは科目間のリンクを気にしています。2年次後期の「工学演習Ⅰ」は、ソフトウエアを主に扱います。これには電子デバイスをマイコンで制御するといったことが含まれるので、1年次後期の「プログラミング演習」の知識が必要になります。2年次前期の「プログラミング応用演習」は、さらに進んだものですが、この2つの知識を活かさないと「工学演習Ⅰ」の課題は解決できないようになっています。その意味では、リンクと積み上げの形をとっています。3年次の「工学演習Ⅱ」はハードを扱うので、ハードの実験を行ったあとに配置しています。

　「工学演習Ⅰ・Ⅱ」が高次のアクティブラーニングに相当するものです。これはあまりお話しすることではないと思うのですが、「工学演習Ⅰ」は、もともとは3年次後期に開講していた「電気電子工学実験」の中の1つのテーマでした。1テーマですから、4回くらいの授業で終わりだったのですが、エンジニアリングデザインは非常に重要で、社会に出てから求められる力の中心的なものだろうということで、科目を独立させました。さらに「工学演習Ⅱ」も、もとは4年次に開講していた「卒業研究基礎実験」でした。これは各研究室に配属されてから、研究室内で Project Based Learning を行っていたものでした。しかし、研究室ごとに実施するのでは差が出てしまうということと、また協力的ではない研究室も存在するということで、「卒業生の質の保証を考えると、科目化したほうがいいだろう」と、3年次後期に移動させました。JABEE 受審をきっかけに、このように変更しました。

2．フレッシュマンセミナー

　これから、科目を1つひとつ紹介します。まず、入学してすぐ学生に取り組んでもらう「フレッシュマンセミナー」についてお話しします。15週で行うわけですが、1週目はガイダンスです。入学したばかりなのでスケジュールの説明を行うほか、この時点では電気電子系と情報系の両方の意識をもっ

た学生がいるので、それぞれどういったことをやるのかという概要の説明を行い、加えて社会と環境との関わりについて職業意識を植えつけるための講義をしています。

2週目以降は、電気電子系と情報系の2グループに分け、実習A・実習Bという名前をつけて、それぞれ7週間ずつ講義と実習を行います。電気電子系の実習Aは、さらに50名ずつ2つに分けます。1つ目のグループではライントレーサーというラインをなぞって動く自動車を作ります。2人で1組なので、25組も指導しなければいけない状態です。2つ目のグループでは製作・計測の実験を行います。3つのテーマがあり、16名ずつに分かれたあと、さらに少人数に分けて実施しています。この実習Aでは、電気というものに慣れさせながら、作って測定して報告するというレポート指導を行っています。

情報工学系の実習Bも同様に2つのグループに分かれますが、内容は省略させていただきます。担当は教員が4名、TA（Teaching Assistant）が15名で、結構大がかりにやっています。

電気電子工学系の実習Aでのテーマの1つである、ライントレーサーの製作を紹介します。入ってきたばかりの学生にプログラムができることは全然期待していませんが、ライントレーサーはマイコンを使います。プログラムができないのにマイコンを使うわけですので、なにがしかの工夫が必要になります。そこで本学の若い先生が、ビジュアル的にプログラムができるソフトを開発してくれました。これはWEB上で操作を行うもので、ライントレーサーという車の移動パターンについて、画面右側にある前進・後進・左回転・右回転の各ボタンを押すと、プログラムが生成される仕組みになっています。これにより、遊び感覚のようにプログラムができるので、それをマイコンに送って動作させる形で、最初のハードルを低くして取り組ませています。この一連の製作活動を通して、プログラミングや電子部品に興味をもってもらうことを目的にしています。

「フレッシュマンセミナー」が終わると、つながりとしては「プログラミング演習」に行くのですが、ここではC言語に関するプログラムを勉強します。「プログラミング応用演習」は2年次での設置ですから、コース分けは

すでに済んでおり、より電気電子系の意識が高い学生が学ぶため、少しハイレベルになってきます。「プログラミング応用演習」でもグループで作品を作ったりしていますので、ひょっとしたらアクティブラーニング科目に位置するものかもしれません。これらを経て、「工学演習Ⅰ」に入っていきます。

3．工学演習Ⅰ・Ⅱ

　エンジニアリングデザイン科目である「工学演習Ⅰ」には、マイクロプロセッサー組み込み技術の基礎を習得するという目的があります。習得するだけではなく作品を作って、その発表会を開きます。作成・発表はグループで行うので、コミュニケーション能力の向上も期待しています。2名で1グループですから、かなりの数の班ができます。これらのグループに対して教員3名・TA 5名で指導しておりますが、それでもすべてに目が行き届かないこともありますので、丁寧に書いた指導書を作成し、配布しています。ボリュームは72頁もあります。履修者は約100名で、2つの端末室で実施しています。作品はLEDを光らせ、スピーカーで音を出すもので、そのデザインを競う製作発表会も開いています。学生は、さまざまな電子部品で構成されるキットを渡され、この中から自由に電子部品を選んで、作っていくことになります。

　2年次後期の「工学演習Ⅰ」が終わると、3年次後期の「工学演習Ⅱ」まで半期の間はあいてしまうのですが、その半期に「電気電子工学実験A」を設定して、ハードの実験をさせたあと、「工学演習Ⅱ」に戻ってくるという流れにしています。「工学演習Ⅱ」は、解が1つではない課題に対して、複数の解の中から最適なものを選ばせて、工夫して解決させることを目的としています。「工学演習Ⅰ」で学んだ基本技術を活かすので、「工学演習Ⅰ」とは連続性のある内容になっています。1年前にやったことを思い出せ、というようなことです。ただ、ⅠとⅡの間があいてしまっていることについては、私は少々不満に思っております。「工学演習Ⅱ」での課題は、「フレッシュマンセミナー」で取り組んだライントレーサーを今度はゼロから作らせることです。つまり、入学時まで振り返ることをさせています。2教室で実施

し、教員3名・TA4名で担当しています。作業は5～6人のグループで行い、成果発表として走行会を開いて、皆で評価し合っています。実際に走行会を見学しに行ったところ、「非常に笑顔が多く、楽しそうだな」というのが第一印象でした。なかなかうまくいかないケースもありますが、それすら楽しんでいる様子で、学生は本来こういうことが好きなんだと思い知らされました。以上が高次のアクティブラーニングの流れに沿った内容です。

4．知識定着のためのアクティブラーニング

次は一般的なアクティブラーニングを含む科目を紹介します。1年次後期から、「電気回路」と「電磁気学」が3期連続で続きます。最初は「電気回路」も「電磁気学」も基礎から始まって、そのあと「Ⅰ」・「Ⅱ」とステップアップしていきます。講義はすべて2クラスに分かれており、すべてに演習がついています。「基礎電気回路」と「基礎電磁気学」では、講義を行った教員がそのまま同じクラスで、講義中に演習を行います。ここでは、そのあとの勉強をするのに必要な数学の部分を中心に取り上げ、その演習を頻繁に行っています。もちろんレポートは添削して返していますが、結構大変な作業だと聞いています。「電気回路Ⅰ・Ⅱ」「電磁気学Ⅰ・Ⅱ」は、講義は2クラスですが、演習時には3クラスに分かれ、さらに少人数で実施しています。

次に、「電気回路Ⅰ・Ⅱ」「電磁気学Ⅰ・Ⅱ」の話をします。

「電気回路Ⅰ・Ⅱ」と「電磁気学Ⅰ・Ⅱ」は、ほぼ同じ形態です。前期・後期の連続で1年間実施します。ですから2年次はこれを、地獄の必修科目と位置付けています。電気回路と電磁気学のそれぞれが1週間に2回ずつ開講され、合わせると1週間に4回になります。ですから、この科目を落としたときには、結構大変なことになります。**図表37**は「電気回路Ⅰ」のシラバスを抜粋したものですが、講義を行ったあとに演習をする形で、セットで開講しています。講義の終盤に課題を与え、それを演習の時間までに解いてきて、演習時間に解答させるようにしています。講義の内容と演習課題は、担当教員が打ち合わせて決めます。演習時には3クラスに分かれますので、3人の教員で打ち合わせて決めています。

```
具体的な計画は以下の通り
・01 回目（4/12  月　5,6 時限）　ガイダンス
・02 回目（4/15  木　3,4 時限）　講義　直流回路１
・03 回目（4/19  月　5,6 時限）　講義　直流回路２
・04 回目（4/22  木　3,4 時限）　演習　直流回路
・05 回目（4/26  月　5,6 時限）　講義　正弦波交流
・06 回目（4/30  金　5,6 時限）　演習　正弦波交流
・07 回目（5/6   木　5,6 時限）　講義　インピーダンス１
・08 回目（5/10  月　5,6 時限）　演習　インピーダンス１
・09 回目（5/13  木　3,4 時限）　講義　インピーダンス２
・10 回目（5/17  月　5,6 時限）　演習　インピーダンス２
・11 回目（5/20  木　3,4 時限）　講義と演習　復習
　　　　　　・　・　・　・
・27 回目（7/15  木　3,4 時限）　講義　ノード法
・28 回目（7/22  木　3,4 時限）　演習　ノード法
・29 回目（7/26  月　5,6 時限）　総復習
・30 回目　　　　　　　　　　　　定期試験
```

図表 37　室蘭工業大学（情報電子工学系学科）「電気回路Ｉ」のシラバス抜粋

（室蘭工業大学情報電子工学系学科提供）

　この演習科目が終わると、次は電気電子工学実験に入ります。実験はＡ・Ｂとありますが、3年次前期のＡでは基礎6テーマを、それぞれ4回ずつ行います。つまり計24回の実験があることになり、1週間の中で3時間×2回の実験を行う設計になっていますので、2週間で1テーマ（4回の実験）を行うことになります。

　また、1学期15週のうち、12週は実験に割き、残りの3週はレポートの指導や再実験、追実験に割いています。

　受講者は年ごとに変わりますが、約120名が受けています。担当は教員6名・TA6名・技術職員3名で実施しています。自作の共通テキストである「実験書」は、修正を施しながら毎年作成しています。レポートの採点基準も統一しています。

　3年次後期の「実験Ｂ」では応用に入り、5テーマを順繰りに実施します。実はこれらの5テーマには選択科目に相当するテーマが並んでいます。3年

次前期までは、当コースではほとんどが必修科目なのですが、3年次後期になると選択科目が多く出てきます。その選択科目に相当するような実験テーマが並ぶので、科目を選択していない学生も、実験自体は必修ですから受けざるをえません。選択科目も実質的には必修化しているような作りになっています。履修生は約120名で、教員5名・TA7名・技術職員3名で担当しています。「工学演習Ⅰ」は、以前はこの「実験B」の6つ目のテーマとして入っていたものを、独立させた科目です。「実験B」は、「工学演習Ⅱ」と同時期に開講しているため、テーマ数を6テーマに戻すと学生の負担が非常に大きくなってしまいます。このような経緯から、少し余裕をもたせるためにテーマ数は5テーマに据え置いています。なお、1セメスターのうち3回はレポート指導日、再実験および追実験に割くことになっています。

5．卒業研究での評価方法

「実験A・B」が終わると、条件を満たした人だけが卒業研究に着手でき、1つの研究室には5～7人が配属されます。卒業研究は必修で、卒論発表は全員が実施します。採点には、コース内の複数の教員が参加します。**図表38**は評価シートで、まずは予稿についての評価、それからパワーポイントを用いたプレゼン資料に対する評価、あとは話し方や質疑応答に対しての評価というように評価項目を細かく分けて、発表時間中に教員が採点していきます。1つのテーマを複数の学生が発表した場合は、学生全員が何かしら話すようにさせています。質問にも全員答えるということで、評価は個人ごとに行っています。

6．技術者倫理でのアクティブラーニング

ここまでが技術系のアクティブラーニングの一連の流れなのですが、「技術者倫理」もひょっとしたらアクティブラーニングに入るのではと思い、ここで少しお話しさせていただきます。

「技術者倫理」は、決して文系科目でありません。本学ではこの科目に非

電気電子工学科卒業研究発表会　評価シート

発表者：
題目：

項　目	得　点 (いずれかを丸で囲む)	重み	点　数 (満点30点)
1. 予　稿	-1　0　1　2　3	×2	
2. Power Point			
情報量	-1　0　1　2　3	×1	
分かりやすさ	-1　0　1　2　3	×1	
3. 話し方			
聞きやすさ	-1　0　1　2　3	×1	
聴衆への配慮（目線など）	-1　0　1　2　3	×1	
4. 発表の内容と質問への対応			
理解度	-1　0　1　2　3	×1	
説得力	-1　0　1　2　3	×1	
発表の構成	-1　0　1　2　3	×1	
質問への対応	-1　0　1　2　3	×1	
5. コメントなど		合計	

図表38　室蘭工業大学（情報電子工学系学科）　卒業研究発表の評価シート

(室蘭工業大学情報電子工学系学科提供)

常に力を入れており、主専門教育課程・学部共通科目として扱っています。2単位の必修科目で、全学科・全コースに設けられています。授業形態には、講義とグループ学習と研究発表会がフルに盛り込まれており、1つのグループは5〜6人で実施させています。構成や内容、実施形態などの授業のあり方は、各コースの担当者が集まって協議して決定しています。ですからコースで大きく内容が違うということはありません。共通科目ということです。担当者は専門コースの教員で、教養の教員ではありません。**図表39**のシラバスのような流れで、7〜8回の座学の授業があります。残りが事例研究のグループディスカッションと発表会です。また、「倫理は怖くない」と「企業倫理」の2回の授業については、非常勤講師として企業の方にお願いして

います。やはり、実際に実務で接している企業の方に話してもらったほうが実用的であるだろうということで、そのようにしています。我々が設定した科目の到達目標の中には、もちろん技術者倫理に関することがあるのですが、「個人はもとよりグループで協力して問題解決にあたることができる」という設定もしています。ですので、グループディスカッションを設けています。

グループディスカッションでは、「グループ討論に参加させる工夫」、「発表を真面目にしてもらう工夫」、「発表を真面目に聞いてもらう工夫」、「質問をさせる工夫」の4つの工夫をしています。

> 「技術者倫理」
> 1. 技術者倫理とはなにか
> 2. 各種事例紹介
> 3. ヒューマンエラー
> 4. 倫理は怖くない
> 5. 内部告発
> 6. 技術者倫理の解決法
> 7. 企業倫理
> 8. 事例研究（情報系）
> 9. 事例研究（電気電子系）
> 10. グループ討論（1）
> 11. 発表会（1）
> 12. グループ討論（2）
> 13. 発表会（2）
> 14. 発表会（3）
> 15. 総括
> 定期試験

図表39　室蘭工業大学（情報電子工学系学科）「技術者倫理」のシラバス抜粋
（室蘭工業大学情報電子工学系学科提供）

7．教育の質の保証の取り組み

そのほか、教育の質の保証と組織的取り組みについて、簡単に紹介させていただきます。質の保証は、JABEEの認定基準を満たすようにひたすら頑張っているというところで、オリジナル性は特にありません。組織的な取り組みとしては、まず教員にはお互いに授業参観をさせています。これはコースの自主的な取り組みで、半期に講義および演習科目を1つずつ見て、コメントをします。これは義務化されていてサボることは許されません。それから、授業アンケート調査とその担当教員へのフィードバックをしています。全学の授業アンケートでは、アクティブラーニングを行っている演習科目は調査されません。コース内ではそこを中心的に独自にアンケートをとって、担当者へフィードバックしています。担当者がもみ消せないように、その内容もコース内に全部開示されており、「こんな問題があるじゃないか」ということを、皆があとでチクチク言いに行くようなことをやっています。

PDCA サイクルは、コース内に教育システム委員会を設けています。分科会を4つ設けて、教育内容の立案や教育カリキュラムの評価、FD 活動、教育資料の収集などを行っています。複数の担当者を必要とする科目には必ず旗振り役を設けて、その人の責任において連携をとるようにしています。

本コースでの教育改善の PDCA サイクルを機能させるための体制は、コース長が委員長になり、教育内容検討分科会では Plan と Do を行い、教育評価・改善分科会では評価して改善案を出すという仕組みになっています。評価するだけで改善案を出さないのはよくないということで、出した案は、教育内容検討分科会で検討してもらいます。システム評価分科会は、システム自体がきちんと動いているかを監視する Check も行い、システムを回す工夫をしています。また、これらのほかに、FD 分科会もあります。

8．振り返りと今後の課題

振り返りについては、個人面談を行っています。個人面談のときには学習自己点検シートを用意しています。

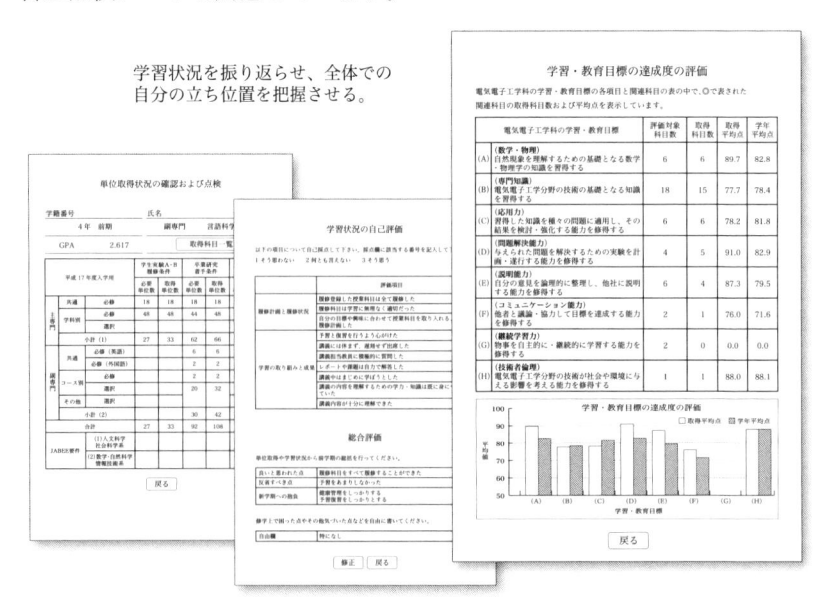

図表40　室蘭工業大学（情報電子工学系学科）　学習自己点検シート

(室蘭工業大学情報電子工学系学科提供)

図表40が学習自己点検シートです。左のシートには単位の取得状況が書いてあります。本学では「主専門・副専門をこれだけ取りなさい」という条件があり、それを満たしていないところは赤で表示されます。成績表には、ずらっと「何単位を取った」という形でしか出てこないので、このシートで状況を把握しやすいようにしています。真ん中のシートでは学習状況の自己評価をさせています。履修科目はちゃんと取ったか、遅刻はしなかったか、予習・復習を行ったかなどを点数化して評価してもらいます。そして総合評価として、反省すべき点はどこか、よいところはどこか、新学期に期待することは何かということを簡単に書いてもらって、振り返りをさせています。さらに本学の学習・教育目標の達成度を、個別に算出して表示します。ここではコース全体の平均点と、自分の平均点を見比べることで、自分がどれくらいのところにいるかという立ち位置がわかるようにしています。

最後に1つだけ申し上げると、秋田大学の取り組みにあったスイッチバックのカリキュラム設計の導入については、私も考えています。当学科はまだこれに取り組めておらず、座学→演習→体験実習という流れで組んでいるのは確かなのですが、これでは私はまだ足りないと思っています。将来的には体験・実習・演習⇔座学という流れにしたほうがいいと考えており、それがスイッチバックということだと思います。以上です。

大学事例報告Ⅰ - 工学系（東京会場）

秋田大学（工学資源学部機械工学科）

秋田大学 工学資源学部機械工学科教授　神谷 修

【Summary】

- 知識獲得と高次のアクティブラーニングを結ぶスイッチバック方式
  - 講義科目と創成型の高次のアクティブラーニング科目を行ったり来たりしながらスイッチバックして、学びの内容を学年ごとに段階的にステップアップする4年間の実践教育。
  - 2008年に文部科学省特別教育研究経費に採択。
  - スイッチバック方式に組み込まれた創成型の高次のアクティブラーニング科目には、1年後期「ものづくり基礎実践」、2年通年「プロジェクトゼミ」、4年前期「創造工房実習」等がある。
  - 「プロジェクトゼミ」での研究テーマに発展性が認められる場合、「学生自主プロジェクト」として大学からの予算が付き、さらに高度な研究活動に取り組めるような仕組みが構築されている。
  - 2010年現在、「プロジェクトゼミ」および「学生自主プロジェクト」では、地域と連携した取り組みを積極的に展開。今後は出来る限り多くの学科生がこの取り組みに参加できるような仕組みを作っていく。

- スイッチバック方式のための環境整備
  - 「ものづくり創造工学センター」を2004年に設置。学部内ライセンス取得により学生が機械を自由に使用でき、「スイッチバック方式によるものづくり実践一貫教育」の拠点となっている。

1．アクティブラーニングの導入

　本学のアクティブラーニングの特徴である「スイッチバック方式によるものづくり実践一貫教育」は、前ものづくり創造工学センター長の土岐仁先生が開発した教育法であり2008年から年間3千万円×4年間の予算がつきました。文部科学省から交付される年度経費のうち、プロジェクト分という特別な予算です。まずは実施するための体制を整えて、あとは特別予算がつかなくなっても継続できる形にしたいということで現在推進中です。

　一般的なアクティブラーニングに関しては、「工業力学」には「工業力学演習」を、「機械設計学」には「機械設計学演習」をというように、なるべく座学と演習がセットになるように設計しました。ただその取り組みの中では、あまり丁寧に教えるように設計すると、学生が安心してしまって勉強しなくなることもわかりました。確かに学生の満足度は非常に高いのですが、時間外学習の量は、工学資源学部の中で機械工学科の学生の学習量が最も少なくなってしまったという結果がそのことを物語っていました。演習と座学をセットにしたような宿題も出し、時間外学習も促さなくてはと反省しているところです。

　高次のアクティブラーニングに関しては、2000年以降、JABEEを通じたエンジニアリングデザイン能力育成への対応という強制力があり、その強化に取り組まざるをえませんでした。私どもは、JABEEで世界的な技術者を育てることができるのなら、まずはやれることを全てやってみようと考えました。日本になくて世界にあるもの、それはエンジニアリングデザイン能力です。私はその能力は4つの要素で構成されていると考えています。

　1つめは、大学を卒業した若い研究者・技術者が、オープンエンドな問題にいろんなソリューションを出せるかどうか、要は座学の部分を組み合わせて統合して回答できるかどうかということです。当たり前のようなことだけれども、なかなかできていません。2つめは、不況に立ち向かう戦力への対応。JABEEではこう言っています。「卒業する時にエンジニアの卵では困る。昔なら卵を割って社会で育ててくれたかもしれないが、よちよちながらも、ひよこになってからきなさい」と。幼稚ながらも自分でものを考えるというこ

とは、実際にはなかなか難しいことです。3つめは、科学技術立国を担う「強い人材」。これは最近よく言われています。強い人材というのは、発言力が強いというようなことではなくて、問題に対してくじけない、粘り強い、チームワークでソリューションを見つけ出す、というような人材のことだと思います。最後の4つめは、地域を巻き込んだ教育になっているかどうかという部分です。バーチャルの中で学ばせることはいろいろありますが、「バーチャルで育つと、バーチャルな技術者になってしまわないか」という懸念もあります。ですから最近は、なるべく学外で学ばせる機会も増やすようにしています。

　私どもの大学には、医学部、教育文化学部、工学資源学部があります。医学部は附属病院を持っていますので、これはアクティブラーニングの最たるものです。それから教育文化学部は、付属幼稚園、小学校、中学校を持っていますので、これもアクティブラーニングです。そして工学系は、本来最もアクティブでなければならないはずなのですが、実際にはそうではありませんでした。そこで、工学資源学部では、2004年に、ものづくり創造工学センターを設置し、学生がアクティブに学習できるような環境づくりに取り組んで参りました。

2．ものづくり創造工学センターとスイッチバック方式

　ものづくり創造工学センターが担ってきた、あるいは今後担っていくべき役割は4つあります。1つめは、ものづくり教育の支援で、学部内共有の3次元ＣＡＤ室を設置したということです。2つめは、ものづくり活動の支援です。工作室には、機械工場とは違って、学生が自由に使えるような小ぶりの機械を揃えました。そして、学生にはライセンス講習会を開催し、ライセンスを取得さえすれば、工作室の機械を自由に使用できるという資格を与えるようにしました。また組み立て室には、さまざまな部品が、無料で使ってもいいという形で随時置いておくようにしました。このような支援により、学生が自ら居残って夜7時になっても黙々とものづくりに取り組めるような環境をつくりました。3つめは地域連携活動で、学生が学外に出て、さまざ

まな科学教室を指導体験できるようにすること、4つめは学生プロジェクト活動の支援で、継続的に支援してきた結果、それらのプロジェクトは年々高度化してきました。

　アクティブラーニングの導入と推進に必要なことはどのようなことでしょうか。まず、予算がなければできません。学部からの予算は、1年次では「ものづくり基礎実践」、2年次では「プロジェクトゼミ」、3年次では「創造工房実習」にそれぞれ配分されています。アクティブラーニングを導入しようと思っても予算がないとなかなかすぐには実行できないので、参画してくれる学科には数百万円規模の予算を配分し、それぞれの科目を実際に立ち上げております。それぞれに賛同する先生がプロジェクトを組みながら、これらのカリキュラムを丁寧に作り上げていくという形になっています。また、私たちが取り組む「スイッチバック方式によるものづくり実践一貫教育」の取り組みへの助成は2011年で終わりますが、その取り組みをその後も継続的に行っていくための方策も明確にしていかなければなりません。さらに、アクティブラーニングの導入・推進には実施するための体制づくりが必要です。推進スタッフは各学科で集めるということです。ものづくり創造工学センターは推進しますが、各学科の理解がなければ、推進できません。設備に関しては、大きなものは学部で準備し、各学科が共通で使えるようなものは、ものづくり創造工学センターに置いています。そして最も大事なのは、「最大の教育環境は教員である」という自覚です。教員の熱意が冷めると、アクティブラーニングは進んでいきません。主体は学生であり、教員はあまり口出ししないように注意し、口出しは10％くらいにとどめ、ただし責任は100％もつという形にしていけば、学生は安心してどんどん行うことができるのではないかと思います。また、これからのアクティブラーニングを導入するための予算取りに非常に重要なことは、学外の地域社会をいかに巻き込むかということだと思います。

　それでは「スイッチバック方式によるものづくり実践一貫教育」について具体的に説明させていただきます（**図表41**）。これは、行ったり来たりしながらスイッチバックをして、だんだんステップアップし、4年間一貫したものづくり実践教育を行おうという発想です。1年次では教養基礎科目に加え

て、「テクノキャリアゼミ」を行っています。通常、キャリアゼミは3～4年次で行うのですが、そうではなく、まだわからないながらも最初にキャリアゼミを行い、ものづくりについても1年次からやらせてみようという発想からそのようになりました。そして2年次には「プロジェクトゼミ」があります。基礎科目をベースにしながら、ものづくりを体験し、これではいけないということで、もう一度勉強をし直して、さらに「創造工房実習」へと、徐々にレベルアップしていきます。最近は、それでも活動範囲が学内に固まっているのではないか、オープンエンドではなくクローズドエンドではないかとも思いますので、この実践教育の枠組みをなるべく外に広げるよう試みております。

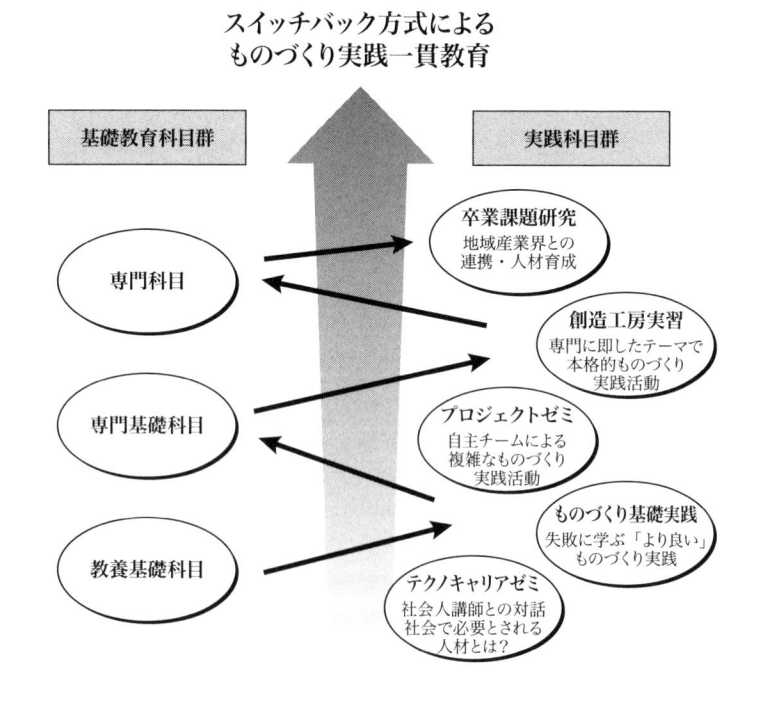

図表41　秋田大学(機械工学科)スイッチバック方式によるものづくり実践一貫教育

(秋田大学機械工学科提供)

3. 機械工学科でのものづくり教育

　機械工学科でのものづくりの授業は、1年次は「テクノキャリアゼミ」と「ものづくり基礎実践」、2年次以降は「プロジェクトゼミ」や「3 D-CAD」のほか、「機械実習」「機械工学実験」などがあります。「機械実習」「機械工学実験」の中身については、それぞれの機械系の要素技術を覚える一般的なものですので、省略させていただきます。そして3年次では「創造設計演習」「ものづくりの倫理」、4年次では「創造工房実習」および卒論があり、最近では、学生自主プロジェクトという形で、外に向けたアクティブラーニングも行っています（**図表42**）。

1年から4年まで基礎と実践を繰返す一貫した「ものづくり教育」を通じて、エンジニアリングデザイン能力を育成する。

学年	基礎知識技術	スイッチバック	アクティブラーニング
1年	機械材料工学、メカニズム、材料力学	→	ものづくり基礎実践 テクノキャリアゼミ
2年	設計製図I、機械実習、機械加工プロセス学	⇄	プロジェクトゼミ
3年	設計製図II、機械工学実験	⇄	創造設計演習 学生自主プロジェクト
4年	外国語文献講読 研究室ゼミ	⇄	創造工房実習 卒業課題研究

図表42　秋田大学（機械工学科）機械工学科のカリキュラム構成

（秋田大学機械工学科提供）

(1) テクノキャリアゼミ

　「テクノキャリアゼミ」はものづくり創造工学センターが開講する選択科目です。授業の中身は、第一線で活躍する企業の講師の方に講義してもらう、あるいは学科長が講義するというような形で、オムニバス形式で進められています。学生は講師の方々の話を聞き、質問もしながら学んでいきます。またレポートも毎回提出させています。講義をきちんと行うと、1年生でも専門科目の内容に興味を持ってくれることがわかります。大学で学ぶことの意義、自分の進むべき道、自分の向き・不向きなどについて考えながら、1年

生からモチベーションを上げさせていくような仕掛けにしています。きわめて効果的で面白い試みになっているのではないかと思います。

(2) ものづくり基礎実践

「ものづくり基礎実践」は、学生からの要請があって始めた科目です。「我々は3年次にならなければ専門をやれないのか。ものづくりは3年次でなければできないのか」と聞かれ、「そんなことはない」ということで、1年次のときから、彼らの要望に合わせて行っています。

図表43は、「ものづくり基礎実践」のシラバスです。ロボット系、熱流体系、設計系の先生が、それぞれ得意な分野の中でテーマを作り、工学資源学研究科で配分する予算を使って、技術系の職員またTA等に協力頂きながら、学科総動員で実施しています。ここには選択科目と記載されていますが、JABEEに対応した事実上の必修科目であり、機械工学科では全員に指定科目として履修させています。達成目標は、基礎的な物理量を測定する方法を学ぶ、問題解決能力のみならず問題発見能力を養うなどです。3つのテーマが設定されており、1つめが、「『あきたこまち』を美味しく炊くようなシス

科目コード	授業科目名	学期	曜日	時限	単位	条件	対象学生
8046240	和名：ものづくり基礎実践 英文：First Practice for Engineering Design and Manufacturing	後期	金	7,8	2	選択	機械工学科 1年次
		授業の形式と時間数			講義と実習　30時間		

担当教員名	所属	学内室番号・電話番号	担当教員名	所属	学内室番号・電話番号
土岐 仁	機械工学科	P306, 2347	佐々木芳宏	機械工学科	
田子 真	機械工学科	M210, 889-2478			
村岡 幹夫	機械工学科				

※全体でチームティーチング

オフィスアワー　時間：　毎日12時～13時　　場所：機械工学科各担当教員室

2．達成目標
(1)基礎的な物理量を測定する手法を学ぶ
(2)問題解決能力のみならず問題発見能力を養う
(3)実験結果に基づく設計変更を実施し、製作物の性能向上を計る技術を学ぶ

知識の活用を強く意識し、シラバスに明記している。

学科（プログラム）の学習・教育目標との関係
◎：(D)，(H)；○：(C)，(J)

※獲得すべき能力の中に分類

カリキュラムの位置付け
与えられたシナリオ通りの実験を受動的に実施するのではなく、自分で考えたシナリオに基づき、能動的に実験に取り組める姿勢を養う。

授業の進行予定と授業の進め方
1回目　導入授業(担当：土岐)
2回目　3つのテーマにグループ分けする。その後、各テーマの概要を学ぶ。
1. 省エネタイプの加熱炊飯器を自作してあきたこまちをおいしく炊こう！(担当：田子)
2. ストローで作るトラス構造グライダーの飛行(担当：村岡)
3. LEGOを用いたロボットアームの制御(担当：佐々木)

図表43　秋田大学（機械工学科）「ものづくり基礎実践」のシラバス

（秋田大学機械工学科提供）

```
Plan: 基本的な学習と調査をして、テーマに沿ったものづくりのアイデアを提案する。
Do:   アイデアに基づいた簡単なものづくりを実践する。
Check: できたものを動かして、性能を計測して分析評価する。
Act:  不具合なところを抽出して、皆で考えて改良する。
大事なことは、上記のPDCAサイクルを繰り返し、失敗を恐れず、失敗に学び、仲間と議論を重ね、より良い
ものづくりを目指すことにある。各自の役割を明確にして、グループ全体で進めることが重要。
```

11回目-14回目 これまでの実践に基づいて最終的なものづくりを実施する。			
14回目　目的とする装置の完成 ※知識の活用を強く意識			
15回目　アイディアの発表会と競技会 ※自立と振り返りの仕組み			
16回目　まとめ			
授業に関連するキーワード			
ものづくり	失敗に学ぶ	試行錯誤	計測
実験	主体性	設計製作	
成績評価の方法と基準		合否の基準	
成績評価は出席率80%以上の受講生に対してのみ行う。課題に対するレポートと発表会、競技会で総合的に評価を行う。		平均点が60%以上で合格とする。	
教科書・参考書等			
授業にて関連資料を配布する。			
ただ物を作るだけではなく、より良い物を作るために何をすべきかを学んでください。			

図表44　秋田大学（機械工学科）「ものづくり基礎実践」の評価法

(秋田大学機械工学科提供)

テムを考えなさい」、2つめは、「ストローで作るトラス構造のグライダーを製作させ、飛行させてみる」。3つめは、「レゴを使ったロボットアームの制御」というものです。製作では確かに失敗する学生もおりますが、失敗そのものも楽しめる仕掛けになっています。

　JABEEでは学習目標が重要とされており、各科目を合格して124単位を取得したら卒業ということだけでは通用しません。当学科では、各科目の学習目標は何か、倫理観を持ちかつ環境を考慮した技術者に育っているかということをチェックできるようにシラバスに記載し、その科目の学習目標を繰り返し理解できるようにしています。

　図表44は、「ものづくり基礎実践」の評価の部分です。「ものづくり基礎実践」での評価方法は、アイデアの発表会を行い、実際に動作させて競争し、そして全体で評価していくというような方法を採用しています。

(3) プロジェクトゼミ

　図表45は「プロジェクトゼミ」のシラバスです。「プロジェクトゼミ」は2年次の選択科目で、現時点では4つのテーマがあります。たたら製鉄プロジェクト、発電プロジェクト、ロケットプロジェクトに加えて、コーヒーの

焙煎プロジェクトの4つです。

　楽しいものでなければ学生はやってくれないということがあり、例えば、たたら製鉄プロジェクトでは、やって楽しくなければいけないという意識のもと授業が設計されていたり、コーヒーの焙煎プロジェクトでは、美味しいコーヒーも楽しめるというプラスアルファがついてきたりします。

　また、「プロジェクトゼミ」の取り組みが発展した場合には、次年度に「学生自主プロジェクト」に発展できるような仕掛けも作っています。例えば、ロケットプロジェクトは「プロジェクトゼミ」だけでは終わらず、最近ではハイブリッドロケットを打ち上げたり、能代宇宙イベントに参加したりと「学生自主プロジェクト」での活動に昇華しています。さらに、発電プロジェクトでは、本学の横手分校から、「発電プロジェクトで作っているものを3つ収めてくれ」という引き合いが出てきて、その活動もまた「学生自主プロジェクト」へと昇華しています。

　ではここで、私が担当しているたたら製鉄プロジェクトが、実際どのように行われているのかということをお話しさせていただきます。このプロジェ

```
1回目  導入授業
2回目  プロジェクトマネージメント概論授業(1)
3回目  プロジェクトマネージメント概論授業(2)
4回目  プロジェクトマネージメント実践授業
5回目  プロジェクト計画の立案
6回目  プロジェクト計画の発表

～9月末まで、それぞれのプロジェクトチームによる実践的な実習活動(25時間)～この間随時指導

7回目  中間発表会(9月末を予定)および計画の修正

～1月末まで、それぞれのプロジェクトチームによる実践的な実習活動(20時間)～この間随時指導

8回目  報告書提出及び最終発表会(2月)

*授業では随時討論やプレゼンテーションを行う。

*プロジェクトとしては学生の自主的な発意によるテーマが望ましいが、プロジェクト例として以下のものがある。

・たたら製鉄プロジェクト
・発電プロジェクト
・ロケットプロジェクト
・コーヒー焙煎プロジェクト
```

授業に関連するキーワード			
プロジェクトマネージメント	工学基礎力	問題発見能力	プレゼンテーション
主体性			
成績評価の方法と基準　成績評価は出席率80%以上の受講生に対してのみ行う。中間発表会(30%)、最終発表会(40%)及び報告書(30%)の平均点が60%以上を合格とし、A, B, C, D(不合格)の評価を行う。		合否の基準	

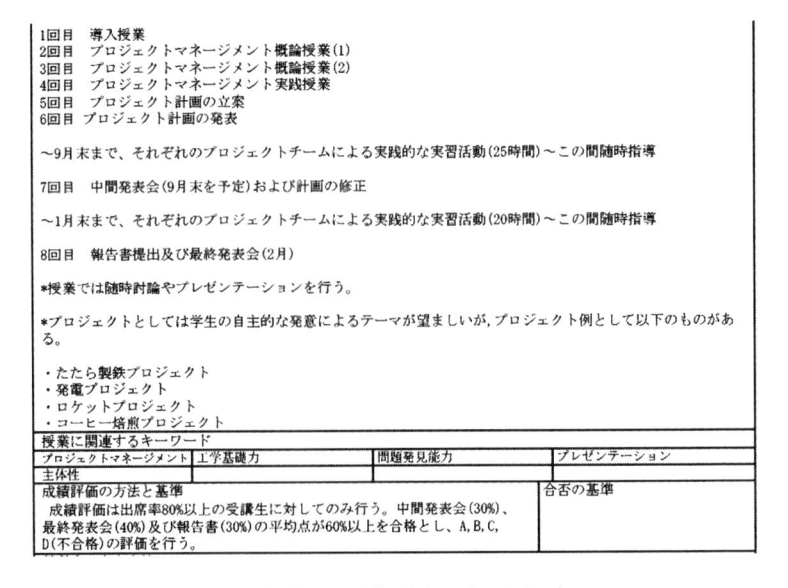

図表45　秋田大学（機械工学科）「プロジェクトゼミ」のシラバス

（秋田大学機械工学科提供）

クトは通年で、非常に大きな労力が必要とされ、担当教員の力を結集して運営しています。6月には一次発表会があり、7月には材料集めをします。機械工学科であるということから、たたら製鉄に必要な炉もふいごも自作し、8月にそれらの試作品を完成させ、9月にはたたら製鉄の初回の実施と、中間発表を行います。10月には大学祭で発表し、それを受けて工程を改良し、改めてたたら製鉄を実行し、最終発表に向けていくというスケジュールです。

秋田県内には、たたら製鉄の技法により包丁などのさまざまな刃物を作っている鍛冶屋さんがあります。以前に、そのようなある鍛冶屋さんから、「後継者が非常に不足しているので、誰か見に来てくれないか」という電話を受け、はてな？と思いながら、たたら製鉄プロジェクトの学生を連れて行ったことがあります。実際に行ってみると、我々が鍛冶屋さんに教えるようなことはほとんどなく、むしろ学ぶべきことの方がたくさんありました。このときの経験から、ものづくり教育でのプロジェクトは、「地域への貢献」というテーマから、「地域が加わったプロジェクト」というテーマに進化させていくべきではないかと考えるようになりました。また、「社会のための教育」というよりも、「教育のための社会」を構築していくべきではないかという発想から、学生は学外に出て、学外の人から教えてもらうようなプロジェクトも、これから必要になってくるのではないかとも考えています。

私が考えるたたら製鉄プロジェクトの教育プロジェクトとしての成果は、次の3つであると考えております。1つめは、「学生が自ら設計・実施して問題点を発見し、解決に向けていく」というプロセスを経験できたことです。当プロジェクトでは、年間を通して3回のたたら製鉄を実施します。実施の度に問題点を発見して解決策を検討し、改良して実施するということを繰り返しました。2つめは、大学祭ではデモンストレーションをして説明を行い、ときには外国人に対しても英語で一生懸命説明しながら、「見学者にわかりやすく説明できた」ということです。そして3つめは、学生同士のチームワーク及びアドバイザー役の教員、技術職員との信頼関係を築くことができたということです。

(4) 創造工房実習

4年次の必修科目である「創造工房実習」には、3つのテーマがあります。1つめは現時点では水ロケットの打ち上げ回収ですが、以前は和時計の製作を行っていました。かつて取り組んでいた和時計の製作では、いかに正確な10分間時計を製作できるかというテーマに取り組んでいました。取り組み続けるうちに、1秒も狂わずに、ゴーンと時を刻むようなものができます。これは数年続けましたが、現在では水ロケットを進化させて空中で分離させ、それを回収するようなテーマに取り組んでいます。2つめは、ローソク1本で動く船の製作、3つめはレゴ社で提供しているマインドストームというブロックを組み合わせて、課題を解決するロボットを製作して競わせるというテーマに取り組んでいます。これら3つのテーマを並行させて、学生は必修という形で取り組みます。

(5) 学生自主プロジェクト

さらに高度なアクティブラーニングとして、「学生自主プロジェクト」も行っています。この活動を通して「強い人材」を作っていこうということで、プロジェクトマネージメント能力、問題の発見・解決能力、プレゼンテーション能力およびディベート能力、エンジニアリングデザイン能力、学外との交渉能力といったものを身に付けさせたいと思っています。

現在取り組んでいる学生自主プロジェクトは、秋田大学3D化プロジェクト、発電プロジェクト、日本酒BIJIN、秋田大学ヨーグルト開発プロジェクト、秋田杉プロジェクト、ロケットプロジェクトの6つです。

①秋田大学3D化プロジェクト

秋田大学3D化プロジェクトでは、ジャンプしたりしながら本学を三次元で見られるソフトを作っています。外野は「それは三次元で見られるようにはできないのか」と言い、最初は「できない」と言っていた学生が、翌月の発表会では「やっぱりできました」と言って持ってきます。あまり関係のないプロジェクトの学生同士がお互いに刺激を受け合いながら、面白い方向に進んできています。

②発電プロジェクト

　発電プロジェクトでは、ここで開発した自転車発電装置について、横手分校の市役所の方から、「これはリハビリにもいいのではないか。3台注文するので、2月の末までに持ってきてください。予算はつけますから」という引き合いが出てきています。外部に売るものではないのですが、プロジェクトメンバーには、ハードルを高く設定させ、現在一生懸命作らせています。キャパシターなど最新の技術を工夫しながら組入れたりしています。電気電子工学科の先生が責任者になりながら、学生メインで行っているプロジェクトです。前の年にはプロジェクトゼミで、水車による発電プロジェクトを行いましたが、これはいけそうだということで、自転車をベースにした発電プロジェクトとして、学生自主プロジェクトに昇華させました。

③日本酒ＢＩＪＩＮ

　日本酒BIJINでは、日本酒を使って化粧水を作ることに取り組んでいます。学生自ら酒蔵をいくつも回って最適な日本酒を探し、いちばん綺麗な水を六郷という場所で見つけてきました。プロジェクトメンバーは、それらを組み合わせながら、最高の化粧水を作ろうと頑張っています。この化粧水を発表したら、大学生協さんが「ぜひ店頭に並べたい」と言っていましたので、本学から、日本酒の美味そうな匂いがした化粧水がお土産として出てくるかもしれません。ご期待ください。今後の活動としては、さまざまな日本酒から試作品を作り、成分の分析を行い、安全性を確かめながらクオリティの高い化粧水を作っていくことになります。ハードルはいろいろあるとは思いますが、本学の専門の弁理士にも相談しながら、実際に商品化に向けていこうと考えています。

④秋田大学ヨーグルト開発プロジェクト

　秋田大学ヨーグルト開発プロジェクトは、秋田で余ってしまったたくさんの米を有効に使って、プレーンなヨーグルトにしようという取り組みで、座学で学んだことを応用して、商品化を試みています。もしかしたら販売して

くれるような商店も出てくるかもしれません。地元の新聞社にも、面白いということで紹介していただきました。

⑤秋田杉プロジェクト

秋田杉のプロジェクトでは、杉とレーザー加工機を組み合わせながら、知恵の輪のような組木細工を作っています。さまざまな難易度を考えながら、一生懸命作っていました。

天然の秋田杉で年輪が密に揃ったものを手に入れるのは、だんだん難しくなってきました。このような天然木を販売する方の協力をいただきながら、天然の杉を入手しています。2012年以降は、簡単には天然木を切ることはできないそうなので、今後の活動内容については、いろいろと考えていかなければならないと思います。

⑥ロケットプロジェクト

いちばん進んでいるのは、ロケットプロジェクトで、2005年に立ち上げられました。1955年に糸川英夫が日本で最初のペンシルロケットを秋田県の道川という所で打ち上げ、その50周年を記念して、私たちはこのプロジェクトを立ち上げました。

プロジェクトでは県内の高校に出向いて、ロケットの打ち上げ教室を行うほか、実際に自分たちでハイブリッドロケットと呼ばれる固体燃料と酸化剤の組み合わせで打上げるような、アマチュアレベルでは最高水準の技術を駆使したロケットを製作しています。当プロジェクトでは、実際に子供たちを指導することによって、学生自身も学びの部分が定着するという効果もあります。

2010年8月には秋田大学のロケットと慶應義塾大学の缶サットと組み合わせることによって、コラボレーションで打ち上げることに成功しました。

ここまでご説明した「学生自主プロジェクト」では、学生自身がプロジェクトを企画し、審査を経て予算を獲得します。面白い企画には、50万円を上限に予算をつけています。そして責任教員を立て、県内地域とも連携して

実施していく方法をとっています。毎月報告会を行い、試作品を評価し合うことも行っています。これによって学生が自学自習し、問題を発見し、解決していく能力を涵養するわけです。

　学生はクラブ活動のように楽しんで取り組んでおり、「やめろ」と言われても、徹夜をしてでもやるというような雰囲気すらあります。現在、プロジェクトに携わるのは一部の学生ですが、半分以上の学生、あるいは全学生が1年次から4年次のうちに、「学生自主プロジェクト」に参加できるようになれば、さぞかし多くの強い人材が育つのではないかと思っています。

4．ものづくり実践教育の発展に向けて

　本学での高次のアクティブラーニングを発展させていくために、今後さらに「学生自主プロジェクト」を活用していくべきではないかと考えています。秋田という地の利を活かして先行するプロジェクトには、学部・学科が全面的にバックアップして成果に結びつける、地域からの協力を得ながらプロジェクトを進めるなどということを考えています。また、現在、「学生自主プロジェクト」は一部の学生しか体験できておりませんが、必修科目と選択科目を組み合わせながら、4年間のうちに全員が必ずこのアクティブラーニングを体験できるような仕組みにしていきたいと思っています。

　これまでご説明してきたように、本学ではプロジェクト遂行型のものづくり実践教育を実現させるために、一般的なアクティブラーニングから「学生自主プロジェクト」のような高次のアクティブラーニングに至るまで、幅広く支援して参りました。これらのカリキュラムは、学生にとって魅力ある教育プログラムだと自負しています。そして、これからの未来、さらに大事になってくるのは、大学と地域が連携して取り組むようなものづくりが行われるようになることであると考えており、またそうなるよう祈っております。以上です。

質疑応答 I

パネラー：林　　一雅（東京大学教養学部附属教養教育高度化機構アクティブラーニング部門特任助教）
　　　　　神谷　　修（秋田大学工学資源学部機械工学科教授）
　　　　　青柳　　学（室蘭工業大学大学院工学研究科もの創造系領域教授）
　　　　　友野伸一郎（ライター・ジャーナリスト・河合塾大学教育力調査プロジェクトメンバー）
　　　　　谷口　哲也（河合塾教育研究部統括チーフ）
司 会 者：成田　秀夫（河合塾教育研究開発本部開発研究職）
　　　　　　　　　　　　開催日：2011年1月7日　場所：河合塾麹町校（東京会場）

■実際のアクティブラーニングの授業づくり

司会　秋田大学では、スイッチバック方式で知識を習得する授業とアクティブラーニングが連動している形になっています。室蘭工業大学でも、どの授業とどのアクティブラーニングがリンクするのかということが、わかるように作られているのが素晴らしいと思います。ただ実際に、このようなカリキュラムを作っていくのは大変なのではないかと思いますが、お二人の先生方に「こういうところが大変だった」ということがあれば、一言ずついただければと思います。

神谷　スイッチバック方式を始める前は、個々の先生が個別にカリキュラムを組んでいたわけですが、これをやり始めてからは授業の前後に、設計系でしたら設計系の先生が集まって中身の検討にまで入っていくようになりました。例えば数学系の先生が入っていって「これは順序がおかしいのではないか」や、「これをやったあとに材料力学がくるのではないか」などと配置換えと中身に踏み込んだ話をしています。また内容についても「ここはダブっている」「いや、理由があればダブってもいい」あるいは「ダブるのであれば、こういうやり方にしよう」という形で踏み込んだ議論ができるようになったのがよかったと思います。周囲からは、今年も「なぜこのようにまた入れ替えるのか」と思われているかもしれませんが、常に成長していくような形にしなければ、うまく機能しないのではないかという気がします。

青柳　事例報告の資料（96頁参照）に挙げたのは演習・実験科目が主で、座学の部分が抜けているので、スイッチバックが見えづらいのですが、意外にそうなっていたのかもしれません。このカリキュラムを設計したときには、残念ながら私はまだ着任していませんでした。2005年頃、JABEE受審に向けて大幅にカリキュラムを変更し、そのときにこのような作りにしたようです。そのあと受審がだんだん近づいてきて、「工学演

習Ⅰ・工学演習Ⅱの重要性が思っていたよりも高い」ということで、そのせいか、少しジグザグした感じになっているかもしれません。不満としては1年次前期のフレッシュマンセミナーのあと、次の2年次後期の「工学演習Ⅰ」までPBL型科目が無いことです。ここをもっと強化したいという思いはあるのですが、実現していません。これを計画するのは、既存のものをわずかに修正する形では難しかったと思います。JABEE受審以前とは全部入れ替えることをやったようです。

司会　問題提起で林先生が紹介されているMITのTEAL（第3部参照）ですが、アクティブラーニングの授業の作り方が、かなりはっきり明示化されている感じがします。ある程度予習を前提にしながら、かつ、いきなりやるのではなく知識を与えながらグループワークをするのですが、それがまた最後に確認されるような感じになっています。こういう方法は、MITをはじめ、いろいろなところでスタンダード化されているのでしょうか。

林　この取り組みはノースカロライナ州立大学で始まり、パッケージ化されていて、それが全米の大学に普及している形になっています。MITの取り組みもその流れの中にあり、さらにビジネススクールでも取り入れていこうという話があると聞いています。それから、日本の大学も単位を与えるのに、授業時間プラス予習復習があることになっているのです

が、実際のところは恐らく授業だけで単位が与えられて、それに対する課題や予習復習がほぼ考慮されていないという現状があります。授業自体がびっしり詰まっている例もあるので、予習復習を前提としたプログラムは作りにくくなっている面もあるのではと思います。

■授業の工夫―いかに質問させるか―
司会　プロジェクトをやるときの手順などがいろいろあるのではないかと思いますが、フロアから「室蘭工業大学へ。質問させる工夫を教えてください」という質問があります。

青柳　工夫というのは、質問を強いることです。質問をしないといけない条件を与えて、グループで必ず質問をすることにしています。全員ではなく、グループの誰かが必ずしなければいけないことにしておいて、「グループで誰か」と言ったときに、率先して手を挙げる学生が出てきます。1人が挙げると次も挙げるというように続くので、最初のきっかけ作りが強いるということになります。質問をさせる前に、私は一言だけ注意を与えています。注意というか、質問しやすいように言葉をかけています。「変な質問だと思われるのではないか」ということで躊躇している学生もかなりいるので、「変な質問があってもいい。笑わないよ」と伝えておくと、恐る恐る手を挙げ、良い質問も悪い質問もあるのですが、質問後には「よくやったね」と言ってやり

ます。そこで一言声を出すと、次も出るようになります。だから一度手を挙げた学生は次々と挙げるようになります。このようなきっかけを作ってあげるのが工夫です。

■ものづくり授業にかける1回の授業時間

司会 両大学への質問ですが、ものづくり授業の1コマの時間は何分ですか？

神谷 たとえばプロジェクトゼミだと、5・6・7時限の2時間40分くらいというところでしょうか。その中で学生といろいろ議論して、基礎的なことも固めたりしながら、物を買ってきて作ったりしながらですから、通常のコマの5・6時限という90分では収まらないような気がします。一般的には45分×3という感じです。

青柳 「工学演習Ⅰ」も「Ⅱ」も、演習という扱いで1単位で90分の授業になっています。「工学演習Ⅰ」はプログラムがメインなので、だいたい時間内に終わります。「Ⅱ」のほうはグループワークなので、正直言って時間内には終わりません。ですから課外活動の時間を設けています。

■グループワークについていけない学生への対処

司会 「グループワークについていけない学生への指導はどうしているのか」という質問がありますが、神谷先生はどのようになさっていますか。

神谷 例えばプロジェクトゼミの場合、リーダーを1人つけます。そのリーダーのもとに連携をとりながらグループワークをするわけですが、グループによっては1～2回欠席する学生が出てきます。そのような学生に対しては、出席するようリーダーに根気強く呼びかけてもらいます。また、最初は後ろに座っているだけで、なかなか授業について来られない学生もいますが、授業を進めていくうちに徐々に目つきが変わってきます。先ほど「教員は10％口出しする」と言いましたが、教員の熱意が乗り移って、「俺もいなければならないのだな」と考えるようになるからでしょう。決してあきらめないということが大事だと思います。この辺りは感覚的で申し訳ないのですが、名前を覚えて呼びかけ続けると、だんだん「俺だってやれるのだ」と思うようになります。これらの取り組みの良い点には、例えばこれらの授業を受けた学生が3年生になったときに、かつては後ろに座っていた学生が、教室の前方の席に座って目を光らせて話を聞くようになるというような効果があると思います。教員のほうも、あきらめずに粘り強く指導することが大切です。

■導入大学の状況、一般的ＡＬと高次ＡＬとの違いについて

司会 以下の2つの質問ですが、これは河合塾に答えてもらったほうがよいかと思います。「アクティブラーニングを実施している大学の状況、レ

ベルなどはどうなのでしょうか」、それから「一般のアクティブラーニングと高次のアクティブラーニングの違いはどんなところなのか」。

谷口 質問紙には、大学の状況よりももっと突っ込んで、「学生の状況」と書いています。我々は大学に取材に行ったので、特に高次のアクティブラーニングを中心に行っている大学の学生は本当に生き生きとしているのかという質問だと思います。要するに「教育システムの充実度はわかったが、学生のほうはどうなのか」という趣旨ですね。これについても大学がとった学生の授業アンケートでは、一般的な講義科目よりもアクティブラーニングや高次のアクティブラーニングの授業満足度がかなり高いということを示していただきました。加えて、宿題を必ずするような習慣がついたり、先生を信頼するインタラクティブな関係ができていたりするという感覚を、さまざまなデータから示していただきました。そこから、アクティブラーニングを積極的に行っている授業とそうでない授業、取り組んでいる大学とそうでない大学では、学生の状況がだいぶ違うという感覚を持っています。ですから、今回我々がやった調査はシステム調査ではありますが、学生の成長も伴った調査になっているという自負があります。次の、一般的アクティブラーニングと高次のアクティブラーニングの違いですが、それは取材対象大学の先生も誤解されていました。1・2年生でやるのが一般的アクティブラーニングで、3・4年生でやるのが高次のアクティブラーニングではないです。学年の違いではありません。例えば一般的アクティブラーニングは「問題を解く」ということ、高次のアクティブラーニングは「課題を発見して解決する」、つまり問題と課題というように、次元が違うということです。加えて、プロジェクト型であることが重要で、単なるグループワークということではないこと。グループワークとプロジェクト型はどう違うのかという話もありますが、目的をもって解のない世界あるいは複数の解がある世界に学生を飛び込ませることを1年生でもやっていたら、それは高次というように判断し、4年生でも「単なる知識の確認にとどまり、グループワークをさせているだけ」というのは一般的なアクティブラーニングというように分類しました。

■物理的な空間の整備に関して

司会 アクティブラーニングをするためには可動式の机など環境も変えていかなければいけない。空間の作り方も非常に大きなポイントになると思いますが、両大学では、こういうことに関する取り組みは何かありますでしょうか。

神谷 環境を大きく変えるにはお金がかかります。ものづくり創造工学センターで数千万円かけて、CAD室を作りました。デスクトップではなく

ノートパソコンにして、机も可動式にしています。中に収納するといろいろな作業ができるようにし、組み立て椅子など椅子も可動できるものにしています。なるべくそこをメインにやっていますが、従来タイプの一斉教育型の部屋でもできないことはないと思っています。要は、やろうとすれば集まって立ったままでもいろいろ相談して、「それ、買いに行け。それ、取りに行け」とできますので、この丸テーブルは理想的ですが、これが無ければできないかというと、無くてもできます。さまざまな工夫をしながらやっているところです。ただ、アクティブラーニングをするには、まだまだ設備が足りないと思っています。

青柳 室蘭工業大学では、グループ討論はテーブルを囲む形でやっています。お洒落なテーブルではなく実験台のようなものを囲んで演習をしています。プログラム関係は端末の前で行いますが、エンジニアリングデザインは可動式のテーブルの部屋で行います。技術者倫理では、固定式の机を撤収し、可動式のものに入れ替えて授業しています。4教室くらい新たに作りました。それから無線での会議システムを導入して、発表時に使うようにしています。パソコンも配置して無線LANで接続できるようにしています。

■他学部のこと、経費のこと

司会 秋田大学に質問が2つ出ています。「他学部はどうなっていますか」「グループワークの経費はどうなっていますか」。

神谷 実は他学部のことはよくわかりませんが、医学部は基礎科目からアクティブになっていると理解しています。患者さんの中に早期に入っていった方がいいので、患者さんのお話をよく理解して説明するという取り組みは、かなり初期の段階からやっていると聞きます。あとは教育文化学部がありますが、2～3年生になると教育実習に行かなければならないので、それ自体をアクティブラーニングとみなすこともできます。工学系の場合には、アクティブラーニングが必要なのに今までなかったという部分で、特別な仕掛けが必要なのではないかと思っています。予算的な措置に関しては、全体というよりも各学部で特色のあることをしているところです。私たちが今やっているスイッチバック方式に関しては、工学資源学部に特化したものだということです。

■秋田県の「活用力の高さ」について

司会 これは私からの質問ですが、小中学校を対象とした全国学力学習状況調査でも、秋田県は活用力が高いという結果が出ています。これはやはり、秋田県全体がそのような取り組みをなさっているということなのでしょうか。

神谷 そうです。ものづくり創造工学センターあるいはアクティブラーニ

ングの一環として、小学校に行きます。例えば1年生から6年生まで49人しかいない学校に行きましたが、どの子も非常に目を光らせています。1年生と5年生、2年生と6年生を組み合わせたりしながらロケット教室を開催したのですが、寝る子は1人もいない。あれはアクティブラーニングそのものです。知的障害をもつ子にも教員が1人がしっかりとついてやるような状況で、「これは絶対1位になるな」と感じます。ところが高校になると受験戦争に勝たなければならないので、通常のラーニングになります。そうすると必ずしも自分が面白いと感じることはやれないということもあり、がくっと下がります。だから、小中学校でやっているアクティブラーニングを高校でもやればよいのではないかと思っています。高校の3年間はちょっとブランクになっている気がしますので、「では無理やり高校に行ってやろう」と始めていますが、現時点では「科学教室をやってください」という高校は非常に少ない。そこが問題点としてあるかと思います。

■アクティブラーニングによる成果
司会 「アクティブラーニングを入れた後の変化はどうなのか」「学生のレベルはどう変わったのか」「就職状況は変化したのか」「産業界からの評価は」「大学院の進学状況は」という質問ですが、まずは青柳先生、ひとまとめで構わないので、一言いただけないでしょうか。

青柳 アクティブラーニングを導入した効果ということですが、正直「これだ」と言い切れないものがあります。ただ、手を動かすことが多くなりましたので、学生が勉強することは維持できているかなと思います。「もしアクティブラーニングが無かったらどうだろう」と考えると背筋が寒い感じがします。就職に関しては、あまり影響はないように思います。就職はどちらかというと経済状況が大きく作用していて、効果が測れないということもありますし、産業界からは以前から高い評価を受けていますので、特別変わったことはないように思います。

友野 今青柳先生もおっしゃったように、多くの場合、学生の質がここ何年間かでかなり変化してきているので、アクティブラーニングを導入した場合と導入していない場合の比較は難しいと、いろいろな大学で伺いました。ただ、これは私の感覚的なものですが、例えば学科をあげてアクティブラーニングを導入するためにいろいろと試行錯誤をされて、1つの学科がチームとしてまとまり、先生たちの問題意識が非常に活発になっているところでは、やはり学生の意識もかなり活発化している印象は受けます。一部の先生のみがやっているような形になった場合は、お話を伺っていても、学生の変化が感じられないような印象も受けました。

■教員の負担

司会 「学生の自立をどう促していくのか」という観点ですが、これに関して河合塾に質問が来ています。「ポートフォリオや振り返りシートを担当する教員は、1人あたりどれくらいの学生を担当しているのでしょうか」。

友野 岡山大学の創成プロジェクトでは、学科80人に対して、若手の助教の先生とTAの10人で対応しているので、1人が8人を担当しています。これは国立大学だから恵まれているということもあると思いますが、金沢工業大学の初年次の修学基礎では、1人の先生が30～40人という大勢の学生を担当しています。しかも金沢工大には5種類のポートフォリオがあって、それに対して必ず先生がコメントをつけて返しています。2010年の初年次ゼミのシンポジウムで金沢工大の先生は、「いろんな大学でポートフォリオを導入してもうまくいかないのは、先生の熱意だ。それに尽きる」とおっしゃっていました。「大変ですが、大変なところを超えると、学生が実際に変わっていく。その実感があるからやれる」とおっしゃっていて、その言葉が非常に印象に残っています。

■学生に獲得させるべき能力と学生の評価

司会 「獲得すべき能力として、どんなものを目指していますか」という質問です。神谷先生のところでは、「この専門を勉強するにあたってこんな力がつく。こういうものが学生につけてほしい能力だ」というのは、コンセンサスを得ておやりになっているのでしょうか。

神谷 シラバスを作るときに、すでにJABEEの目的ベースの配置とリンクしていますが、たとえばプロジェクトゼミなら、「自主的に計画をして学習できる」「未知の問題に対して解決策を提案できる」など、この科目は何のためにあるのかということを繰り返し話し、そのような能力をつけてもらうために、学生を時々を修正しながら、ぶれないようシラバスに先に明示しておくということです。これはJABEEをやっているところだと常識的な話で、「何のために」というのは非常に重要です。

司会 そういうものを評価するのは、先生方が日常的に接して評価する面もあると思うのですが、客観的に評価するということについて、河合塾のほうでは何かありますでしょうか。

谷口 これも取材ではだいぶ突っ込んで伺ったのですが、「実感としてはあるけれども、それをきちんと『このように能動的な態度になっている』ということは、なかなか言えない」ということでした。「学習時間量がこれだけ増えた」とか、「GPAを導入する前と後ではこれだけ伸びた」とか、「それがアクティブラーニングに由来するのかどうかはわからないが、全体の雰囲気がそのようになってきている結果、このようになっている」というエビデンスはいくつか示しても

らいました。ただ、それが本当にアクティブラーニングの成果なのかということが問題なのではなく、そのように全体が盛り上がる感じを作るコアになっているのが、アクティブラーニング科目なのだろうと思います。そういう実感が本当は大事なので、そういったものを培っていけば、自信をもって学生に対峙でき、教員側も変わっていくのかなと思います。

神谷 私たちの実感を話していいでしょうか。ある学生が留年し、なかなか大学に出てこなくなりました。ところがロケットに関しては非常に興味があるので、立派に1年後に蘇生し、今は目を光らせて一生懸命、他の科目もやっています。もう一人は、GPAは中間よりも少し下だけれど、一発で自分のめざすところに就職した学生がいます。それは、語るべきものを持っているからです。失敗すればするほど、面接でどんな役員が来ても話すことができるようになります。そのような経験を彼らに積ませなければということで、3年後期になったら早々と研究室に配属させています。配属させる前でも1～2年生でアクティブラーニングを随分やっている学生たちは、語るべきものを持っているはずです。つまり、就職活動にテクニックはいらないのです。経験を積めば、話し下手でも秋田弁でも、目指すところに入れるという感じがします。

■大学以前の教育について

司会 最後の質問ですが、河合塾に「質問に答えなかった大学はどうなのだ」「高校がブラックホールなのではないか。大学以前の教育に問題があると思うが、調査する予定は」という質問が寄せられています。

谷口 「回収できなかった大学の授業の実態は？」という質問シートには、「わからないとしか言えないのかもしれませんが」と書いてありますが、その通り、わかりません。質問に答えない大学は、「答えるのが面倒くさい」というよりも、「回答すると自分のところがダメなことがばれてしまう」という意識のほうが強いのだろうなということを、返事を催促するときの電話の感覚で持ちました。「学部長会議を開いて、この質問には答えないということを決めました」という大学もあったりしました。その次の「大学以前の教育に問題があるのではないか」という質問は、基礎をしっかり覚えることすら困難である学生がたくさん入ってきていて、そうすると、これは大学だけの話ではなく高校あるいは中学という中等教育にも問題があるのではないかということと、そのことについてメスを入れないのかという提案だと思います。それについて今我々が考えているのは、中・高・大の接続の問題です。中学と高校それから高校と大学の接続時に、かなりの人数が推薦で入ってきています。これには、基礎をきっちり覚えなくても進学できるという学校経営上の問題があるので、まず

はそこを何とかしなければいけないと思っています。もちろんそれだけではなく、家庭の問題や地域の問題などいろいろあると思いますが、まずそこにメスを入れなければなりません。だとすれば、大学がしっかりそこを見るのだと。つまり「大学に入るためには、これだけのものを要求する」と言えるようなものがあれば、そこから下流の中学・高校も変わっていく可能性は大きいと思っています。こういう視点から、今はどうすれば大学が変われるかというところで調査と提案をしています。

司会 フロアからもお話をいただいて、もう少しだけお話を深めたいと思うのですが、挙手をお願いできますでしょうか。

■サポート体制、導入のきっかけ、後ろ向きの学生について

会場（長崎大学） 山地と申します。今日は大変勉強になりました。一点、サポート体制がどうなっているのかということについて質問させていただきたいと思います。スタッフィングや予算面も含めて、教えていただければと思います。

神谷 サポート体制については、先ほどの回答では答えませんでしたが、予算です。予算に関しては今ちょうど概算要求の時期であることはご存知かと思いますが、その中のプロジェクト分、教育の特別経費というものがあって、これは学長ならびに学部長とよく相談して、「これにあたらないともう動かないよ」と、ギリギリのところで、とにかくあたるように書きます。それが得られたら年度進行で動かしていきます。必要な、例えばものづくり創造工学センターの機器、それに必要な人員も非常勤で雇ったりしながら、特別経費とします。また、ものづくり創造工学センターには各委員の先生がいますので、その先生方とも相談しながら、「ものづくり基礎実践をやるときには予算措置しますので、なにとぞよろしく」と話しをしておきます。先ほどは機械工学科の例だけを示しましたが、このような形で、ヒト・モノ・カネが揃わないと動かないのだと思います。マインドだけでは動きません。そういう意味では、文部科学省に魅力のあるアピールをどれだけできるかという部分で、2011年度以降は少し恐ろしくなってきましたが、「もし予算がつかなくてもできるようにしよう」ということで、いろいろと頑張っています。

会場（日本文理大学） 片山と申します。私の大学は河合塾の初年次教育調査では高く評価していただいたのですが、実は専門をどうするかという課題があります。少し気になったのは、室蘭工業大学と秋田大学では「JABEEがきっかけ」ということをおっしゃっていましたが、それ以外に実地調査の中で、アクティブラーニングを導入するきっかけにはどんなものがあったのか、実地調査のときの感想でもいいのですが、教えていただけ

ればと思います。

谷口 今回工学部系でとりあげた国立大学の多くはJABEE受審が動機です。私大では学生募集の危機感もあるのは事実でしょう。教育力がつけば、うまくそれを学生募集につなげることができる。お金をかけてTV広告をしても結局一瞬で終わってしまうけれども、教育改革をしてそのことを高等学校の先生や学生・父兄に直接訴えれば、それは息の長い広報力になるということで、改革と学生募集力がつながっていくという意識を持っていらっしゃるのだと思います。

友野 付け加えると、経済系にはJABEEのような制度がないので、アクティブラーニングに転換する強い動機というのは、「学生の現状を何とかしなければいけない」ということと、教育力を高めて学生募集につなげるということです。このような、制度に頼らないところに動機がありました。

会場（福岡工業大学） 高原と申します。私の大学でもものづくりから始めていて、例えば1年生で手作りモーターを作らせたりするのですが、いろいろなアイデアを出してくるとモーターが回らなかったりして、結局はモーターを回すために同じような形になってしまうというような問題があります。また、そのモーターを作って車のレースをさせる授業なのですが、「最低レベルはモーターが回ればいいのですよね？」と、ちょっと後ろ向きになっている学生がずいぶん多くなってきている印象があります。先生方が授業を行う中で、そういった学生への対処はどうすべきなのか、ということがあったら、教えていただきたいと思います。

青柳 1年生は、私が実際に担当していないので何とも言えないのですが、話を聞くところによると、「そういう学生もいます」ということです。つまり「最低レベルでいい、クリアできればいい」という、非常にモチベーションの低い学生がいます。これは仕方ないのではと思います。モチベーションアップのために行うものなのですが、100名もいるとアップしない学生が何名かいるのは、あきらめざるを得ないと思っています。ただ、そのほかの学生は、アンケート調査等で、「非常にためになった」「やる気が出た」と答えているので、やる意義はあると思います。一部にそういう例外も出てしまうのは、今後の課題かもしれません。

神谷 先ほどと同じですけれど、後ろ向きという部分もあります。例えば「たたらプロジェクト」で、我々が「均等に風を送ったらうまくいくはずだ」と思っていたら、実際には何もうまくいかなかったということもありました。しかし、教員が「思ったようにいかないことを楽しんでいく」というスタンスを持つと、必ず学生はついてきてくれると思います。

司会 本日は長い間ありがとうございました。

大学事例報告 II – 工学系（大阪会場）

岡山大学（工学部機械工学科）

岡山大学 工学部機械工学科学科長・教授　塚本真也

【Summary】
- PBL・創成型授業を各学年に配置
  - PBL・創成型の授業は、各学年に1～2科目配置されている。
  - 2年次の「創造力プロジェクト」では、技術者として必要な発想力を養う。
  - 3年次の「創造工学実験」では、基本的な実験装置の取扱方法やデータの解析手法などを学び、創造力を体得する。
- 創造力教育の開始から発想力訓練の手法開発まで
  - 大学で学ぶ専門知識を用いて創造力を発揮するためには、両者をつなぐ発想力が必要との認識から創造力教育を2000年に開始。
  - 学生の発想力訓練の手法を開発。「唯一解」のない課題を与え、自分で目標を立て、無数にある答えの中から最適なものを選ぶプロセスを学ばせる。
- 「創造力プロジェクト」の具体内容
  - 「創造力プロジェクト」では、前半はOpen-Ended課題に取り組み、発想訓練を行う。後半は鍛えた発想力を用いてアイデアをグループで競い合い、モノ創りに取り組む。
- 「創造力プロジェクト」の成績評価
  - 成績評価はチームティーチングで5項目を定量評価。
- 学生と教員とを3往復する振り返りシート
  - 振り返りシートを用いて、学生が努力目標と振り返りコメントを記入し、教員がコメント。これを3往復させている。

1．PBL・創成型授業の配置

　本学の必修科目としてのPBL・創成型授業は、**図表46**のようなカリキュラム設計になっています。その中でも今日は「創造工学実験」と「創成プロジェクト」についてご紹介します。

　3年次の「創造工学実験」は、2006年から始めました。工学系の実験科目は、ほとんどの場合、マニュアルが詳細に定まっており、測定する項目も、縦軸・横軸までを指定されています。「どういうデータをとって、どういう図面をまとめよ」と指示されるので、最後に学生のオリジナリティが発揮できるのはコメントのところだけです。そこで、本学は実験科目において詳細なマニュアル記載を全部やめました。マニュアルを作らず測定する装置の使い方をしっかり訓練させています。例えば、この「創造工学実験」の中で、女性は年とともに肌が粗くなることに注目して、町に出向き、縦軸を粗さ、横軸を年齢にし、そのことを実証するデータをとってきた学生たちがいます。それをプレゼンテーションさせたら非常に面白かったですね。そういう科目をここに1つ設けています。

開設期間	科目名	必修/選択	コマ数
2年前期	創成プロジェクト	必修	2コマ連続
3年通年	創造工学実験	必修	3コマ連続
3年後期	機械設計製図	必修	2コマ連続

図表46　岡山大学（機械工学科）PBL・創成型の講義科目

（岡山大学機械工学科提供）

2．創造力教育の開始の経緯

　創造力教育は、2000年に始めたのですが、最初はやり方が全然わかりませんでした。「企業では唯一解、正解というのはないんだよ。何でもいいから新しいもの、独創的なものをしっかり発想しなさい」としか言えなかった

のです。そう言われた学生側もやり方が全然わからないので混乱し、大失敗に終わりました。

　最終的にたどりついたのが、学生の頭の中に発想力、言い換えれば課題探求創成能力をしっかりと構築するための手法です。それにはいろいろなやり方があると思いますが、まずは、Open-Ended 課題、すなわち決まった答えの存在しない課題に取り組ませることにしました。その理由は明確です。メーカーに入れば、本学レベルなら研究開発に放り込まれることになります。そうすると、そこには決まった答えはないのです。目標は必ず存在していますから、その目標にいかにして自分自身で到達するか、または無数にある答えの中から、いかにしていいものを選ぶかということが課題となります。

　そのために、学生のうちから Open-Ended 課題を経験させるというのが、教師の唯一やる仕事です。あとはこの課題に対して学生たちにしっかり考えさせていくということですね。最初は学生もやり方が全然わかりませんから、戸惑いと反発を起こします。ステップバイステップでしっかりと訓練していく必要があります。そのための優れた方法が、学生の発想力初期値を測ることです。

　IQ は小学校のときに大体測っていますし、大学には偏差値で入ってきます。本学レベルだと「自分たちは頭がいいんだ」というエリート意識をもっていますが、発想力初期値を測ると、当然ですが必ず母数の半分以下の学生が出てきます。「君は平均値より下だから企業に入ると大変だ。頑張らないといけないよ。企業に入って本当に何も発想が出なかったら辞めてしまうよ」と言うと、渇望やモチベーションが上がっていきます（**図表47**）。

　具体的には発想できない学生にも発想のプロセスを学ばせ、システマティックに発想できるような訓練もしてもらいます。その集大成は、モノ創成をすることです。モノを作ったときには、モノから大変な反撃を受けます。なぜなら、頭で発想したことをそのままモノでは実現できないからです。実現できないということは知識が足りないのか、発想力が足りないのか、学生自身が反省することになります。このような発想訓練をするときの最大のポイントは、学生が発想したときに「けなしてはいけない」のです。「それすごく面白いね、いいね」と褒めることが大切です。褒めていけばどんどんや

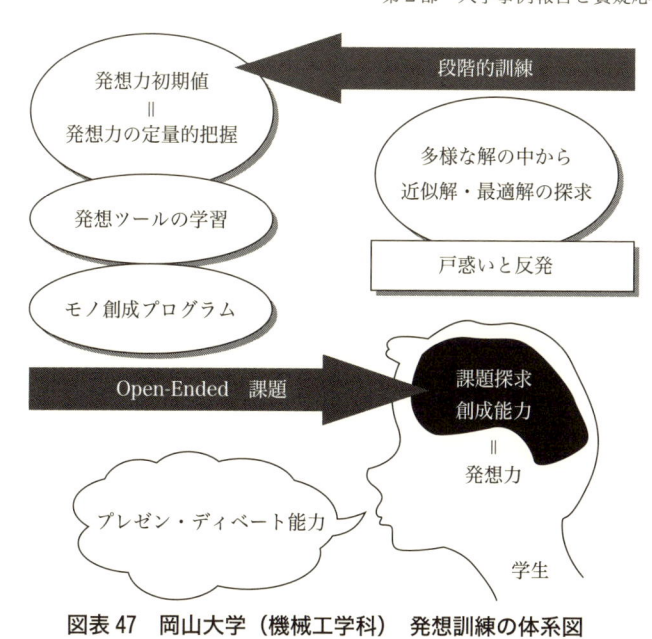

図表47　岡山大学（機械工学科）　発想訓練の体系図

(岡山大学機械工学科提供)

る気がでます。いくら発想した時に褒めていても、発想訓練の集大成としてモノ創成をする時に、学生は教員ではなくモノからしっかりと反撃をくらって、「もっと頑張らないとダメなんだ」ということが自然とわかってきているようです。

3.「創成プロジェクト」における創成力教育

(1) 発想力訓練法

　PBLにおいてOpen-Ended課題、答えのない課題をいかに与えるのかを具体的に紹介します。「創成プロジェクト」は2年生が対象ですから、専門知識は全然問いません。専門知識は3・4年あるいは大学院で、後付けで結構です。新しいことを思いつくのが重要ですので、発想する訓練だけをするためにこのような課題を与えています。

> 親が高利貸しに借金し、借金が返せない。高利貸しが悪巧みで、袋の中に白と黒の石を1個ずつ入れて、引かせようとする。「袋の中から白い石を取り出せば借金は棒引き。黒い石を取り出せば息子を奴隷として売り飛ばす」と言って、高利貸しは袋の中に白と黒の石を1つずつ入れるふりをして、こっそり黒の石を2つ入れた。それを見た息子の行動を発想せよ。

　このような課題を与え、学生には、5分間で思いつく限り発想してくださいと指示します。非常にシンプルに、いくらでも思いつくはずなのですが、今までそういう訓練をしていないので、思いつかない学生が結構出てきます。実際に出てきた学生の発想には、「石を取り出して飲み込んでしまい、残った石で確認をする」という石の不正を利用する視点ものなど、いろいろな発想パターンが存在します。このような訓練をしながら、最終的に発想力初期値を測ります。

　ところで最近、本学工学部の偏差値が毎年下がり、倍率も下がっています。2009年度には本学機械工学科は2倍を切りました。発想訓練の課題を与えると、本学機械工学科の2年生は平均して1人あたり4.3個の発想ができています。毎年計測する発想個数の平均は4.2個から4.5個まで上がりますが、4.1個に下がったことはありません。つまり、偏差値が下がるということは、受験生の知識量は減っているのですが、ベースになる能力はほとんど変化していないということが言えます。そのような意味で、本学工学部の偏差値低下に私はそれほど危惧を感じていません。

(2) モノ創成

　発想訓練を積んだ後は、モノ創成に入ります。「創成プロジェクト」授業は2年前期の2コマ連続必修科目で、受講生は80数名でそれを20チームに分けて行います。チーム毎に**図表48**のような「ストローの斜塔」を作るのですが、ストローの斜塔の高さ(H)、張り出した距離(L)、負荷させた座屈の荷重(W)の3つの積が最大となるように作ってくださいという課題です。

　このストローの斜塔にはいろいろな解があります。自分たちでしっかり考えさせ、発想を転換すると素晴らしいデータが出ます。知識を使ってもいい

し、使わなくてもいいのです。Wが最大のものを小錦賞（小錦とは、元大関のことです。）、Hが最大のものを麒麟賞、Lが最大のものをピサの斜塔賞と3つの賞を設けています。なぜなら企業に入ったら、同業他社と戦い、その業界の中で生き残るために「うちは、Wだけを最高にするような製品を作ろう」「Hだけを最高にする製品を作ろう」という戦略を立てなければなりません。それを今の段階で少し考えてもらいたいということです。学生たちが、1番の最優秀賞だけではなく、2番の小錦賞や、麒麟賞、ピサの斜塔賞

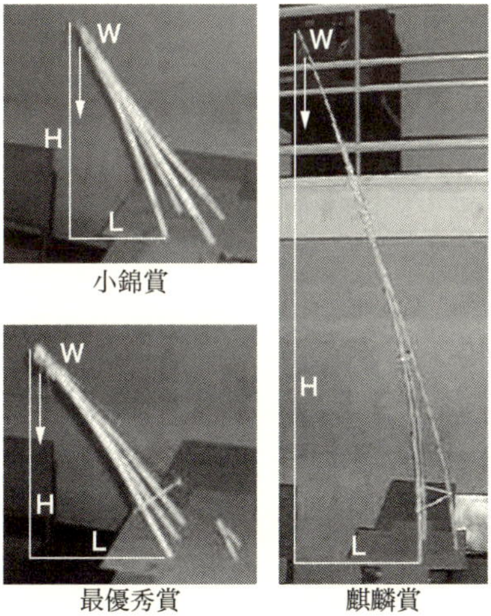

図表48　岡山大学（機械工学科）ストローの斜塔の発想訓練

（岡山大学機械工学科提供）

を狙おうと戦略を立てたりするようなことが訓練できます。ここでは、企業に入ったときの模擬訓練をやっているということです。

　もう1つの実験は教壇の上に置いて、ぽんと跳ねる「跳ねる機械」を創成するというものです。これにも解はありません。条件は安全であれば、どのような動作をしてもいいとしています。このように発想の訓練を積み、モノ創成をすることで更に発想力を鍛えています。2008年から、この「跳ねる機械」は、「金属ピース運び現代版からくり」に内容を変更しました。教育効果が上がってきたので、内容を高度化させたのです。

(3) 専門知識と創造力を発想力でつなぐ

　この科目を始めた最初の年は、「ストローの斜塔」と「跳ねる機械」を、そのまま設けて何も教育しませんでした。すると学生が創成した「跳ねる機械」は、全然跳ばないものや、すぐに倒れてしまうものなどが続出し、モノ創成がうまくいきませんでした。つまり、何も教育せずに、「このジャングルを突っ走って、素晴らしい発想をしなさい」ということを要求しても、過半数の学生は迷子になったり、途中で野垂れ死んでしまうのです。それで、導入2年目か

図表49　岡山大学（機械工学科）発想訓練の体系的な教育方法

（岡山大学機械工学科提供）

らは、しっかり帽子もかぶって、リュックサックの中には食料と水を入れて準備運動もして、さあ走り抜けなさいと少し工夫をしました(**図表49**)。

　別の観点からそれをご紹介しますと「専門知識と創造力」の指導です。専門知識をしっかり大学で教えるのは当然です。ただし企業に入ったら突然創造力を要求されます。日本は、最先端の技術をもっているのですから、その最

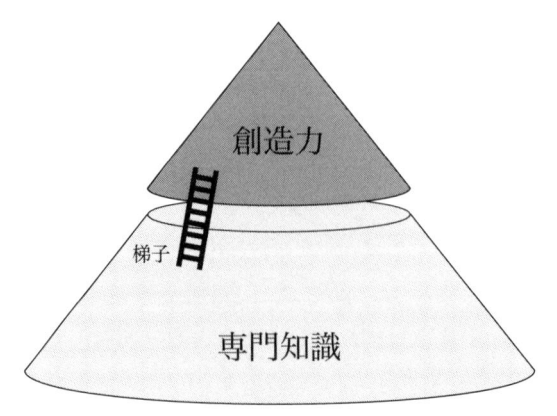

図表50　岡山大学（機械工学科）専門知識と創造力

（岡山大学機械工学科提供）

先端の部分には、全体の10％くらいの技術者いて、創造力を発揮していかなければなりません。そこで、専門知識と創造力をつなぐ梯子をしっかり組み立てましょうと指導することが必要となるのです。ただしホームセンターで梯子を買ってきて学生に渡すのではなく、教育をすることで、彼らにパーツを与えてやって、そのパーツを使って自分自身で梯子を組み立てることが大切です。これが本学のPBLだというふうに考えていただいて結構です（**図表50**）。

(4) 成績評価と創造力教育の効果

　最後に、今日のシンポジウムのポイントである評価についてご紹介します。**図表51**の個人のアウトカムズ評価では、学生たち一人ずつに対してリーダーシップ、課題探求力、チームワーク、実務能力、創成能力というものを評価します。2000年に始めたときは9項目の評価にしましたが9項目を見るのは、不可能だということがわかりましたので、今では5項目になっています。跳ねる機械は7週間かけてやりますから、すべての項目を見て、特に課題探求力は2倍と創成能力は3倍にした数値で定量的に評価しています。

　個人のアウトカムズ評価に対しては、「正しく評価できるのか」という質問があると思いますが、ある程度、正しく評価できます。ある学生を2名の教員が見たときに、両方とも「頑張っている」と思ったら、両方とも「頑張っている」と評価しますね。「リーダーシップが高い」と思ったら2名とも評価は

評価項目	大学生発明工夫展	ストローの斜塔	跳ねる機械	採点基準
リーダーシップ				5〜10
課題探求力			×2	5〜10
チームワーク				5〜10
実務能力				5〜10
創成能力			×3	5〜10
合計点				

図表51　岡山大学（機械工学科）個人のアウトカムズ評価

（岡山大学機械工学科提供）

高くなるわけです。ただし、それが10点なのか8点なのかという数値は少しずれてしまうのですが、評価の方向性は全然間違っていないということを把握しています。これは、チームティーチングがしっかりできているということです。さらに、グループ評価もしています。なぜなら企業に入って、「A君はよく頑張っている」と思われても、そのA君の所属しているプロジェクトが失敗すれば、評価は低いですね。このように企業ではグループ評価と個人評価がなされますから、それを彼らに疑似体験させているということです。

また、これが本学で非常に誇れるところですが、「創成プロジェクト」を受ける学生ならびにTA、先生方全員に毎年『創成プロジェクトー補足資料とマニュアルー』という冊子を配っています。学生はどのように評価されているかという評価指針、(**図表52**参照）もこの中に含んでいます。ここにありますように、創成能力、リーダーシップ、課題探求力というものを具体的にこのように評価しますと伝え、学生はそれに対して一生懸命頑張り、方向性を見出しているということです。振り返りシートでは、右のところで、それぞれの能力の数字がつきます。そして学生たちが下にコメントを書いて、

班		学生番号		氏名		担当教員		TA	

担当教員　記入欄

個人点の評価結果

課　題	評価／満点	評価者	評価項目
発明工夫	B=　/5	TA→担当教員	課題探求力、創成能力、チームワーク、リーダーシップ、実務能力
ストローの斜塔	B=　/10		
現代版からくり	B=　/30		
合　計　点	D=　/45		

グループ点の評価結果

課　題	評価／満点	評価者	評価項目
発明工夫	/15	取りまとめ教員	リポートの独創性・プレゼン力
ストローの斜塔	/10	性能数式	積HLWの数値
現代版からくり	/30	担当教員	独創性・意外性・発表技術力
合　計　点	C=　/55		

受賞加点	発明工夫展　点	ストローの斜塔　点	からくり　点
	合計 E=		

個人点の具体的評価

評価項目	大学生発明工夫展	ストローの斜塔	からくり	採点基準
リーダーシップ				5～10
課題探求力			×2	5～10
チームワーク				5～10
実務能力				5～10
創成能力			×3	5～10
合計点 A=				
計算式 B=	A×1/6	A×1/4	A×3/8	
B=評価点(少数第一位)	/5	/10	/30	

(注) からくりの「課題探求力」と「創成能力」は5～10の採点を上記のように2倍あるいは3倍して合計する

総合点	C+D+E=

(小数点以下切り上げ)

TA・担当教員コメント記入欄
(褒めるべき才能とこれから是正すべき能力を具体的に記入)

発明工夫展	
ストローの斜塔	
現代版からくり	

学生返答・努力目標記入欄
(是正すべき能力の詳細な改善方法と要望を記入)

発明工夫展	
ストローの斜塔	
現代版からくり	

図表52　岡山大学（機械工学科）学生通知簿〔振り返りシート〕

（岡山大学機械工学科提供）

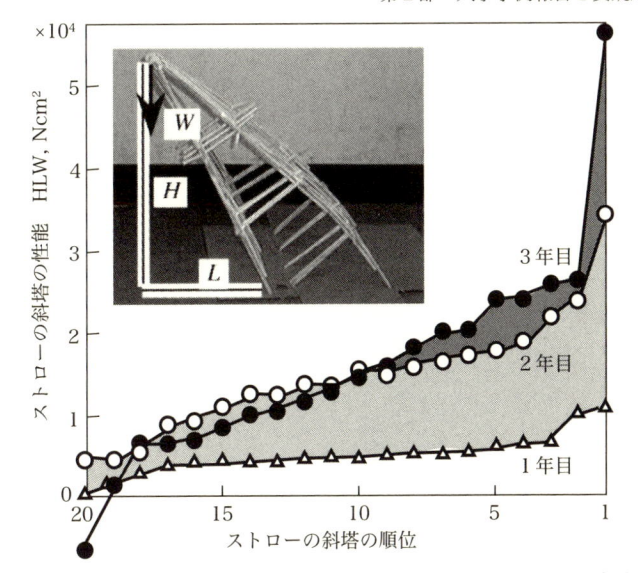

図表53　岡山大学（機械工学科）モノ創成訓練による創造力育成の効果

(岡山大学機械工学科提供)

3回往復する構成になっています。スパイラルアップするということで、よっぽど手を抜く学生以外は少しずつよくなっていくことを感じています。

　また、成果が出ているかということですが、最終的に創造力を3倍に向上させています。**図表53**のように、ストローの斜塔のWHLの数値が、全然教育しなかった1年目のグループに対して2年目は、非常に高くなっています。3年目はさらに高くなっている。つまり1年目の学生と2年目・3年目の学生はそれぞれ1年ずつ違い、学生が違います。したがって教育をすれば、全体がレベルアップするということを示しています。

　さらに、日本経済新聞社が毎年行っているテクノルネッサンスという発想コンテストでは、23ある賞のうち8つの賞を本学の大学院生が受賞しました。つまり、ある程度PBL型科目と専門科目との連携がうまく図れていれば、大学院レベルでも成果が上がるということです。

4．まとめ

　本日の論点と結論ですが、本学では、PBL創成型の授業を各学年に1科

目から2科目を設置しています。これらの科目の中では、発想訓練を体系化し、発想力を鍛えています。つぎに、本学では知識を使ったPBLとPBLによる知識の吸収という形でPBL型科目と講義型科目との連携を図っています。その結果、卒業論文での発想が豊かになったという意見も出ています。また、成績評価においても、チームティーチングをすることで、個々人のリーダーシップ力や、チームワーク力の定量評価を行い、評価の有効性も保たれています。以上です。

大学事例報告Ⅰ-工学系（東京会場）

金沢工業大学（工学部機械工学科）

金沢工業大学 教務部長・教授　佐藤恵一

【Summary】
- 教育目標は「自ら考え行動する技術者の育成」
  - 「学力×人間力＝総合力」と位置づけ、「自ら考え行動する技術者の育成」を教育目標として掲げる。
- 創造力の向上をねらうプロジェクトデザイン教育
  - 「プロジェクトデザインⅠ～Ⅲ」を1・2・4年次に設置。「解」の多様な問題を解決するために必要な、課題発見から明確化、創出、選定、具体化の一連のプロセスを身につけさせる。
- アクティブラーニングを組み合わせた「『総合力』ラーニング」型授業
  - 「『総合力』ラーニング」で、すべての授業でアクティブラーニングを指向。
  - 総合力向上のために、知識の吸収、思考・推論・創造、チーム活動におけるコラボレーションやリーダーシップ、そして発表・伝達という学習過程のスパイラルアップ的成長を追求。
- 充実したワークスペース
  - 学生たちが自由に活動していくために、24時間利用可能な自習室、「夢考房」等のワークプレイスを提供。学生が個人やグループでものづくりに取り組める。
- 徹底したポートフォリオの活用
  - 授業の最終週は自己点検週とし、授業アンケートを実施。教員が必ずフィードバックを行い、E-Fileを作成する。
  - eポートフォリオを導入し、学生が活動の記録をして振り返りを行う。

1. 教育目標と特色

　本学では1995年という比較的早い時期から、教育改革を開始しました。プロジェクトデザイン（エンジニアリングデザイン）教育において、いわゆるOpen-Endedな問題を扱う過程を学生たちにしっかり身に付けさせることを柱にした教育プログラムを作りました。教育改革において、目指す方向性は、まず学生は知識を知恵（応用力）に転換できるような能力をつけることです。つぎに教員は教える教育から共に学ぶ教育へと変革し、共に学ぶという立場から学生に接する授業をしましょうということです。そして、職員も学生を顧客ととらえ教育をする非常に重要なスタッフの一員であるという認識をもつということです。学生を顧客ととらえる考え方は、少し抵抗のある方もおられるかもしれませんが、いい意味で顧客であると捉えて、職員は顧客を満足させるような立場で学生に接しましょうということです。このようなそれぞれの立場から学生に対して教育をしていくことを通して、現在に至っています。

　本学の教育目標は、「自ら考え行動する技術者の育成」です。これは、入学前まで、得てして例題解答型の知識に偏重するようなタイプだった学生を、問題発見型あるいはチームでも行動し活躍できる問題解決型の技術者へと育てたいということです。実際にどの程度実現できているかというと、学生によりけりですが、この「目標をもつ」ということが非常に大切です。

　大学を取り巻く環境は大きく変化していることは、言うまでもありません。大学教育の結果として学力偏重状態で社会に送り出して、果たしていいのでしょうか。それではいけないと思います。本学で言う人間力（たとえばコミュニケーション力、コラボレーション力、リーダーシップ力、学習意欲など）と学力を統合したような教育をしなくてはいけません。本学では、これを単なる足し算ではないという意味で掛け算と捉え、「学力×人間力」を「総合力」と呼んで、教育の中心に据えております。なお、統合にはもう1つ大事な意味がありまして、さまざまな専門科目を統合するという意味もあり、これも重要視しています。

　教育の特色は、学習支援計画書（シラバス）を作り、それにもとづいて授

業を実施している点にもあります。本学の学習支援計画書は、学年、教員、学外のそれぞれに対して機能を有しています。学生にとっては、学習目標の明確化、学習内容の把握、計画的学習（自学自習支援）、動機付け、学習上のガイドとなります。また、教員にとっては、教育目標との整合性、科目間の調整・理解向上、改善資料、説明責任となるものです。さらに、学外に対しては、本学の授業内容を公開することで、透明性や説明責任を果たすことになります。学習する内容や方法をしっかり定め、授業を実施することで、悪い意味での属人性を排し教育の質およびレベルの均等性そして向上を図っています。ここに、教員自身の個性、工夫、熱意などを尊重するということはいうまでもありません。

2．プロジェクトデザイン教育

本学の教育には、「プロジェクトデザイン教育」と「『総合力』ラーニング形授業」という2つの柱があります。

「プロジェクトデザイン教育」は、図54のように1年次に「プロジェクトデザインⅠ」、2年次で「プロジェクトデザインⅡ」、4年次に「プロジェク

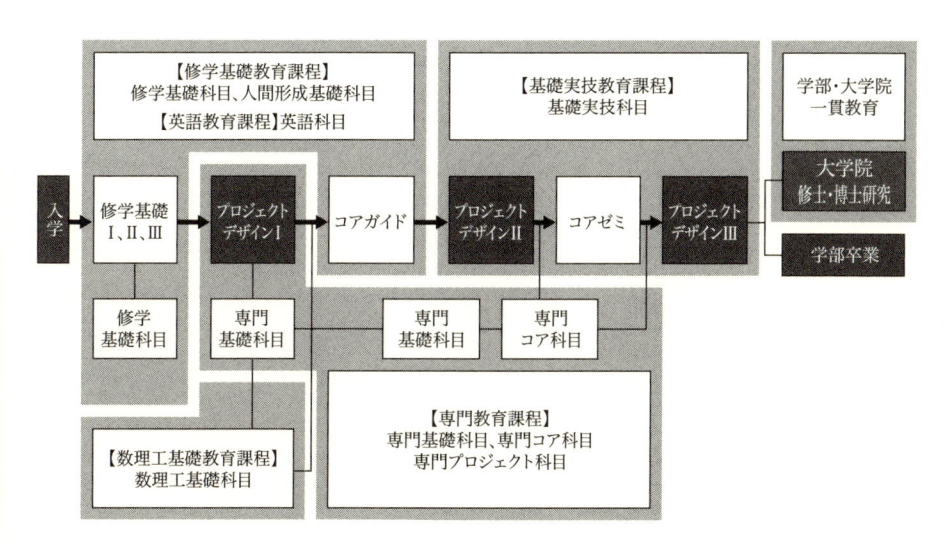

図表54　金沢工業大学　プロジェクトデザイン教育を主柱とした科目フロー

(金沢工業大学提供)

トデザインⅢ」が開講されており、その周囲に一般教育系科目や専門教育科目などが配置されています。「プロジェクトデザインⅢ」は、卒業研究に対応します。

　「プロジェクトデザイン教育」では、課題の発見から問題領域の明確化、情報の収集と分析、解決案の設計、報告書の作成、成果の発表という一連の過程を、フィードバックの重要性と共にしっかり身につけさせます。これは、産業界で出会うことの多い「解が1つでない多様な問題」を解決するのに必要なプロセスで、カリキュラムの中心においています。成果物としては、レポートを課すとともに、プレゼンテーションを行い、質疑応答をしながら、学生たちのディベート力あるいは発表力を鍛えていきます。最後にポスターセッションも行います。

　ここでの教員の役割というのはプロジェクトデザインをしていくための過程を学生たちに解説すること、あるいはデザイン手法を教えることだけです。あとはチーム活動をサポートするコーチ役に徹し、オフィスアワーを適宜設けて、学生たちの相談にのっています。

3.「総合力」ラーニング型の授業

　「『総合力』ラーニング」型の授業では、アクティブラーニングを全授業で展開を試みています。授業を通して人間力も身に付けさせましょうということです。先生方は、普段の授業でも教室を動き回って、学生たちに問いかけたり、軽いクイズをしてみたり、そして眠そうな学生には積極的に授業に参加するような仕掛けをするなど、いろいろな意味で学生と交流をしながら授業をしていらっしゃると思います。私はそれらも1つの簡単なアクティブラーニングではないかと思っています。ですから先生方には、「どのような形でもよいので、少しでも学生と相互交流を大事に授業してください」とお願いしています。

　本学では、総合力を向上させるためには、スパイラルアップ型の学習過程が必要だと考えています。**図表55**のように、まずは、知識を取り込んで、いろいろな角度から考え、推論したり、アイディアを出したり、自分で新し

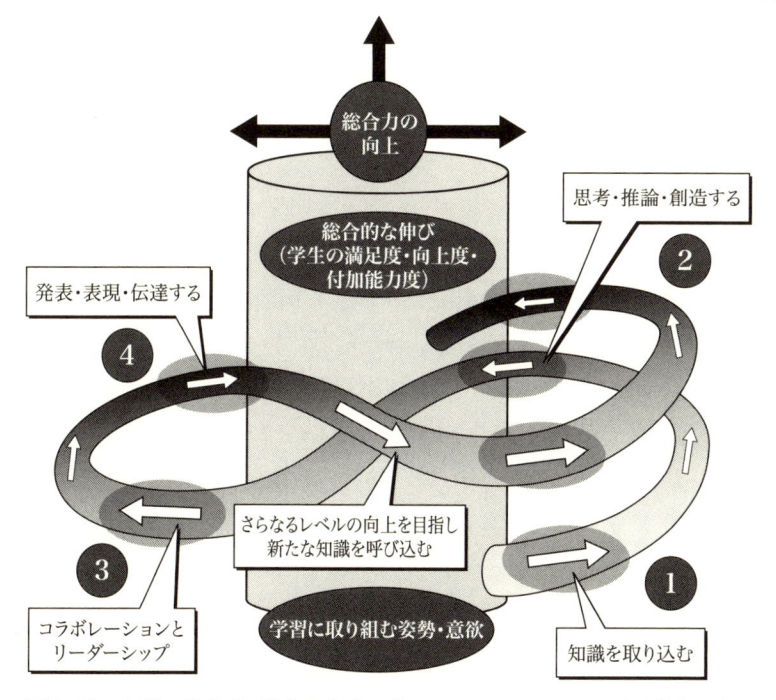

図表55　金沢工業大学　総合力向上のためのスパイラルアップ型学習過程

（金沢工業大学提供）

く創造したりするというものです。そして、場合に応じて、チーム活動としてのコラボレーションやリーダーシップ力の発揮を求めています。しかし、ここで終わったのではダメで、それらで得た成果を発表や意見交換したり、論文にまとめ報告してみたりしていきます。これらをスパイラル的に繰り返すことで、学習に取り組む意欲に火をつけて、学生たちの総合力をアップさせようということです。

　以上のように、「総合力」ラーニング型授業では、学習者の能力を伸ばすためには、学習者自身に自覚を持たせ、自ら行動するアクティブラーニングが、非常に効果的であると考えています。

4．充実したワークスペース

　本学では、学生たちが自由に自主活動していくために、さまざまなワーク

スペースを提供しています。たとえば、充実したライブラリーセンターはもとより、1年間24時間使えるような自習室も設けて、学生たちが個人やグループで活動できるようなエリアとしています。ところで、ここにアメリカの大学の出身の方もいらっしゃるかとは思いますが、いろいろ米国の大学を視察をして驚いたのは、土曜日、日曜日にキャンパスを覗いても多くの学生が勉強していることでした。本学で、24時間使える施設を作っても誰も使わないのではないかと最初思いましたが、現在、何箇所かある広い自習室では、いつも学生たちが熱心に勉強あるいは活動しています。教員が「そこで、やれ」と言ったわけではまったくないのですが、結構夜遅くまで多くの学生たちでにぎわっています。それから、能登半島にある穴水湾自然学苑というところでの研修ゼミ（必修）では、カッターを使った海洋共同活動を中心に、仲間作りやコミュニケーション能力を養ったりしたりしています。夜はディベートの方法なども指導しています。

　さらに夢考房という、ものづくりのためのワークプレイスを2箇所設けています。この中で学生たちは、「自分のアイディア」あるいは「夢」を「形」にすることができます。ソーラーカーや人力飛行機などいろいろな課外活動プロジェクトがありますが、ここでは、このようなプロジェクト活動に限らず、学生たちが個々にあるいはグループで作りたいものを作れる自主活動の場となっています。

5．効果検証

　振り返りの導入・実施ですが、授業週は16週体制になっていて、最後の1週は自己点検週にしています。この週に授業アンケートを実施したり、文字通りの授業の振り返りをしたりします。教員は授業アンケートに対して、フィードバックを必ずすることになっています。そして授業ごとにE-File（Evidence-File）を作成・提出することが義務付けられています。それから、本学の特徴的な仕組みの1つとして、ポートフォリオ・システムを1994年度から本格的に導入し、学生自身が自己の学習成果の振り返りを行えるような試みを行っています。

また、企業・卒業生・在校生・教職員に対するアンケートを定期的に実施しています。企業に対してはまだ継続的なデータの蓄積はありませんが、在校生・教職員には毎年アンケートを行い、データを蓄積しています。このようなアンケートやFDの定期的な実施、それから外部評価にも積極的に参加することで教育成果などの振り返りを行っています。

6．アクティブラーニング型授業の例

アクティブラーニング型授業の例を、一般教養科目で1例、専門教育科目で2例を紹介します。

(1) 一般教養科目

2年前期の一般教養科目の「日本学」では、「日本・日本人について多角的に考察し理解を深め、それを文章や口頭で表現できるようになる。そして海外の文化や価値観についても理解を深め、それらを尊重し、その多様性を許容する態度の重要性を認識する」と、科目としての学習教育目標が設定してあります。ここでは、他者が理解・納得できるような論理的な文章、発表ができるかどうかを重視しています。また、科目の性質上、唯一絶対的な解答は必ずしも存在しない、つまりOpen-Endedな問題を解決していかなければなりません。そこでスパイラルアップモデルを適用し、教員が学生への一方通行の講義ではなく、学生に考えさせ、自身の見解を発表させる授業スタイルになっています。

授業では、知識を取り込むために、まず講義ノートを作成します。それから、いろいろな角度から考えて、知識の応用・展開・創造をはかることを行っています。そして課題に対してグループ討議・調査を行い、最後に発表をするという形になっています。

(2) 専門教育科目「機械工作・演習」

「機械工作・演習」は2年前期の3単位必修科目で、従来のやらされる感じの強かった工作実習とは異なります。工作機械の機能や構造の理解をした

後、課題として「ものづくり」を行い、最後に性能評価とプレゼンテーションをする流れです。とりわけ、機械部品の設計や加工では、対象が学生の関心の高いエンジン部品（モデル）であることや、製作した部品の性能計測（ここでは冷却性能の計測）を実際に体験できることから、学生たちの講義への取り組み姿勢は積極的で、好評です。

(3) 専門教育科目「流れ学」

もう1つは、2年後期の座学系の「流れ学」を紹介します。**図表56**は、「流れ学」の学習支援計画書の授業明細表ですが、一番上には、「知識を取り込み、知識などをいろんな角度から考えて、場合によってはチーム活動として考え、推論し、創造しなさい。そして内容を表現して、発表、伝達しなさい。最後は先生が評価して、Good Work! となることを目指そう」というようなことが、

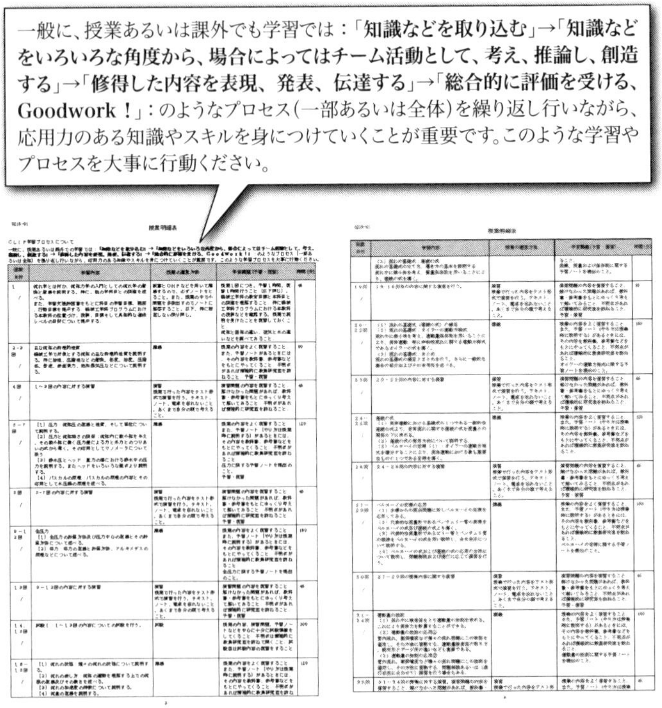

> 一般に、授業あるいは課外でも学習では：「知識などを取り込む」→「知識などをいろいろな角度から、場合によってはチーム活動として、考え、推論し、創造する」→「修得した内容を表現、発表、伝達する」→「総合的に評価を受ける、Goodwork！」：のようなプロセス（一部あるいは全体）を繰り返し行いながら、応用力のある知識やスキルを身につけていくことが重要です。このような学習やプロセスを大事に行動ください。

図表56　金沢工業大学「流れ学」のシラバス・授業明細表

(金沢工業大学提供)

記載されています。なお、このような学習プロセスは、他の全科目のシラバスにも記載されてます。

さて、「流れ学」は担当教員3名で約80名×4クラスと学生数が多い講義科目です。この授業では予習ノートや演習、小テストを、区切りごとに学生に課し授業内容の定着化を図り、授業時には随時教室を回り、学生たちには簡単な質問をするようにしています。

また、最後の2週間くらいは総合演習型の授業をしています。「流れ学」の総合演習的な授業では、授業で学んだ内容の中で自分が興味をもったことに取り組んでもらいます。それをレポートにして、発表をするという試みです。学生たちの質疑応答の頻度は非常に高く、熱心です。本質的な質問も多く驚くことがあります。最後の発表会ですが、80人が一人ひとり発表をすると時間がなくなるので、2009年度は一人ひとり発表できるポスターセッションの形にもしてみました。質問者は教員とTAそして級友なのですが、結構楽しく活発に質疑応答をやっていました。

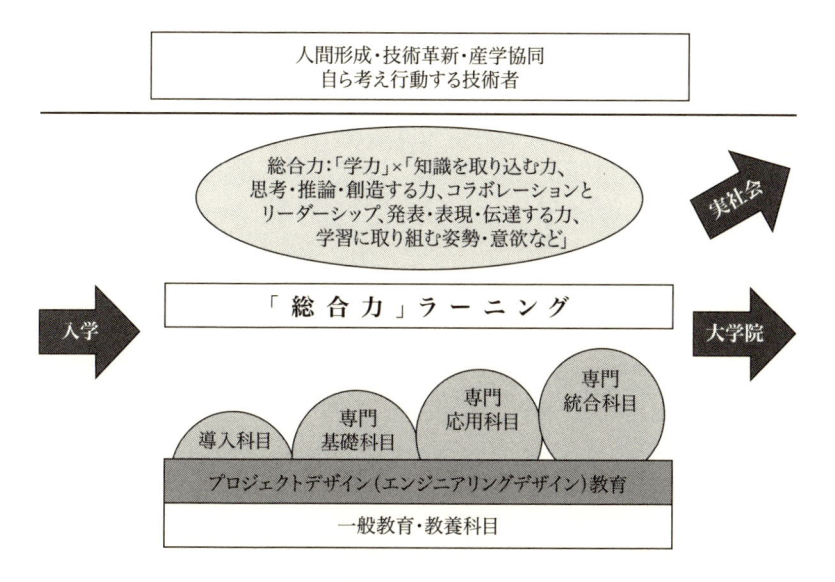

図表57　金沢工業大学「『総合力』ラーニング」における体系モデル

（金沢工業大学提供）

7．まとめ

最後のまとめです。**図表57**のように、カリキュラムの大きな構成は、その中心をプロジェクトデザイン（エンジニアリングデザイン）教育とし、一般教育・教養系の科目の基礎のもとに導入・専門基礎・専門応用／統合科目が配置される形になっています。このようなカリキュラムにおいて、本学では「自ら考え行動する技術者」を育成するという教育目標のもと、「『総合力』ラーニング」という、アクティブラーニング型の授業を導入して、学力とともに人間力を身に付けることができる教育を指向しています。

質疑応答 II

パネラー： 林　一雅（東京大学教養学部附属教養教育高度化機構アクティブラーニング部門特任助教）
　　　　　塚本　真也（岡山大学　工学部機械工学科学科長・教授）
　　　　　佐藤　恵一（金沢工業大学　教務部長・教授）
　　　　　友野伸一郎（ライター・ジャーナリスト・河合塾大学教育力調査プロジェクトメンバー）
　　　　　谷口　哲也（河合塾教育研究部統括チーフ）
司 会 者： 成田　秀夫（河合塾教育研究開発本部開発研究職）
開催日：2011年1月9日　場所：河合塾大阪校（大阪会場）

■研究とアクティブラーニング

司会　アクティブラーニングというものをどう捉えて、どう形作っていくのかが1つの論点になると思います。これに関して、会場から両大学へ質問が出ています。1つめが「創造力教育が研究というレベルにどう反映されているか？」という質問です。ここで言う研究とは、先生方の研究ということでよいと思います。2つめは、「基礎となる数学、物理などはどうか？」という質問です。まずは1つめの、研究とアクティブラーニングという質問についてはいかがでしょうか。

塚本　4年生の研究にはほとんど反映されません。理由は明快です。岡山大学の4年生は、1年間お手伝いで、大学院生かドクターの下に付いて研究することになるからです。また、各研究室の研究レベルが、一応国際会議に発表できるとか学会に投稿するような研究レベルですから、4年生になってすぐに素晴らしいアイデアですごい研究テーマを持って、成果をだすことはほとんど無理です。1年間は一生懸命、装置の測定やデータの整理の仕方を覚えてもらいます。大学院生やドクターのレベルは、この7～8年で変わってきています。研究室を運営されている先生方はご存知のように、私たちが学生の頃とは違って、大学院生の全員とまでは言いませんが、最近の学生は言われたこともできなくなってきました。昔は言われたことはちゃんとやっていました。そこで、「君たちは2年生で『創成プロジェクト』、3年生で『創造工学実験』をやってきたのに、そこで何を勉強したのか。まずデータをしっかり整理して、おかしなところがあればなぜか考え、さらにこれから何をやるべきかを考えてきたはずだ」と1回突き放します。突き放すと、それが教育になります。彼らは、間違っているかもしれないけど、「そうだ、ここのデータはおかしい」とか、「ここのデータに何か新しい現象が含まれているのではないか」とある程度は考えてきます。このように、具体的なPBLで学んできたことが、大学院の研究で、自分たちが研究して

いることの裏付けや方向性をしっかり示すための原動力になると私は考えています。

佐藤　研究に関する質問ですが、果たして我々は研究者を育てるために教育をしているのでしょうか、ということです。多くの大学では、研究者を育てることを主要な目的としているわけではないはずです。特に学部段階・修士段階はそうではありません。むしろ、社会で本当に活躍できる、できれば産業界でリーダーシップをとってバリバリ活躍できるような技術者を育てるということが重視されているのではないかと思います。金沢工大も博士後期課程までの教育プログラムを持ち、後期課程では研究者の育成が大きなポイントになります。つまり、決して研究をないがしろにしているわけではなく、非常に大事にしています。実際に本学では、八束穂（やつかほ）というところに研究キャンパスをもっています。そこで4年生になってから、あるいは修士になってから研究をします。さて、このような前提での話ですが、学部の4年次には「プロジェクトデザインⅢ」があります。卒業研究という名前をやめて「プロジェクトデザインⅢ」と名付けたのですが、「プロジェクトデザインⅠ・Ⅱ」で解のない問題を解く過程を身につけて、そして4年次のⅢは1年間にわたって、自分のアイデアを十分に活用するまとめ的な科目として位置付けています。学生たちはいろいろなアイデアを出しながら取り組んでいます。もちろん先生方のさまざまな研究もありますので、3～4割くらいは学生が自ら考えて提案した課題に取り組み、あとは先生の研究をベースにして取り組んでいます。つまり新しい問題や解のない問題、研究とは大体そういうものですが、創造力を発揮して今までにないようなものを、新しいものを生み出していくわけです。多くの学生は決して研究者として飯を食べていくわけではないので、そのプロセスを身につけるという意味で、先生の下で研究をしています。

■数学と物理あるいは英語に関するアクティブラーニングの有効性

司会　「数学、物理などの科目に関して、アクティブラーニングは有効なのか、あるいは通常の授業の方が有効なのか、科目の特性は関係なくやれるのか」という辺りはいかがでしょうか。また、語学についてはいかがでしょうか。

佐藤　工学部を中心とする大学では、数学や物理は非常に重要な位置付けにあります。これをアクティブラーニングという観点からお答えするのは、なかなか難しいのですが、演習をとにかく入れることがポイントになります。それから目的指向型カリキュラム、これはアクティブラーニングとは関係ないのかもしれませんが、数学と物理というものが工学とどのように関連があるのかということを、なるべく学生たちにわかるよ

うな形で示す、あるいはそれらを一体にして示すというようなやり方をしています。それから語学教育を英語と捉えますと、英語力がかなり低い学生もたくさんいます。個人差が非常に大きいです。実は、現在議論しているところもあるのですが、学生たちに「これを覚えなければいけない。このレベルまで語学を修得しなくてはいけない」と言うことはもうやめて、「学生たちが希望するような形、あるいは興味を持つようなトピックスで語学、特に英語に取り組ませたら伸びるのではないか」という方向で議論をしています。本学はTOEICも重視し、一定の点数をとると単位も与えたりしているのですが、それでは本質的な解決にはならず、苦労しています。1つヒントになることは、これはもう少し調べなければいけないのですが、本学には金沢高専という併設の高専があり、ここの英語教育はすごく良いのです。大学に来ている学生よりもはるかに伸びる。若いときに語学をするからかもしれないのですが、TOEICで700〜800点をとってしまう学生もいます。背景には短期留学などをしていることがあるのですが、やはり語学は実際にそういう場にしなければいけないのかなという気がしています。

会場（京都工芸繊維大学） 森迫と申します。アクティブラーニングによって学生の研究レベルは、確かにある程度上がるだろうとは思います。問題は教員サイドから見たときに、教員にとってアクティブラーニングは言いっ放しの講義ではないので、負担がかかるという点です。時間もそれなりにかけなければいけません。そうなってくると、先生方はそこから面白いことを学ぶのですが、それを研究材料として次にやる時間がなかなかとれないとか、そういう話が出てくると思います。先ほど塚本先生から「大学院に行くとネタができるから、国際的な会議とか論文が増える」という話があり、それは最終的に先生に反映してくるから、それはそれでいいのだろうと思いましたが、アクティブラーニングはかなりエネルギーを使います。そして、いまだにというか当然だと思うのですが、日本には研究志向の先生が多いわけです。やはりアクティブラーニングを実施する教員の本心には「なかなかしんどい」という気持ちがあるのではないかと思います。また、学生がアクティブになって創造力を発揮できるようになることで、大学自体の研究レベルを向上できたのかという点もチェックする必要があるのではないかと思います。我々は常に教育の話も問われておりますし、研究のレベルも問われております。これら両面からのチェックはどのようにされているのでしょうか、という質問です。それからもう1つの質問は、学生はプロジェクト型や実験実習は非常に好きなわけです。ですから、そういうものを提供されるとどんどんやりたくなって、そっちへ重点を置いてしまう傾向があると思

います。そうすると基礎的な科目の修得はどうなるのでしょうか。やはり私の大学でも、数学や物理の先生方と専門の各課程の先生方との考え方は少しずれてきます。その摩擦は結構大変で、学生のほうも何の役に立つかわからない数学の問題を一生懸命考えるとか、そういう授業に積極的に出るということには、なかなかなりません。物理も、機械学科だと四力学に関係するところは一生懸命勉強しますが、そうでないところはどうしても抜けてくる、というようなことが起こってしまいます。その点についてはどうなのでしょうか、という意味です。私のところでは、数学や物理は学生の好き嫌いがすごくありますから、それを何とかしなくてはということで、今年から数学塾的なものを開いてくださいと言って、学生が学生を教えるようなことをやってもらおうと、ちょっとお金を出したりしています。そういう試みはどの程度されているのかということを、お聞きできたらと思います。

塚本 質問意図がわかりました。私自身は数学・物理は担当していないのですが、例えば先生方でいまだに以下のような感覚をもっておられたら、いかがなものかという授業があります。「今日の授業は学生がバタバタ寝た。今日の学生はひどいものだ」とおっしゃる先生がおりますが、これは絶対に間違っています。学生が寝る授業は、先生の教え方が悪いのです。特に、いまだに黒板に向かってぶつぶつと言いながら数式を書き、後ろのほうは寝ているのに平気で授業をする先生がおられます。あれこそアクティブラーニングに変えていかなければならないと思います。要するに、学生が寝ているのだったらしっかりと質問を投げるとか、あるいは途中でミニテストをやるとか、学生の眠気を覚ますようなやり方、つまり学生の能力が上がるような取り組みを実践していくという意味では、アクティブラーニングはすべての科目に導入できると思います。

佐藤 私の大学でも、「教える時間は決まっている。教える量はいっぱいある。プレゼンテーションなどの時間をとっていくと、時間がなくなってくる」と言う先生もいます。その辺は確かに問題といえば問題なので、ある程度考慮しなくてはいけません。科目の内容を精査し、15週の中でどの程度最低限教えなくはいけないのか見直す必要があります。あるいは全体として科目群の精査をするということも大事であるという気がします。それから何よりも大事なことは、「何を教えたかではなく、学生たちがどれだけ内容を学び取ったかということが大事だ」という観点も持つことだと思います。また、教える時間が足りなくてどうしようもないということについては、これは私もやろうとしてなかなか難しかったのですが、要は「自分で勉強する」という指導方向です。予習を済ませて自分で勉強させて、そして授業の中では

要点だけをぽんぽんとやっていって、あるいは答え合わせをして、あるいはディスカッションに力を入れてというようなやり方が、大学によってはおそらくできるのではないかと思います。欧米のMITあたりのクラスはそういうやり方なのでしょう。私自身、現状では無理ですが、もしそういうことができるような環境にあれば、学生には自学自習をさせて、そのチェックを中心に授業でずっとやっていく、あるいはディスカッションだけをやっていくとか、そういう授業形態はやる価値があると思います。

■クリッカーの有効性について
司会 河合塾への質問として、「アクティブラーニングの前提として、学生が前もって持っている知識をリアルタイムに確認する作業が課せられている。そのためのツールにクリッカーが普及しているが、普及度の調査があるか？」というものが出ています。

谷口 残念ながら調査しておりません。

会場（金沢大学） 大学教育開発・支援センター教員の青野です。先ほど京都工芸繊維大学の先生がおっしゃられたことと関連すると思いますが、実は私は薬学部で授業を担当していて、そこで感じているのが、クリッカーは役立つということです。薬学部のFDでは、薬学も研究中心なので、「これ以上教育負担はごめんだ。可能な限り授業の中でいろんなツールを使って授業が改善できるのだったら、そのツールを教えてくれ」ということで、クリッカーを実際に使ってみたら、非常によかったということがあります。クリッカーにしても、あるいは林先生が強調された、まさに教室内の空間をちょっと変えることによっても、学生のモチベーションを変える、あるいは教員自身のモチベーションを変えることができます。先ほど塚本先生が言われたように、今まで学生が寝ているのも放置するような授業をやってしまっていたのは、リアルタイムに学生がどこまで分かっているのかを知る手段がなかったからです。それが機械を使えば分かるようになりました。これを使わない手はないだろうということで、私は授業で使っているのですが、残念ながら金沢大学でも一部の学部を除いたら普及していません。アクティブラーニングというのは、結局教員がどれだけアクティブになるからだと思います。教員をアクティブにするということを、何か道具を使ってやるということから始めれば、その結果として学生がアクティブになっていくという、両方のウィンウィンの関係を作ることができると私は思っています。おそらくアメリカやオーストラリアでアクティブラーニングが普及したきっかけは、私はたぶんクリッカーというほんの些細な道具がきっかけだろうと思っています。確かにクリッカーについては、どう使ったらいいのかという意味で

のハードルは高く感じられますが、その採用により、授業のあり方を大きく変えられるのではないかと期待しています。中教審でもクリッカーについて触れているので、そういったあたりの期待からこのような質問をしてみました。

■どれくらいのボリュームで導入すべきか

司会　「演習と小テストを課して知識を確かめるスタイルの授業は全科目で実施できると思いますが、課題発見型の授業で全時間運営するのは難しいと思います。どの程度の科目数・時間的な割合が良いか？」という質問が出ています。

塚本　アクティブラーニングではなくて、たとえばPBLというスタイルの授業を、全部の授業科目に展開するのは絶対にやめたほうがいいでしょう。PBLは大量の知識量を短時間で学生に与えることには適しません。普通の授業形式をうまく工夫して、学生たちにフィードバックをしながら、しっかりと学生に知識を伝授するのは非常にいいと思います。ただしその知識を使って、あるいは知識を前提としないような、頭の中で課題を考えてフィードバックして云々という科目は絶対に必要だということは、今日お集まりの皆さん方にはご理解いただけていると思います。では、どのくらいの時間数をPBLに割くべきかということですが、私のところでは、1学年に1〜2科目くらいを目安に設計しています。

■ブレーンストーミング法について

司会　1つめは、「ブレーンストーミング法とは？」という質問があり、これは塚本先生にお答えいただきたいと思います。2つめは金沢工業大学に「以前企業人から、コラボレーション力は会社に入ってから身につくので、大学では個人としての実力をつけてほしいと言われたが」という質問が出ています。

塚本　先ほど紹介した2年生の授業では、私自身が開発したメカニカル発想法とブレーンストーミング法を使って、発想力の訓練をしています。ブレーンストーミング法というのは4〜5名くらいの学生たちを1グループにして、司会を1人選びます。その司会は進行役だけです。さらにもう1つ重要なことがあって、出てきたアイデアの批判は厳禁です。「あ、いいね。面白いね」「そのアイデアとさっきのアイデアを組み合わせるとどうなるかな」というポジティブな方向で、それぞれのグループからアイデアを出してもらうというのがブレーンストーミングです。企業では研究開発のほとんどのところでやられている手法です。たとえば1人の技術者が5つのアイデアを出す場合、5人集まったら25個のアイデアを創出できます。ブレーンストーミングをすると、その3倍くらいの数が出てくると言われています。学生は全然意識がありませんから、例えば岡山大学は瀬戸内海に面しているの

で、モデル実験として「瀬戸内海を渡る方法を何でもいいから、それぞれアイデアを出してください」と言うと、当然船や鉄道もありますが、気球に乗って渡る、鳩に乗って渡る、いろんなアイデアが出てきます。そこで「鳩や風船に乗って渡るのは難しいね」と否定せずに、「面白いね、すごいね」と言っていくと、どんどんアイデアが出てくるのです。ブレーンストームは、頭の中に嵐が起こるという意味です。要するに発想訓練の1つの手法です。アメリカで1940年代に開発されたオーソドックスな手法です。

佐藤 ブレーンストーミングに関しては、塚本先生がおっしゃったようにグループでいろいろディスカッションして、「決して否定しない」等を共通のきまりごととして実施しています。2つめの質問なのですが、それは別に相反することではなくて、個人としての実力をしっかりつける、これは当たり前のことです。ただ、個人としての実力をつけ、なおかつチームとしても活動できないといけないということではないかと思います。あるときはリーダーシップを発揮するだろうし、あるときはチームの一員としてコラボレーション力を発揮して協力をする。そういうチーム活動力を養うことではないかと思いますので、意図と私の答えがちょっと違うかもしれませんが、個人の実力をしっかりつけるというのは、その通りだと思います。

■学生の個人差や取り残された学生をどうするか

司会 この質問は、河合塾に答えてもらいたいと思いますが、「アクティブラーニングで学生の個人差が生じないか？取り残された学生はどうしたらいいか？」という質問です。

友野 その前に、先の質問の個人の力ということについて少し補足しますと、その企業の方はそうおっしゃられたのでしょうが、経済産業省の「企業は就職してくる学生に対して何を求めているのか」という調査では、大抵の場合、大学生は専門的な力やパソコンの能力などが求められているのではないかと思っているのに対して、企業側ではリーダーシップやコラボレーションする力などを学生に求めていて、そこに大きなギャップがあるという統計調査もなされています。全体的に言うと、大学生の社会人基礎力が不足しているという結果が統計的にも出ています。次の個人差の質問についてですが、ここでは当然個人差が生じるわけです。フリーライダーのように自分は何もしない学生も、放置すれば当然生まれてきます。ある大学の例で、「遅れている学生に対して、先生が1人ずつ呼んでいろいろ話をするのは確かに一番効果的かもしれないが、実はそれは最後の手段で、できるだけ学生のグループで解決させる。グループの中心的なメンバーに対して、ぜひ働きかけをしてほしいと伝える等

の方法をとって、学生間での解決を第一にし、最後に教員が出て行くという対処が有効である」というお話がありました。

■環境整備への考え

司会 金沢工大は24時間オープンしていて学生がずっとそこで勉強できる、授業以外に活動できる場が確保されていたり、ポスターセッションする場所があったり、なおかつ夢考房のような場所があります。こういうことをやりたいと考えている大学は多いのではと思うのですが、金沢工大でこういうことが実現できたポイントは何でしょう。また、それに関連して塚本先生からも何かありましたら、少しお話を伺いたいと思います。

佐藤 私は学長でも理事長でもないのでよくわかりませんが、真っ先にやったのが図書館なのです。キャンパスを作るときに、まず高層階の図書館を建て、その次に講義棟を整えました。そういうビルディングを整えて、学生を中心とした教育に対する計画をいろいろ立てて、それを財政面でバックアップするように理事会が一体となって、しかもかなり長期計画のもとでできたと思います。ちなみにこの9月には非常に居心地の良い食堂を作りました。学生たちは食堂から動かなくなって、食堂があふれてご飯が食べられないという問題も出てきましたが、このように学生がキャンパスに居たくなる環境を、何らかの工夫をしながら作っていくことが大事なのではないかと思います。

塚本 うらやましい限りです（笑）。創成プロジェクトはどういう教室でやっているかというと、固定机・固定椅子でやっています。学部長というか事務局長に、「1つでいいから移動式のテーブルの部屋を作ってほしい」と頼んでいるのですが、なかなか通りません。「昔バリケードにされた」というようなことを覚えているのです。信じられません（笑）。ですから大学院の、日経新聞のテクノルネッサンスの取り組みは、テーブルと椅子が移動する部屋を使ってやっています。東大や金沢工大が非常にうらやましい限りです。

■振り返りシート等の負担をどう考えるか

司会 振り返りシートですが、これをきちんと運用できているところは少ないように思います。河合塾への質問として、「金沢工大、岡山大学でポートフォリオや振り返りシートなどを運用するにあたり、一教員あたりの担当学生数はどれくらいか」「本学でも導入したが負担が増えてきめ細かい指導ができない」というものが出ていますが、むしろお二人の先生にお答えいただければと思います。

佐藤 やはり負担はあると思います。大学の先生というのはあまり振り返れない、自分がやろうとしたことをバーッとやって、十分にやったと思うとそれで終わらせる傾向が多分にあります。私自身も、振り返りでレポートを書くという、もう終わって

しまったことをするのはなかなか苦手です。でもそれをやらないと次につながらない、あるいはフィードバックのループを作れないということで、やはりフィードバックをかけながら大学教育を良くしていくことが重要だと思います。そのために学生たちの意見に耳を傾ける必要があると思います。企業の人にも、あるいは教職員自体にもそういうことが必要なのではないかと思います。そういうフィードバックをかけるために、振り返りの仕組みを、少し面倒だと思っても形作る必要があると思います。

塚本 せっかく時間を与えていただきましたので、岡山大学の「創成プロジェクト」の振り返りシート（140頁参照）を紹介します。苦心の策の最終形としてこういう形になりました。まず当初の評価項目は、リーダーシップや創成能力などの現在の項目にさらに4つくらい加わっていましたが、「9つは多過ぎる」ということで、2年目には5つになりました。1年目に評価したときには、10人のTAと10人の先生が担当していましたが、初めてですからTA自身も先生方も評価の仕方がわかりません。とりあえず、「リーダーシップはこういうものがこうですよ」というふうな数値にしました。すると、評価が結構バラつきます。ある研究室の先生はものすごく厳しいが、あるところの先生は非常にやさしいという具合です。そこで翌年は、平均値化する必要があるということで、「10点満点だったら、たとえば7点くらいにしてください」と言ったところ、これまたつけるのが大変でした。最終的にはTAと先生方にお任せしています。ある学生を評価した場合、1〜2点の差はたぶん出ています。ですが方向性に大きな間違いはないはずです。頑張っている学生はちゃんと高いのです。それが10点なのか9点なのか、ひょっとしたら8点かもしれませんが、高く評価されています。企業でも人事評価は、そんなに精密ではありません。1〜2点の差はある程度出ているのだと思います。ですからそれでいいということにしています。また、最初は6点から10点をつけていたのですが、そうすると手を抜く学生が出てきました。何もしなくても6点を全部足したら60点になるという具合です。それで最下点を5点にして、「手を抜いて何もせずに昼寝している学生は厳しくつけてください」と言って、5点ばかりがつくと、これは必修科目ですから不可になるようにしました。そうすると、結構学生の目が覚めました。それから、いい点は、これは平成12年から始まって11年目ですから、TAがこの授業を受けてきているとういことです。ですから授業のポイントが分かっているのです。先生方の負担は、最初は本当に大変でしたが、今はそうでもありません。TAに完全に任せているところもあります。「最終的には先生方で責任を持って評価してください」ということにしていますが、最初はTAが

全学生を評価します。それほど間違いはありません。ですからある程度回っていけば、先生方がいちばん恐れている負担については、軽減されてくると思います。

佐藤 このポートフォリオシステムは1年次から4年次までずっとあるわけですが、特に1年次のポートフォリオ（82頁参照）を非常に大事にしています。1教員あたり「修学基礎」という科目では大体30〜50人くらいの学生を担当し、学生たちにはフィードバックもしています。学生たちが記録したものに対して、そのまま「うん、うん」ではいけないと思います。やはりフィードバックをして初めて効果があるのだと思います。ですから先生方は大変だとは思いますが、この辺のことを大事にしてやっています。先生方の全体的な活動時間の中で、どれだけをこれに費やしているかは、その先生の能力もあるかもしれませんが、大学のやり方あるいはその先生の考え方に依存しています。今のような形でこのフィードバック・コメントあるいはポートフォリオ等で、学生たちに返してあげると、それをもらった学生たちはやはり嬉しいようです。そういう反応がありますので、負担はあるけどやりがいもあるだろうと考えています。

■導入のきっかけ、意思決定について

司会 次に「アクティブラーニングを導入したきっかけは？」「学内でアクティブラーニング導入の意思決定はどのように？」「学内にアクティブラーニングを導入するにはまず何をすれば？」と、最初の導入のあたりに関わる質問が出ています。やはり、やろうと思ってもなかなか難しいところがあるのではないかと思うのですが、もし「ここがポイント」ということがありましたら、一言ずつお願いできますでしょうか。

塚本 先ほどの「創成プロジェクト」関係の発想教育や創成教育を実施し始めたのは、工学系の方はご存知かとは思いますが、1996年に「工学における教育プログラムに関する検討委員会」が名古屋大学を中心に8大学で立ち上がったことがきっかけです。この委員会の設立動機は、バブルが弾けて沈みかかっていた日本に対して、しっかり復活していたアメリカの大学では、日本の大学にはないデザイン教育をやっており、これを日本でも導入していこうということでした。そこには岡山大学の先生も1人参加していました。私自身もこういう教育が必要だと思いましたので、参画させていただいたのです。「意思決定はどのように？」という質問ですが、ここでご紹介しないといけないのは、そういう導入プラスJABEEですね。JABEEがいいのか悪いのかなかなか難しいところですが、ただしこれを導入したときには、私はJABEEを利用させてもらいました。デザインという言葉はそのときまだありませんでしたが、「結局デザイン教育をしなければいけない」という

ことを後ろ盾にしました。ただし、すごい反対勢力がありました。反対勢力はどこにいるか？ それは絶対に学内にいるのです。特に同じ学科の中で、「学生に遊ばせて単位をやるのか。そんなので本当の能力はつかない。大事な授業を2コマも使っていいのか」と最初の3～4年は言われていました。そういう意味で、日本にそれが導入されて本学は最初に走りましたから、成果を出さなければなりませんでした。本当に学生の能力が伸びている、あるいは全体の科目としていい科目だということを反対勢力に示す必要があるので、先ほど紹介したように学生の成果を数値化して、しっかりとスパイラルアップしているということを提示し続け、一方では各方面でもしっかり評価されているということも示してきました。ですから意思決定は、まずやる先生がしっかりと決意をもたなければいけません。ただ単に「あの先生にやってもらおうか」と思って頼みに行っても、なかなか難しいかもしれません。やる先生には本当に決意をもってやっていただかなければなりませんし、当然それに対して、その先生を評価してもらわないといけません。私はなかなか評価されませんでしたから、辛い時期もありました（笑）。それからもう1つは、定量的に数値的にわかるような結果を示していただいたほうがいいです。単に「いいことをやっています。学生は非常に楽しくやっています。アン

ケートは非常にいいです。アンケート調査をするとすごく高い数値が出ます」というのではなく、本当に学生の能力が上がっていることをうまく示せる手法をとっていただくのが、2つ目のポイントだと思います。

佐藤 本学では、アクティブラーニングというよりも、「プロジェクトデザイン」、いわゆるエンジニアリングデザイン教育の導入が始まりということなのかもしれませんが、そのきっかけは、大学設置基準の大綱化と思います。「大学は自分自身で教育の中身に責任をもってやりなさい」というような大綱化が示され、それを受けて金沢工大では1991年頃から教育改革の検討を開始し、いろいろな大学の視察もしながら、約4年をかけて案を練りました。そして1995年に、実施委員会を作りました。検討委員会では約10人のメンバーを中心に骨格を作りました。その後、検討委員会を実施委員会に改組し、学科長レベルの教員や若手でバリバリやりそうな、私もそれに巻き込まれましたが、そういう人たちをメンバーに入れて実施施策を練りました。そして、カリキュラムを改正した上で、1995年よりエンジニアリングデザイン教育を開始させました。その後は先ほど言われた8大学の仲間にも入れてもらえたのか、「入りなさい」と言われたのかはわかりませんが、入っていたこともありました。そして、アクティブラーニング、金沢工大では「総合力」ラーニングと呼んでいます

が、これは、2002年頃にエンジニアリングデザイン教育の導入時と同じような委員会を立ち上げ、10人くらいの主要メンバーだけで骨子を作って、そして全学で試行期間を設けて取り組み、2007年頃に全面的な実施に入りました。ただ、全面的な実施といっても、本学なりのアクティブラーニングのやり方というものを完成させて、実施できているというわけではありません。いろいろな先生がいろいろな知恵を出し合いながら、「より良く学生に身に付くような教育を、知恵を絞ってやりましょう」という体制です。先生によって、そのやり方には差がある状態です。ただ曲がりなりにも、全員が全科目で「こういう方向でやりましょう」というような意思統一はされており、そういう方向で知恵を出し合いながらやっていこうという状況です。

■ 教育システム調査の意義、レポート返却の功罪について

司会 河合塾の調査に関して、「教育システムの形式的な評価が果たして良い大学の教育に結びつくのか？」「レポートの返却が、学生の消費者的意識を向上させアクティブな学びに逆向きになるのでは？ 形式的な返却ではなく、内容が効果的では？」「情報関連科目が除外されているのは？」という質問が出ています。

谷口 教育システム調査については、「結果としてそういうシステムになっているところに教育力がありそうだ」という仮説を立てて取り組んで参りました。これをずっと続けていくと、「こういう形式だけを真似れば、河合塾からの評価が高くなる」ということになっていくかもしれません。確かにそうなると本末転倒だと思います。ただ今回調査してみて、何となく「当初に立てた仮説が、取材で得た実感と合っている」という感覚を得ることができました。また、今回は理工系については、機械と電気という伝統的な学科を取り上げ、そのコアになるような科目の教育システムを中心に見ることにしました。そのような理由から、情報関連科目については、必ず演習が含まれ、大学間の差が表れないと考えるため、対象からは除外しました。

友野 2つ目の質問のレポートの返却については、たとえば機械系でも電気系でも実験科目のレポートは、実は返却になっていないところがほとんどだったのですが、そのプロセスで、レポートを受理すること自体が、双方向のやりとりの結果として「一定の合格レベルに達したので受理する」というようなことであると、伺った大学の多くでそういうように言われていて、私たちは、それは双方向性が確保されているというように思いました。ただ、京都工芸繊維大学では「課程として講義科目を含むすべての科目で必ず添削して返却することを推奨している。またレポートはコピーして保管し、成績資料として添付することになっている」というような、より突っ込んだ取り組み

も行われていました。また、学生の消費者意識の問題は、確かにあると思うのですが、経済・経営・商学系学部（東京会場）のシンポジウムでそれに関する面白い話がありました。学生の消費者意識は、入学した段階で、授業への不平とか不満という形で発露されるらしいのですが、立教大学の経営学部が目指しているのは、4年間の教育を通じて、その不平を提案に変えることだそうです。提案に変えるようにすることが最大の教育課題であるというようにして、それが逆に授業の改善、学生を巻き込んだ教育改善、アクティブラーニングをよりよくしていくことに結び付けていくことが成功しているようで、レポートの返却が即、消費者意識に迎合するということではないと考えます。

司会 今日は皆さんどうもありがとうございました。

大学事例報告III – 経済・経営・商学系学部（東京会場）

産業能率大学（経営学部）

産業能率大学 経営学部教授　松尾尚

【Summary】
- カリキュラムを「実践」と「座学」の組み合わせで編成
    - すべての科目が、実践や演習の「基本プログラム」と、座学中心で理論を学ぶ「バックアッププログラム」の2つに区分される。
    - 教育的なプラス面とマイナス面がそれぞれにあるため、両者を補完関係と位置付けてカリキュラムを編成。
- 4年連続の正課におけるキャリアデザイン科目群
    - キャリアデザイン科目群を1～4年次まで正課で連続して配置。
    - 1～2年次は必修で、座学とアクティブラーニング科目の組み合わせ。
    - 3～4年次は選択。
    - 3～4年次のゼミでもキャリア教育を実施。授業時間の4割程度に、就職支援の個別指導を埋め込む。
- アクティブラーニングを充実させた専門教育
    - 「コース専門教育科目」以外に、3年次必須の「ユニット専門科目」（5ユニットからの選択で、1ユニットは実践型2科目と理論系2科目）を創設。
    - 「ユニット専門科目」も座学の理論学習と実践のアクティブラーニングが同期する。
- 質保証
    - クラス間統一シラバス、統一テキスト、統一指導要領等を導入。
- 学習成果を「見える化」
    - 学生と担任教員が面談だけでなく、ポートフォリオや振り返りシートを活用。学習成果や課題を「見える化」している。

1．教育課程の体系

　本学は、もともと社会人教育からスタートした大学です。社会で通用する人間を育てたいということが骨子にあったので、最初からビジネスの実践の場を意識しています。その背景から、大学の中でアクティブラーニングを導入しようとしたときに、その土壌が既にできていたと言えるかもしれません。

　経営学部の教育課程の体系を簡単に説明します。科目群は「基礎教育科目」「キャリアデザイン科目」「実務教育科目」「専門教育科目」の４つに分かれます。そして、それぞれの科目が、「基本プログラム」と「バックアッププログラム」の２つに区分けされる形になっています。「基本プログラム」は実践的な教育や演習を多くするような授業になっています。ですから「基本プログラム」には、少人数で行う授業が多く含まれています。それに対して、座学系の科目を「バックアッププログラム」と位置付け、経営理論を教えます。経営戦略論やマーケティング論など、多くの大学でも行われている講義内容です。「基本プログラム」（＝実践科目）を主とするならば「バックアッププログラム」（＝理論科目）は従で、それをサポートするという構造になっています（**図表58**）。

　アクティブラーニングは「PBL、実験、実習、フィールドワークなどの参加型能動型学習」と定義されています。この言葉にどういう要素が含まれているかを私なりに解釈してみました。従来の大学の授業のパターンは「刺激と反応」という形で、教員側が刺激を与えて、それに対して学生が反応する。

科目群	基本プログラム	バックアッププログラム
専門教育科目	コース専門教育科目 ユニット専門科目	経営理論科目 （経営学を9分野に区分け）
実務教育科目	ビジネスパーソンのための 実務スキル	実務をこなすための 基本的ビジネス知識
キャリアデザイン科目	自己と社会の整合が取れた キャリアデザイン	就活対策や資格取得支援系科目
基礎教育科目	社会人基礎力の習得 ・コミュニケーション力 ・語学力　等	幅広い教養の習得 （国際社会、現代社会の理解）

図表58　産業能率大学（経営学部）教育課程科目体系

(産業能率大学提供)

「先生の授業は面白い。もう少し勉強してみようかな」といった形で行われていたと思います。これがアクティブラーニングになると、どんな効果が期待されるかというと、相互作用ですね。一方通行の刺激と反応ではなくて、相互でコミュニケーションがとれるということです。最も代表的なのは、学生間でのコミュニケーションです。学生と学生の間の相互作用が生まれる。もしくは教員と学生の間も一方通行ではなく、相互に何かしらのコミュニケーションが生まれていく。これを重視するということです。

しかしこれだけだと、大教室で行えばいいとも言えます。先生が問いかけをして、学生が発言しなくても反応することはできるわけですから、そういった形で相互作用は生まれると思うのですが、アクティブラーニングでもう1つ重要なのは、「小グループで、学生主体で意思決定を行う」ということだと思います。

なぜ大学時代にグループでの意思決定を体験する必要があるのか。これは私事で恐縮ですが、大学に教員として採用される前は、15年間ほどサラリーマンをしていまして、企業社会への順応に苦労する大卒新入社員を何人も見てきました。考えてみると、その問題の根本的な原因は、学生と社会人の間で、意思決定のパターンが違うということです。学生時代は基本的に消費です。社会に出ていないわけですから、基本的には自分でお店に行って買い物をするだけで、消費者としての視点が生活の大部分を占めることになります。そして、この結果、学生時代は、個人で意思決定することが中心になるわけです。それが社会人になった途端、組織で意思決定することが必要になります。自分単独で決められることなんて、本当に数少ない。上司のお伺いを立てなくてはいけないし、営業のポジションであれば、たとえば経理との折衝があって、合議のうえで決めていかねばなりません。この意思決定の要素が、大きな違いになっていると思います。学生はそのことがわからないし、訓練していないんですね。組織で意思決定することは社会に出るうえでの必須条件でありながら、大学でそれをやってこなかった。自分で仕事を進めるのは得意ですが、他人と交わって何かをするのは非常に不得意になっているのではないかと思います。ですから、「アクティブラーニングがなぜ必要か」と言われたら、一言でいうと、「社会で必要なんですよ」という言い方ができ

ると思います。

　アクティブラーニングを体験した学生は、「面白かった！」とよく言うんです。「先生、この授業は普段聞いている授業よりも楽しかったよ」という感想も聞きます。それは、経営学に興味をもったということで、授業に対する姿勢として第一歩ではあるのですが、その背後にある経営学の理論的なものに対する興味、教養に対する興味は生まれていないかもしれないんですね。

　なぜこのような事態になったか考えてみると、座学とアクティブラーニングを代替関係と位置付けた場合に、こういう事態になるんじゃないかと思います。つまり、「座学でやっていたことは、すべてアクティブラーニングでもできる」という姿勢でやっていると、面白がるだけで終わってしまう。そして、今まで座学でやっていた理論的なところ、知識学習でやっていた分は消えちゃうわけです。やはりカリキュラム構成をするときに気をつけなきゃいけないのは、座学には座学の良さがあり、アクティブラーニングにはアクティブラーニングの役割があるということです。つまり、両者を「補完関係」と位置付けてカリキュラムを編成することが基本になるのではないかと考えています。

　具体的に、まず**図表59**のキャリアデザイン科目群の例で言います。キャリアというのは人生について考えるということですから、継続性が非常に高い。本学のカリキュラムにおいては、就職対策としてキャリア科目を位置付

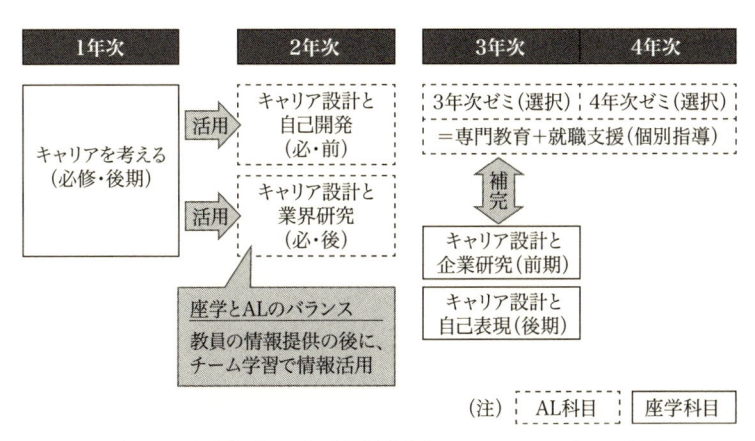

図表59　産業能率大学（経営学部）キャリアデザイン科目

（産業能率大学提供）

けるというよりは、「長い人生を考えるのであれば、1年生のときから4年生まで継続してキャリア関連科目を編成するべきである」といったポリシーがあります。そのなかで、アクティブラーニングの少人数科目として1クラス25人程度の科目を用意しています。1年次の「キャリアを考える」は座学の必修科目で、2年次の「キャリア設計と自己開発」「キャリア設計と業界研究」は必修のアクティブラーニング科目です。そして、「キャリアを考える」で学んだ知識や教養を、2年次の2つのアクティブラーニング科目で活用するといったカリキュラム設計になっています。この1年次と2年次の科目群について、実際にどのように学んでいるかを、学生に報告していただきます。

2．学生からの報告（キャリアデザイン科目群）

〈学生からの事例報告：経営学部2年　川森ことさん〉

　私が1～2年次のキャリアデザイン科目を通して学んだことを報告させていただきます。まず1年次では「キャリアを考える」という授業がありました。ここでは、働くことの意味や企業の仕組みなど、大学を卒業した後のことを中心に講義を受けました。私はこの授業で、フリーターと正社員の生涯賃金の違いを初めて知り、就職することの重要さを知ったことから、より一層将来について考えるようになりました。授業の中では、職業適性検査も行いました。この結果をもとに、自分の将来進みたい道と照らし合わせて、1人ずつキャリアプランシートというものを作成しました。将来の夢のために、大学4年間でどんなことを学ばなければいけないのか、何をすればいいのかということを文字に書き出すことで、より具体的に自分のするべきことが見えてきました。

　そして2年次では、「キャリア設計と自己開発」「キャリア設計と業界研究」という授業を、前期と後期で受講しました。この授業では職種や業種について、毎週1つずつ先生から講義を受けます。将来やりたいことはあったのですが、そのためにはどのような仕事に就きどのような企業を選べばよいかわからなかったのですが、この授業で自分の進むべき道が少しずつ明らか

になってきました。この授業は、グループワークを中心に行いました。先ほど先生から説明があったように、先生の講義が最初にあり、そのあとに3〜4人のグループで集まって、たとえば職種についての授業の場合、「この職種につくにはどういうスキルが必要か」をグループで話し合って、皆の前で発表しました。そして12月にはグループで企業研究、業界研究を行って発表しました。そこでよりリアルに、会社がどのように利益を生み出しているかということがわかりました。他のグループは、いろいろな業界について調べていたので、その発表を通して、他の業界のことを知ることができました。

　1年次に作成したキャリアプランシートは、2年次でも記入をしました。2年次の今の自分について書くことで、過去のことを見直して、考え方や夢が少し変化したりすることがあることを再確認することができました。実際に自分が書いた1年次のシートと2年次のシートを比べてみると、キャリア教育科目などの大学の授業を通して、自分の知識や考え方が変わってきていることや、書く内容も具体的に濃くなってきているということがわかりました。

　以上のように、1年次の授業は大教室での座学だったのですが、2年次の授業は少人数制のゼミだったので、この中で自分の意見を発表し、スピーチをすることで、1年次の座学で学んだことも活かしていくことができましたし、人の意見を聞くことで、いろいろな考え方を知ることができました。そして、このキャリア教育というカリキュラムのおかげで、自分のことについて考えることができました。私は今年3年生になりますが、これを強みにして、就職活動に挑みたいと思います。以上で報告を終わります。

3．キャリアデザイン科目群と専門教育科目群

　キャリアデザイン科目では座学を引き継いで演習に活かしています。アクティブラーニングの科目は、2つの科目がありますが、必ず教員がまず情報提供するようにしています。つまり、学生は座学で学び、それに基づいてチーム学習で情報活用しています。このように科目内でも、座学とアクティブラーニングのバランスをとっています。また、3年次と4年次のゼミに特徴があ

ります。「ゼミは専門教育を中心にやるもの」という固定概念がありますが、本学においては、4割くらい就職支援を入れた構成にしています。キャリア教育というのは、基本的には1対1の関係にならざるを得ません。教員と学生は1対1で、1人ひとりの人生について教員が指導していくというスタイルになりますから、一番やりやすいのはゼミになります。ですから、3〜4年次ゼミには、あえて専門教育にプラスして、就職支援という形でキャリア教育の部分を入れるようにしています。

　このような形でアクティブラーニングを増やせば増やすほど、「専門教育の質と量をどうやって担保するか」という視点が問題になってくると思います。本学でもそういう問題にあたり、ゼミで専門教育の質と量が落ちる部分を、新しい科目を作ることで対応しました。それは3年次の「ユニット専門科目」という科目群で、実践型2科目と理論系2科目の合わせて計4科目で1つの専門教育科目群、つまり1ユニットを構成しています（図表60）。

　ユニット専門科目は、5つのユニットに分かれていて、1クラス平均70名程度です。「ショップビジネスユニット」「まちづくりユニット」「広告・消費トレンドユニット」「新事業・商品企画ユニット」「心理・コミュニケーションユニット」という5つのユニットから、学生が1つを必修科目として選択する形をとっています。

　これも、座学の知識学習とアクティブラーニングが補完関係にあり、同期します。つまり、座学で学んだことを実習で活かし、また実習で学んだこと

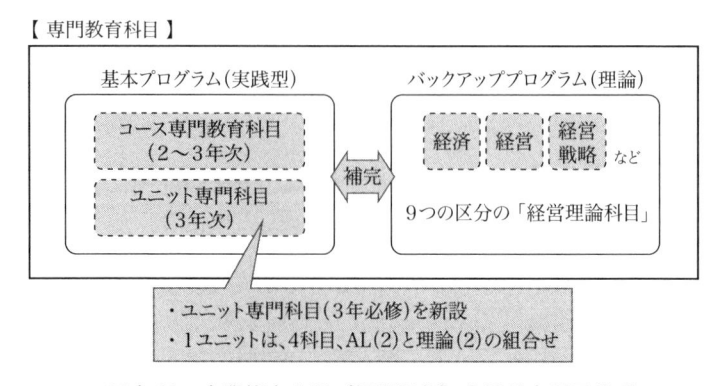

図表60　産業能率大学（経営学部）専門教育科目体系

（産業能率大学提供）

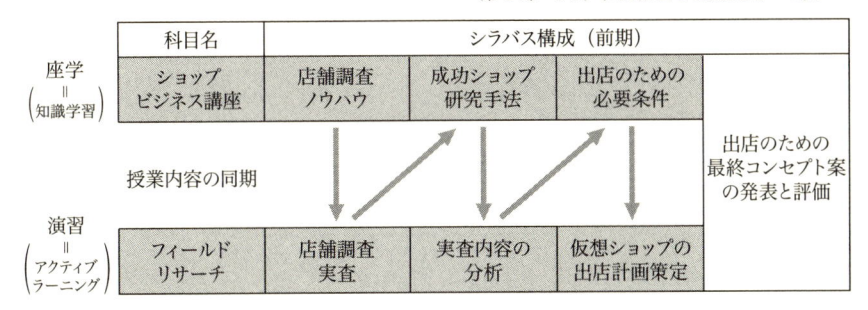

図表61　産業能率大学(経営学部)ショップビジネスユニット科目間(座学と演習)内容の同期

(産業能率大学提供)

を座学で生かすということです。つねに対になる、シンクロさせるような形です。例えば「ショップビジネスユニット」について、学生から、どんなことを学んでいるかを説明します（図表61）。

4．学生からの報告（専門教育科目群）

〈学生からの事例報告：経営学部3年　落合真純さん〉

　私は現在、「ショップビジネスユニット」を受講しています。前期の授業は2つあります。1つ目がこちらの「ショップビジネス講座」です。こちらでは「4P（Products、Price、Place、Promotion）」「PI（顧客1,000人あたりの購買指数）」「レーダーチャート」「商圏」などといった、お店を調査するにあたって必要な基礎知識を学んでいます。同時にグループ決めをして、各グループでお店のコンセプトや4Pも決めました。

　2つ目の授業は、「フィールドリサーチ」といいます。この授業では、先ほど決めたコンセプトをもとに、ライバル店や類似店に実際に調査に行きました。講座で学んだ調査方法をお店で実践し、調査結果をまとめて、自分でコンセプトを作ったお店との比較をし、最終的に発表しました。

　図表62は私たちのグループが「ショップビジネス講座」で考えたコンセプト（調査前ショップコンセプト）です。私のグループは、「飲食・カフェ」グループなので、「10〜20代の若い女性」向けの低価格なお店を「渋谷」に出す予定にしました。

〈調査前〉

コンセプト

WHO	顧客層 ⇒	10〜20代の女性
WHAT	ニーズ ⇒	女性が少人数で入りやすいカフェ 低価格
HOW	差異化 ⇒	価格を安くする

4P

Products	品揃え	ランチ、デザート、コーヒー、ティー
Price	価格	低価格 コーヒー ¥300 ランチ ¥800 ＋デザートで ¥1000
Place	店舗	渋谷
Promotion	販促	ブログ、友達紹介カード

図表62　産業能率大学（経営学部）ショップビジネス講座で考えた調査前のショップコンセプトと4P

（産業能率大学提供）

そしてここから「フィールドリサーチ」した結果をお話しします。

まず、調査対象の3店A、B、Cのコンセプト、「4P」を、ショップビジネス講座で学んだ調査方法で調査しました。たとえば、メニューをメモしたり、デジタルカメラで写真を撮ったり、あとはスタッフの方にお話を伺ったりしました。**図表63**はデザートとドリンクの「PI（顧客1,000人あたりの購買

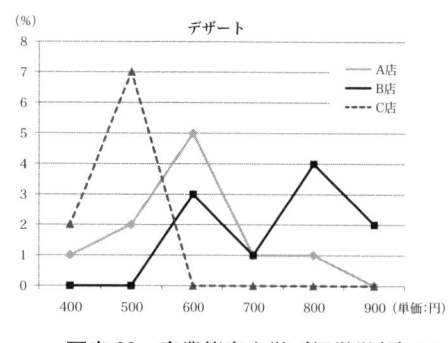

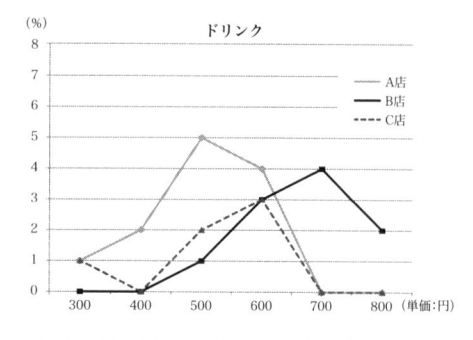

図表63　産業能率大学（経営学部）フィールドリサーチで調査した店舗別「PI」

（産業能率大学提供）

レーダーチャート

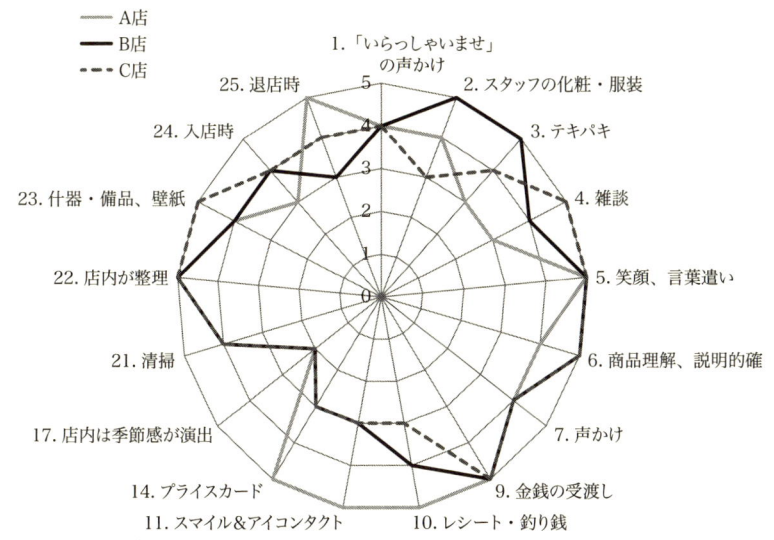

― A店
― B店
--- C店

1.「いらっしゃいませ」の声かけ
2. スタッフの化粧・服装
3. テキパキ
4. 雑談
5. 笑顔、言葉遣い
6. 商品理解、説明的確
7. 声かけ
9. 金銭の受渡し
10. レシート・釣り銭
11. スマイル＆アイコンタクト
14. プライスカード
17. 店内は季節感が演出
21. 清掃
22. 店内が整理
23. 什器・備品、壁紙
24. 入店時
25. 退店時

図表64　産業能率大学（経営学部）フィールドリサーチで調査した3店舗のレーダーチャート
(産業能率大学提供)

指数）」です。これによって価格の基準などがわかりました。お店の特徴なども、ここから見受けられます。

　次の**図表64**は3店の評価点をレーダーチャートにしたものです。同じ飲食店でも、やはり違いがありました。

　自分たちの店は、A、B、Cとかぶらないお店にしたいと思い、ポジショニング分析というものを行いました。そうしますと**図表65**のとおり、自分たちのお店のコンセプトに変更点が出ました。「自店」と書いてあるところが、他の3店にはないポジションの部分だったので、こちらを狙いたいと思いました。

　図表66は調査後のショップコンセプトと「4P」で、太字が変更点です。

　ショップコンセプトの変更点としては、「20〜30代の男女」、おもに「男性客が入りやすい」という点です。また、場所についても調査前の「渋谷」ではなく、調査後の「自由が丘」に開店したいと思います。授業内で、男子学生にアンケートをとった結果、男性は皆ボリュームのあるランチがほしいということなので、Products（品揃え）では、そこを重視するように変更し

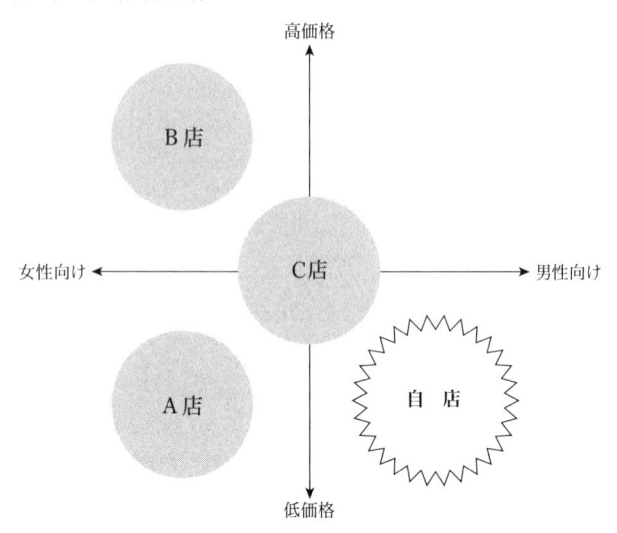

```
              高価格
               ↑
    ┌───┐      │
    │B店│      │
    └───┘      │
               │
             ┌───┐
女性向け ←──│C店│──→ 男性向け
             └───┘
               │
    ┌───┐      │      ┌───┐
    │A店│      │      │自店│
    └───┘      │      └───┘
               │
               ↓
             低価格
```

図表 65　産業能率大学（経営学部）3 店舗のポジショニング分析

（産業能率大学提供）

〈調査後〉

コンセプト

WHO	顧客層	⇒	20～30 代の男女 （美容院や雑貨店のスタッフや会社員の男性）
WHAT	ニーズ	⇒	値段が安くてもおいしいランチ 男性客が入りやすいカフェ
HOW	差異化	⇒	男性客目線 ミーティング・会議にも使える

★インテリアが甘すぎない。
★男性客が多い。
★ほどよい広さと、落ち着きすぎない空間。

4P

Products	品揃え	コーヒー、ティー、ボリュームのあるランチ テイクアウトもできるデザート
Price	価格	低価格 コーヒー ¥300 ランチ ¥800 ＋デザートで ¥1000
Place	店舗	自由が丘
Promotion	販促	ブログ、友達紹介カード

**図表 66　産業能率大学（経営学部）ショップビジネス講座で考えた調査後の
　　　　　ショップコンセプトと 4P**

（産業能率大学提供）

ました。

　後期の授業では出店計画のシミュレーションを行っています。予想の損益計算書や開業資金などを計算している最中です。結構詳しく調べていまして、私のグループは自由が丘の店舗を考えていますので、自由が丘の家賃や保証金なども調べています。仕入れもどれくらい仕入れたらいいか、工事費も内装費や外装費などを調べています。最終的には出店計画表を制作し、最終的な発表まで行う予定です。以上で報告を終わります。

5．カリキュラム編成上のポイント

　カリキュラム編成上のポイントを4つにまとめさせていただきます。

　まず1点目は、アクティブラーニングに依存しすぎると、知性や教養レベルが低下する懸念があるということです。基本的にはアクティブラーニングと座学系科目を補完関係でカリキュラムを構成することが重要だと思います。

　2点目は、少人数のクラスになると、複数クラスになりますから、統一シラバス・統一テキスト・統一の指導要領などの負荷がかかってきますが、これは覚悟しなければなりません。

　3点目は、かなり個人的な見解ですが、教員が学生に対して「わからない」と言えるかどうかです。学生は教員に対し答えを期待します。答えを提示すると授業がスムーズに進んで楽なのですが、双方向でやろうとしているときに教員が答えを提示することで、学生が自ら考えるプロセスを奪ってしまう。そこがすごく難しいところです。授業がスケジュール通りにいかないという面もありますので悩むところです。また、答えを提示できない場合もあり、ある分野においては私より学生のほうが知識をもっているケースがあります。特に消費者の視点という面では、学生のほうが教員より知識をもっていて、センスもいい。そういう意見に対して教員はどう対応していいのか。私は正直に「わからない」と言えるかどうかが、1つのポイントだと思います。学生のユニークな質問に対して、それを教員の専門フィールドに引き込んで、その観点から答えるのは、教員にとって簡単なことです。ただ、それ

をやると、必ず学生はフラストレーションをためることになります。自分の質問に対して、ストレートに解答してもらえず、ごまかされたと感じるからです。それよりは、「先生もそれについては素人だから、わからない。だから、君が自分で調べて報告してほしい」と言ったほうが学生の向学心を育てる結果になると考えています。教員としては、「先生はわかんないよ」と言いにくいと思うのですが、実際アクティブラーニングをやっているなかで、言う必要も出てくるのではないかと思っています。

4点目は、やはり大学として、何かシステマティックな仕掛けが必要です。本学も学部内もしくは大学内で共通した何かしらのシステムを用意しようと考えています。**図表67**にあるように、「学生」と「教員（アカデミックアドバイザー＝担任）」が1セメスターの中で、2回ほど二者面談を行います。これだけだと不十分なので、まず期初では「前学期の振り返り」からスタートし、「卒業時の目標設定」を行います。加えて、それより近い視点として、「今学期の目標設定」を行います。つまり、学生自身が過去やってきたことと、未来、現在のやるべきこと明らかにします。それらをポートフォリオに記入し、ア

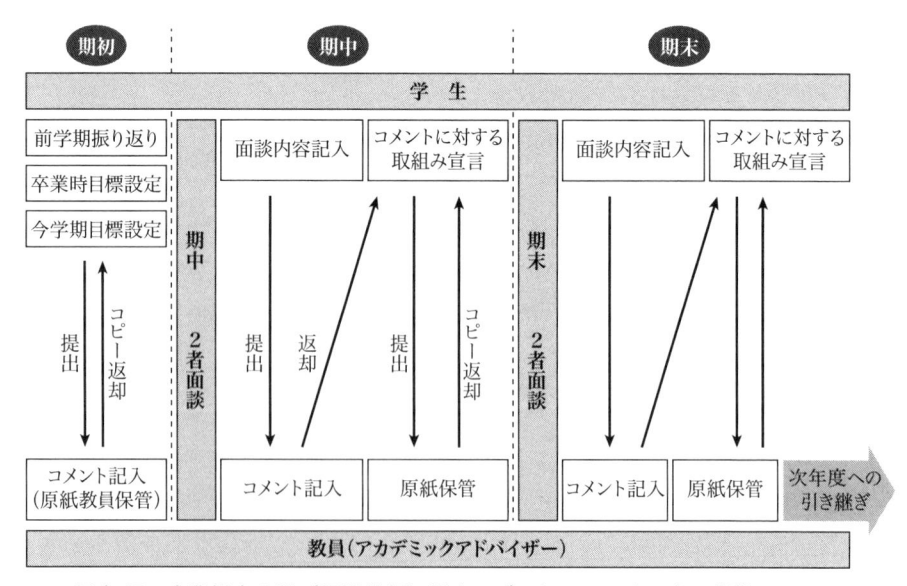

図表67　産業能率大学（経営学部）学生のポートフォリオによる指導システム

（産業能率大学提供）

カデミックアドバイザーに提出して、アカデミックアドバイザーは必ずコメントを記入します。原紙は教員が保管して、コピーを学生に渡します。その内容について、期中に二者面談を行って、担当教員が、学修、キャリア、マナー等の観点でアドバイスを行い、面談した内容は学生が記入します。「アカデミックアドバイザーとどんなことを話し、どんなアドバイスを受けたか」という内容です。提出されたシートに教員は再びコメントを記入して、学生に返します。学生はコメントに対する取り組みを宣言して、教員が原紙を保管します。期末には期中と同様のプロセスで二者面談を行います。もしこれが年次の最後の場合は、次年度にアカデミックアドバイザーが変わるので、その学生がどういう学生で、どういう成長を見せたかという、アカデミックアドバイザー間の引継ぎ資料にも使えます。このようなことを大学の中でシステマティックに行っています。先ほど河合塾から「学生はレポートを返したときにモチベーションが上がる」という報告がありましたが、これも同じです。コメントを返して「頑張れよ」と言うことにより、モチベーションが上がっていく。このような仕掛けを作っています。以上です。

大学事例報告III – 経済・経営・商学系学部（東京会場）

立教大学（経営学部）

立教大学 経営学部教授　日向野幹也

【Summary】
- BLP（ビジネス・リーダーシップ・プログラム）の概要
  - グローバル社会で活躍できる人材の養成を目的に作られた、経営学部経営学科のコア・カリキュラム。
  - 産学連携の企業からテーマが与えられ、学生チームによるプロジェクト実行とスキル強化を1年から3年前期まで体験的・段階的に図る。
  - プロジェクト実行とスキル強化の科目が同期し、プログラム内で連携しているだけでなく、BLP全体と他の専門科目とも強く連携。
- BLPにおける振り返り、相互フィードバック
  - ポートフォリオで振り返りを必ずさせることにより、自分の考えが半年前や1年前、2年前と比べて進化していくことに気づかせる。
  - 相互フィードバックにより、学生同士がお互いの関わりに助言する仕組みが導入されている。
- BLPにおけるSA（スチューデントアシスタント）の活用
  - 2～3年生をSAとして研修し授業を教員と一緒に作る。教員、SA、学生、の三者が共に成長していく。
- BLPにおける質保証と効果測定
  - 教員もアクティブラーニングのための研修を受けるなど、質向上への取り組みを図っている。
  - 国内外のビジネスコンテストなどで活躍する学生も多い。
  - 全学のアンケートからも、キャリア意識が高いことが測定されている。

1. 実施体制と規模

立教大学経営学部のPLP（ビジネス・リーダーシップ・プログラム）をこれから紹介します。BLPは、グローバル社会で活躍できる人材の養成を目的に作られた、経営学部経営学科のコア・カリキュラムです。チームでのプロジェクト実行やスキル強化を通して、ビジネス・リーダーシップを体験的かつ段階的に身につけていきます。2010年、紹介ビデオを作りまして、インターネット（http://cob.rikkyo.ac.jp）でもご覧になれます。

実地体制と規模は、「BL 0（1年次春）」は、370人の学部全員が履修します。ビデオの中では15クラスとなっていますが、2010年度は18クラスに増えていて、教員も18人です。「BL1（1年次秋）」は、経営学科は全員210人が履修、国際経営学科は選択で150人中110人が希望しているので、併

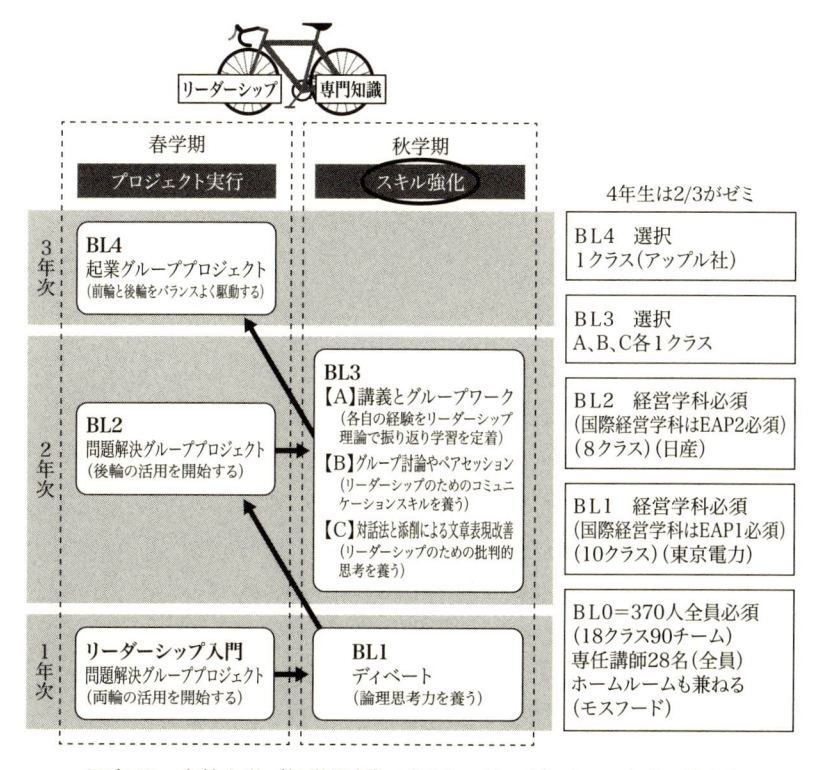

図表68　立教大学（経営学部）ビジネスリーダーシッププログラム

（立教大学経営学部提供）

せて320人くらいです。「BL2（2年次春）」は、BL1と同じように経営学科は必修です。「BL3」以降は両学科とも選択になるので、クラス数もだいぶ減りますが、BL3のクラスの多くは希望者があふれていて、書類を出させて選考することも一部で行っています。全体で42クラスが毎年度開講されることになります。1人の受講生が1年間に2つの講義をとれば2人というふうにカウントした場合の延べ数では、毎年1,000人くらいの学生が受講しています。そして「BL0」「BL1」「BL2」と「BL3-B」は、同一科目を同一時間帯に並行で開講し、テキストは統一スライドで統一しています（**図表68**）。

2．FDおよび専門科目との連携

　FDについては、授業運営自体にもFDが内蔵されていて、隣のクラスの教員が来てプロジェクト評価（セカンドオピニオン）をします。セカンドオピニオンのために教員とSA（スチューデント・アシスタント）がセットで評価することをしています。また、学期開始前の2月と8月に、教員とSAで、研修と合宿も行っています。

　専門科目との連携については、BLPの中でスキルの学期とプロジェクトの学期が相互に連携しているだけでなく、BLP全体と専門科目との連携も強く意識しています。専門科目でインプットした知識をBLPでアウトプットする関係、あるいはBLPのほうで不足を感じた知識を専門科目でゲットしてもらうという関係になっています。たとえば「BL0」は1年次の4月から始まるので、入学直後で経営学に関しては何も知らない状態です。そこであえてモスバーガーの方に来てもらって、「モスバーガーを若い人に食べてもらうにはどうしたらいいか」という依頼をしてもらう。その答えを考える過程で、専門知識への飢餓感を持ってもらうわけです。4P［Product〈製品〉、Price（価格）、Place（流通）、Promotion（プロモーション）］などの知識は授業の中でちらりと見せるのですが、詳しいことはまだ教えません。1年後の「BL2」では、1年後期から始まる専門知識で得た知識と、「BL0」「BL1」で得たリーダーシップのスキルを使って、もっとできるようになります。同じプロジェ

クトが毎年春にあるのですが、春から秋にかけてスキルを磨くのと並行して、他の専門科目で専門知識を増して、次の学期はもっとできるというふうに循環することを狙っています。それから専門科目の教員とも打ち合わせをして、「いまBLPでは、東京電力と連携しています」と伝え、マーケティングの授業の中でもそれについて言及してもらうこともしています。「BL 4」に進むまでには、さらに多くの専門科目とBLP科目が履修済みになります。

PBLとBLPが、たまたま同じアルファベットでできているので、紛らわしいのですが念のために解説しますと、3文字とも何も共通点はありません。PBLのPはProjectですが、BLPのPはProgram＝科目群という意味ですし、PBLのBはBasedですが、BLPのBはビジネスで、LはLearningとLeadershipの違いがあります。BLPは「ビジネス・リーダーシップ・プログラム」ですので、PBLとは単語のうえでは何も対応がないのですが、BLPの中にはPBLが当然入っていて、そこからの振り返りをリーダーシップ開発に生かしているという関係になっています。

3．キャリア教育的側面

BLPのキャリア教育の側面については、先ほど産業能率大学の松尾先生から「学生は消費者だ」というお話を出していただきましたが、私も同感で、別の面からこのBLPと関係付けることを申したいと思います。今の学生は、消費者として徹底的にグルメになっているんですね。うるさくなっています。学生が何か問題や不快なことに出くわしたときに、苦情を言う、あるいは買わないで他のところに行くという態度をとっているうちは、徹底的に消費者なわけですね。それだと、リーダーシップにならないんです。そこで、学生に何をするように言うかというと、「不満があったら、それを提案に変えてみなさい」ということをよく申します。その提案先はまず、クラスの中の同僚が第一です。次はクライアントになっている企業に対して提案する。それからもう少し度胸がついたら、教員に対して提案する。それをしているうちに、消費者に徹底していた自分の立場に気がついて、自然にビジネスマインディッドになるわけです。その結果として、経営学部はまだ卒業生を出

したばかりなのですが、第一期卒業生の就職先は他の学部に比べると、他の学部にはない超有名企業もあれば、ベンチャー企業もあれば、B to B 企業も多かったりします。消費者として馴染みのある品物を製造・販売しているB to C 企業ではなく、BLP の中で企業のことを調べているうちに、自然な形でB to B の企業にも目が行くようになり、そして自分が提案することがダイレクトに反映されたいということを強く望めば、ベンチャー企業に自然に目が向くという傾向があります。

4．BLPの教育効果

　BLP が学生の成長にどのように寄与できているかという効果測定に関して5点ほど申し上げます。1つめは、ポートフォリオで毎学期、自分の「リーダーシップ持論」というものを書かせます。幸か不幸かリーダーシップ開発方法に関しては、「これですべて済む」という理論がないのが現状です。それを逆手にとって、リーダーシップ開発の一応の定番の方法として、「自分にとってはリーダーシップで何が大事ですか？どういう要素が必要だと思いますか？」と書かせていく方法があるんですね。それをポートフォリオ上に載せておくと、半年前、1年前、2年前に自分が書いたものがいつも見られるわけです。教員もそれが見れるので、学生としては持論を進化させざるを得ない。実際多くの学生は、毎学期持論が進化しています。定性的ですが、これは効果的ですね。

　2つめは、授業に対して不平を言うのではなくて、「こうしたらどうですか？」と提案してくれる学生が、学年が上がるごとに増えてきます。経営学部の学生は全体的にそういう傾向が強く、不満を言ったり、授業に出なくなってしまったりするのではなくて、「こうしましょう」というふうに提案し、場合によってはそのための助力もしてくれるようになります。SA はその好例です。

　3つめは学部に対して提案してくれる団体が学生側から自発的に出てきていることです。「学部の方針、リーダーシップ開発に重点があるということを理解していますか」というアンケートを大学全体でとったのですが、経営

学部の学生は、どの学部よりもずば抜けて、学部の教育方針に理解、賛成してくれています。

4つめは、学内で鍛えた専門知識の運用面、リーダーシップということを使って、学外のビジネスコンテストなどで活躍する学生が非常に多く出ています。学外とは、日本の国内だけではなく世界も含みます。英語も得意な学生は外国に行ってリーダーシップを発揮して、世界的な学生ビジネスコンテストに入賞したりしています。

5つめは、学内で他の学部の学生とは行動・言動がかなり違う、異色の学部になっているということです。その辺りは、私が「他の学部と違います」と言うだけでは説得的ではないでしょうから、実際の学生からの報告を聞いてください。

5．学生からの報告

〈経営学部4年　松岡洋佑さん〉

僕は今4年生で、就職活動も一通り終えました。今日は「自分たちは他の学部に比べて、こういうスキルを4年間で培っているんじゃないか」と思うことをお話します。

我々の学部学生はプロジェクトを重ねていくので、学生間の関係が非常に強くなっていると思います。例えば、授業時間に関係なく夜10時までBLPプロジェクトの話をしたりしています。もちろんその中には雑談もありますが、休みの日もプライベートの関係が非常に密で学年には350人の学生がいるのですが、4年間経つとだいたい皆が顔見知りになります。他の学部生と違うところは、夕食の場がいわゆるフィードバックの時間になっていることだと思います。僕の場合、1年生のときは意見を言うのが好きな半面、なかなか人の意見を聞けない学生でした。しかし、350人の友人たちと夕食を共にする場で、「これってお前だけの意見だよね？」というようなことを素直に言ってもらえるうちに、人の意見を聞くことができるようになりました。食事の場やプライベートの場が、このBLPというプログラムのフィードバックの場になっている。つまり、大学側から提供される時間外でもフィードバッ

クができる環境があるわけです。他学部の学生は、一緒にいる時間が短い為、これをやりにくいかもしれません。

　最初は、意見も文句なんですね。僕は入学当初、日向野先生や他の学生にも文句を言っていました。「それだけ言うんだったら、やってみれば」と言われ、次第に文句が提案に変わっていく。その提案を実際にプログラムに取り入れていただいたり、逆に「その考え方は甘いよ」と叱責していただくことで、「やっぱりこういう点が甘かったんだ」とまた振り返ることができる。そういった機会に恵まれているところが、我々の学部の特徴として挙げられることだと思います。そのようなことを４年間繰り返すなかで、「相手に対してどういう伝え方をすればいいのか、もしくはどういう場で話をしたらいいのか」という配慮、そして「黙ったり、文句を言ったりするんじゃなくて提案しようよ」という積極性、それから「じゃあそれを責任をもって最後までやろう」という成果達成力、この３点を、ビジネス・リーダーシップ・プログラムの中で培うことができたと思っています。

〈経営学部３年　添田聖子さん〉

　私はいま３年生で、１〜２年では受講生としてBLPを受講し、さらに２年から３年前期までSAを務めてきましたので、その立場からお話しさせていただきます。BLPの授業は教員、SA、受講生という３つの立場から成り立っています。

　はじめに、受講生としての立場からお話しさせていただきます。受講生として、このBLPがとてもいいと思うところは、まず、いろんなグループメンバーを見て、学ぶ機会を与えてもらえることです。プロジェクトやグループワークの機会が何回もあるので、いろいろなメンバーと関わるなかで、自分の考え方を見直すことができます。また相互フィードバックを行うことで、自分の強みと弱みを確認し、さらにメンバーの強みや弱みを知ることで、そこからいい意味で盗み取るというか、学ぶ機会になっています。次に、座学である基礎科目の授業や、他のグループワークでの経験を生かせる点がいいと思います。私は３年生ですのでゼミに所属していますが、毎年後期にはゼミでプロジェクトを行っています。大部分のゼミがプロジェクトを行ってい

て、証券大会に出ているゼミもあります。そういったところで学んだことを、このBLPにさらに生かし経験を積むことで、自分の強みを強化して、弱みを克服していくことができると思います。

　次に、SAとしての立場からお話しさせていただきます。私がSAを始めたきっかけは、大学に入って初めてできた身近な先輩がSAだったからです。私はサークルにも入っていないので、休み時間におしゃべりしたり、発表したあとには毎回フィードバックのメールを送ってくださる優しいSAにお世話になったことで、SAを始めてみようという思いに到りました。また、BLPという授業が好きだったので、「この授業に対して少しでも恩返ししたい」という気持ちもありました。

　SAとして、とても面白いと思うのは、クラスの受講生の成長を感じることができることです。毎回非常に難しいお題をいただくので、最初は「訳がわからない〜」というようなことを言っているのですが、授業を進めていくごとに考えてくるようになり、最終的には提案までもっていくようになるのに驚きます。さらに、グループメンバーの強みや弱みを把握したうえで、「自分はここでどう動けばいいか」ということを、考えながら行動できるようになっている学生も非常に多いんですね。そのような成長を見ると、とても嬉しく思います。

　SAの重要な役割は教員と受講生の間に立つことです。受講生の立場になってみて、「こういう情報がほしい」と感じることを先生に提案してみたり、「思った以上に受講生が理解していませんよ」ということを言ったりしながら、先生と一緒に、「じゃあこうしましょう」とミーティングをしています。SA同士で「こっちはこういう状況だよ」「じゃあうちはちょっと違うのかな」というようにクラスの雰囲気を確認し合って、さらにまた先生と相談しながら、教員と一緒に授業を作っていく存在です。

　先生には失礼なのですが、SAがいないと授業が成り立たないかもしれません。私が一度担当した授業の教員はビジネスマンの方で、初めてBLPを担当されたのですが、ビジネスマンですから学生と関わったことはないわけです。授業中の指導のしかたも「これはまずい」と思ったので、ミーティングの中でいろいろ提案をしました。例えば、ワークシートも、まずSAが

チェックして、「これではちょっと使いにくいですよ」と先生に言います。さらに、SAがそれを修正して先生に提出して、「これでどうですか？」と聞いて、検討した後「じゃあこれでやりましょう」と授業が動いていきます。最終的にはきちんと学生がプロジェクトを終えてくれたのでよかったのですが、SAは先生に欠かせない存在ではないかと思います。

　最後にSAを通した私自身の成長についてもお話しします。私はよく「性格がきつい」「ツンツンしている」と言われ、SAの仲間からも「1年前はまったく手が付けられなかった」と言われたことがあります。しかし最近はその仲間たちから「丸くなったよ」と言ってもらえるようになりました。これは、対人関係を大切にできるようになったということかと思います。SAを続けていくなかで、人に喜んでもらえることをやらないといけない立場になり、「SAがこういうことをしてくれたら嬉しい」と思うことを受講生にしてあげたり、教員に言われる前に自分から行動しておくようにしたりとそのようなことの積み重ねにより、変わったのかなと思います。

　このようにBLPでは、受講生としては同じメンバーから学び、そして他のグループワークと並行してやっていくことで、成長できます。SAとしては、受講生から学ぶことも多いですし、授業を一緒に作っていく立場としても学びます。私はそんなBLPがとても好きです。

質疑応答Ⅲ

パネラー：溝上　慎一（京都大学高等教育開発推進センター教育学研究科准教授）
　　　　　松尾　　尚（産業能率大学経営学部教授）
　　　　　日向野幹也（立教大学経営学部教授・BLP主査・リーダーシップ研究所長）
　　　　　松岡　洋佑（立教大学経営学部4年）　　添田　聖子（立教大学経営学部3年）
　　　　　落合　真純（産業能率大学経営学部3年）　川森　こと（産業能率大学経営学部2年）
　　　　　友野伸一郎（ライター・ジャーナリスト・河合塾教育力調査プロジェクトメンバー）
　　　　　谷口　哲也（河合塾教育研究部統括チーフ）
司会者：成田　秀夫（河合塾教育研究開発本部開発研究職）
　　　　　　　　　　　　　　開催日：2011年1月8日　場所：河合塾麹町校（東京会場）

■アクティブラーニングの全体的な配置と「知」との関連について

司会　立教大学と産業能率大学の一般的なアクティブラーニングの構成について、お二人の先生に少しお話を伺えればと思うのですが、いかがでしょうか。

日向野　「BLP」以外の専門科目の中のアクティブラーニングの話については、個々の教員によって違うのですが、例えば私は実は元々はリーダーシップ開発の専門家ではなく、経済学者で金融論が専門です。私の金融の授業の中でどのようにしているかというと、3年・4年になってからの専門科目なのですが、「1年の頃にやっていたプロジェクトの解を持ってきなさい。そしてそれを金融的に吟味して、あなたが昔『BLP』の授業で作った幼稚なビジネスプランでは今考えたら資金がどう流れていたのかを振り返ってみなさい」ということをやっています。

溝上　組織的に行われているのでしょうか。ハードルの高い質問かもしれませんが。

日向野　「BLP」で使う専門知識は、マーケティング開発です。このためマーケティング関係の科目とファイナンス関係の科目の教員とが協議して、「BLP」で使うようなツールを教える前にプロジェクトをやってしまうこともあるし、逆に次の学期ですぐ使える、あるいは同時並行の場合もあります。それぞれの場合に応じて、専門科目の授業でツールを説明するときに、どのように伝えるか重要で、「これは今皆さんが行っている『BLP』の授業で使えるツールなのだよ」というように話したり、「次の学期で使えるよ」と話したり、「前の学期に知っていればよかったね」というように話したり、という工夫をしてもらっています。

溝上　わかりました。さらに「BLP」の取り組みをする中で、マーケティング論とファイナンスに関する専門知識が必要となる事例を聞かせくださ

い。学生たちを知識に飢えさせられれば最高なのですが、どういう知識がBLPの取り組みの中に絡んできて、学生が立ち止まったり、あるいは発展したりするのかということを教えてください。学生たちの思い入れだけでは、たぶん進んでいかないと思いますので、何かしらの知識がいろいろ絡んでいると思うのですが、そこに教員は自覚的であるべきだと思います。そこで絡んでくる知が分かれば、授業でも、「もう少しこういうものを扱おう」という話になりますし、あるいは「BLP」の授業の中でも、例えば時間の初めに、少し補足の説明を入れたりすることもできます。おそらくそういうことはやられていると思うのですが、そういう話を事例としてお聞きしたいということです。

日向野 最も初歩的な経営学の知識、マーケティングの知識の例で申しますと、例えば2010年度の「BL0」、入学直後に行われた授業では、モスバーガーのおもな消費者は30代以上なので、それを20代前後の消費者にどう売ればいいのかというお題を、モスフードさんからいただきました。そのまま我々が放置しておくと、モスバーガーを食べたことがない学生が大半なわけで、最も多く出てくる回答は、「モスバーガーはマイナーだから、知名度を上げるプロモーションをしよう」というだけで終わってしまいます。そこで1回失敗してもらって、途中から、「実はマーケティング

には4つのPがあるのだよ。君たちが考えているのは4つのPの1つでしかないのだよ」と言うと、砂に水がすっと浸み込むように、考えが散らばっていきます。プライスもいじれるし、プロダクトもいじれるし、プレイスもいじれる、ということが分かると、ガッとひっかかるのです。それで、4つのそれぞれについて具体的にどんな事例があるのかということについては、「どんなマーケティングの本にも書いてあるよ」と教えてあげます。

溝上 ありがとうございます。

松尾 溝上先生のご質問は、専門科目の中に、どのようにアクティブラーニング的な要素を入れるかということだと解釈していますが、基本的に専門科目の座学のクラスというのは受講者数が多いです。おそらく100人以上いる学生を相手にして講義を進めるケースがほとんどだと思うのですが、単に講義をやるだけではなく、教員からの何かしらの問いかけを、必ず講義の中に入れるようにしています。私の専門分野であるマーケティングの授業の例を挙げると、例えば価格というものを捉えたときに、会社の利益は販売価格とコストと数量で決まってくるのですが、「では各要素を同じ程度改善させたときに、どの要素を改善させることが最も効果的か？」というような、簡単な計算問題を出します。ここでは、「販売価格を改善させることが最も効果を得られる」ということを、学生は

計算問題を通してまず理解し、これに対して教員からは「価格の理論はこうなっていますよ」という形でそれをさらに補完させるような講義を展開します。ですから、必ずしも一方通行では終わっていないということです。

■どのように「知」が得られたか―学生たちの実感―

司会 ありがとうございました。まだまだ深めていきたいところは多数あるのですが、今日は立教大学と産業能率大学の学生の方々にも来ていただきましたので、実際にどのような知識を得られたのかということを、添田さんと川森さんから一言ずつ聞きたいと思います。

添田 授業で学んだことがグループワークに生きるというよりも、グループワークで学んだことを授業で思い出して、「あ、これだったのか」と気づくことの方が多いと思います。このことによって、しっかり知識として入ってきたり、再確認できたりします。

川森 私は2年のコースで、ビジネスプランを考えて発表する授業があったのですが、その前に1年生で経営学の用語を学んでいました。学んだときには、「これは何に使うのだろう?」と、テストのために覚える程度のものとしか考えていませんでした。しかし、2年生のグループワークで調査などをする上で、「1年生で学んだあのことは、ここで使わなきゃいけないのか」と何か腑に落ちた感じがし、それをきっかけにもう一度1年生で学んだことを復習したりすることがありました。

■評価や個人差をどうするか

司会 ありがとうございました。生の話は非常に重要だという感じがします。ここでご質問がいくつかあります。「アクティブラーニングの前後をどのように評価するのか?」、「学生の個人差にどう対処すべきか?」という質問です。先生方に一言ずつお願いします。

松尾 基本的には、アクティブラーニングはグループワークで進めるケースがほとんどだと思うのですが、まず大事にするのはグループワークの質です。グループとして出てきたアウトプット自体の質で判断するというのが1つあります。当然フリーライドしてくる学生もいますので、学生間のバラつきをどうするのかという問題については、教員がグループワークにきちっと参加して学生個々の参加度を見るということをやります。ただ、それだけでは見えない部分もあり、そこは、学生同士で評価させています。例えば5人のグループで構成されていたら、自分以外の人物でいちばん貢献度が高かった人物は誰かという具合です。そういった形での相互評価を取り入れています。

司会 いわゆるピアレビューということですね。立教大学の振り返りなど

の事例でも、そういうことが行われていたと思いますがいかがでしょうか。

日向野 非常によく似ていて、グループとしての成果は成績に反映します。それがないと頑張らないということもあるからです。それから、参加度ももちろん見ます。それ以外に、我々は「リーダーシップ持論」を個人で書かせますので、それがどれくらい進化しているかも見ます。あとは毎週宿題を出しますので、宿題を遅れずに出すというところも大きなウエイトです。1つ違う点は、「学生のピアレビューを成績に使わない」ということは、学生に明言しています。そうしないとちょっと陰険なことが起きる可能性があるので、相互フィードバックのためにだけ使って、成績にはそれを使わないという約束を、我々はしています。

■アクティブラーニングに向き不向きの学部・学科があるのか

司会 河合塾への質問で、「アクティブラーニングの導入に学部・学科の特性はあるのか？」、また「学科特性で導入しにくいのを『遅れ』とみられるべきではないのか？」。さらに「実学志向の弱い学部のアクティブラーニングもあるのでは？文学部でのアクティブラーニングは？」というご質問もいただいております。

友野 一般的に言えば、今回の調査の定量的な分析でも、学部・学科の特性が反映されているということは確かにあったと思います。ただ、その中で私たちが申し上げたいのは、「実学志向であるからできる」という話ではなくて、例えば冒頭でお見せしたラーニングピラミッドにもありましたが、やはり一方通行の講義だけでは学生の意識の中に残っていきません。半年後に調べると5％しか講義の内容が残っていないという現状があるわけです。また、たとえばマサチューセッツ工科大学で開講されている物理学の授業は、全学生必修で1000人くらいが受講するという話なのですが、それを従来は一方通行で、60人から100人のクラスで行っていました。けれども、ずっとやっていても授業終了時の能力の高まりが確認できなかったそうです。それをある時期から、アクティブラーニングを取り入れるようにしました。どういうことをするかというと、簡単な話で、まずいくつか問題を与えて、自分の見解を考えさせる。それから、その見解をいくつか先生が抽出して、「これについてグループで討議しなさい」というふうにするわけです。そういうふうに授業を進めていって、たとえば授業の開始と終了時に効果測定をしてみると、一方的な講義ではほとんど有意な向上が見られなかったのが、アクティブラーニングでは1.5倍というような向上が見られている、というような統計的な効果測定もなされていました。アクティブラーニングを取り入れると、成績の低い学生に大きな効果がある

ということはよく言われるのですが、MITの場合に特徴的なのは成績の高い学生にもものすごく効果があったというような調査結果が出ていることです。そういうこともあって、通常は「一般教養の物理の授業なんて、アクティブラーニングはできないよ」と思いがちのところでも、実はできていたりするわけですから、どちらかというと「それは馴染まない」と決めてしまっている発想が問題ではないかと思います。

■教員の負担をどう解決するか

司会 そういう意味では、文学部でのアクティブラーニングも可能ではないかということだと思います。実は私は哲学科という、まったく実用性がないところにいたのですが、そこでは原書講読や思考のトレーニングをさせられ、グループで発表することも徹底的にさせられたのは、今でも相当役に立っているという実感を抱いています。次の質問ですが、「アクティブラーニングは効果がある反面、教員の負担増になる。本学では正規の授業にカウントされていない。チーム指導を行う場合、要員の確保やコマ数のカウントは他大学ではどうなっているのか？」ということで、河合塾に聞きたいということです。

谷口 「負担が大きい」という話は聞いていますが、今回訪問した大学は、それを乗り越えて取り組んでいる大学なので、そのような質問は出ませんでした。ここでは、立教大学と産業能率大学の2つの大学に、答えていただきたいと思います。

日向野 私たちの場合は、18人の教員に「BL0」を担当してもらっています。その内、大学外の非常勤の教員の方は3人だけで、15人は専任教員です。教授会全員で20数名ですので、教授会の絶対多数を占めている、つまりご理解いただいているのが現状です。率直に言いまして、「自分の担当するコマ数のノルマを効率的になるべく済ませて、あとの時間を研究に使いたい」という発想であれば、この授業を持つことほど馬鹿馬鹿しいことはありません。それほど効率は悪いです。それから学生にとっても、2単位・4単位の授業を適当にこなして卒業するということに特化すれば、こんな馬鹿馬鹿しい授業はないですね。ですが、教員のほうも学生のほうも、とても意義を認めて参加しています。嘘だとお考えかもしれませんが、本当にそうだと思います。というのは、私たちでは、たとえば基礎演習を担当している教員が、専門科目も一緒に担当しているのです。その間のリンクをつけることで、専門科目の学習意欲が高まっています。その効果が認められるので、教授会の支持があるというように私は理解しています。

松尾 一人ひとりをケアしていかないといけないわけですから、負担増があるかないかと聞かれたら、それは本当にあります。基本的に1対多ではなく、1対1の関係を、たとえば

20パターンとか25パターン作らなければいけないわけですから、すごく負担にはなります。ただそこは、やはり効果を信じています。うちの大学では、たとえば初年次教育でしたら教員14名で25人くらいずつの学生を担当するようなシステムを作っていますので、基本的に彼らにアクティブラーニングの効果を確認してもらいながら教員個々が納得の上負担を負っていただいています。

■財源をどう解決するか

司会 ありがとうございます。続いて立教大学に、「文科省のGP採択期間以降もBLPは続くのか？財源は？」「モスバーガーや日産との提携内容を具体的に教えてください」という質問が来ています。

日向野 文科省からいただいたGPが切れた後のことをご心配いただき、ありがとうございます（笑）。私はGPをいただいた最初の年から心配していまして、資金源を分散する努力をずっとしてきました。2012年4月1日からGPはなくなるのですが、その代わりの財源として第一には、大学全体からの支援です。立教の中には立教GPというものが設けられていて、そちらをいただけることになりました。ただそれだけでは足りません。2つ目は、企業との連携が深まったので、これまでお金を払って来ていただいていた、たとえばテキスト作りで協力いただいた方たちの分を内製化できるようになったというこ

とがあります。それから、人を寄してくださる企業の方にプロジェクトの途中でコメントを貰うときにも、より多くの方を派遣していただけるようになりました。それは教員としてではなく、クライアントとしてなのですが、そういうご協力をいただいています。それから3つ目は、まだ正式ではありませんが、2010年度から授業料を若干値上げさせていただいています（笑）。これは私も最初驚いたのですが、これだけ手をかける教育をしているのですから、それに見合うだけ授業料が高くてもいいかなというのが、理由であります。4つ目は、企業からいただけるご協力の中に一部、人のリソースだけではなくて資金的な面も視野に入ってきています。ここは契約上の問題があるのであまり詳しくは申し上げられないのですが、そちらも始まっています。

■質問で返すーアクティブラーニングをうまく機能させるー

司会 立教大学ではアクティブラーニングの研修をされたりして、先生方の授業に対する取り組みもある程度組織化していく試みが行われています。その辺りはどうですか。質問にはなかったのですが、「こうすると結構うまくいく」というようなことは、あるのでしょうか。

日向野 「うまくいく」ということかどうかはわかりませんが、教員が必要性を感じれば、一番話が早いわけで

す。たとえば先ほどのモスフードでもアップルでも日産自動車でもいいのですが、机の間を教員やSAが回っていると、「先輩、先生、これはどうすればいいのでしょう？」と質問されます。そのときに「マーケティングの本のここに書いてあったろう」とすぐ教えると、学びが浅くなってしまいます。そこで、質問に対しては質問で返すことを基本としています。ただし、どういう質問でも返せばいいわけではなくて、ある種の質問で返すと学生の学びが深くなるというスキルがあります。それをこの研修を通じてやっています。「どういう質問をどういうタイミングですると、学生は学習するか」ということです。そういう必要性は教員の方にも感じていただけているので、まだ全員ではないのですが、徐々に参加していただく方も増えています。

■授業時間外学習は増えているか

司会 「授業外学習の時間データはあるか？そのほか学生の日常の過ごし方が変わることは何かありますか？」という質問ですが、先生方で何か把握されていることはありますか。

松尾 データとしては持っていませんが、与えた課題は基本的に授業の時間内にできるわけがないので、1週間猶予を与えたら、おそらく2回か3回くらいはグループで話し合って、彼らのタイムマネジメントの中でやっていると信じています。

司会 その点は、落合さんに学生の立場からお話し頂いたほうがよいかと思うのですが、いかがでしょうか。授業以外に皆で集まって勉強したりとか、自分で本を読んだりとか、そういう時間をどれくらいとっていますか。

落合 私は基本的に、授業以外の普段の生活も、すべて授業に関わってくると思っています。就活においても社会に出てからも、「遊びは仕事で、仕事は遊びだ」と考えていますので、常に生活自体が学習だと考えています。授業内でも時間は設けられていますが、グループで話し合って実際に足を運んだり、皆でレーダーチャートにまとめたりということは、その時間内で終わるものでないため、皆で時間を決めて集まったりしています。

司会 高校でも、このようなアクティブラーニング型の授業はありましたか。

落合 高校ではなかったので、大学に入ってこのような授業を体験し、大変新鮮に感じました。

溝上 少しいいでしょうか。私は、かなりの時間の授業時間外学習をやっておられると想像していますが、だからこそ自己点検や教育成果としてデータを取られて示されたらとてもいいと思う訳です。

友野 それについては、工学部系では三重大学の電気電子工学科の例があります。この学科では、すべての必修科目を演習とセットにしていて、そこでは必ず宿題を出すことを学科

として取り決めています。その宿題は「平均3時間くらいかかるボリュームのもの」ということまで指定されているそうですが、三重大学は全学アンケートを取っていて、電気電子工学科の時間外学習は全学平均の2倍にも達していたというデータと、図書館調査によると「図書館利用率もいちばん高い」というデータが示されたそうです。

■プレゼン指導、グルーピング、準備時間等について

司会 グループワークなどのアクティブラーニングの指導に関わることで、「プレゼンの指導はどうされているか？」、「人間関係をうまく築けない学生の指導は？」、「グループの決め方は？効果的な決め方はありましたか？」、「準備にどれくらい時間がかかるのか？」という質問です。4つの質問をまとめてお話しください。

日向野 プレゼンの指導は、1つは場数、もう1つはフィードバックということですので、それは徹底してどの授業でも行っています。それから人間関係を築けない学生の指導は非常に重要なのですが、これに関しては私ども経営学部では入学式の前後にウェルカムキャンプというものを開催しています。そこでは「BL0」のさらに導入となるいわば「BL－1（マイナス1）」として、1泊2日で最初に友達を作ってキャンパスに行くという準備をしていますので、築けない学生は割合早期に見つかります。その場合、SAが非常に重要なピアカウンセラーの役割を果たしてくれるわけです。それでもどうしても馴染めないという学生も、1学年に1桁の前半くらいはいます。ただ、グループ学習の機会が少ない他の学部ですと、それが卒業まで露見しないということがあるのですが、我々の学部では非常に早期に分かるので、手も打ちやすいと言えると思います。3番目のグループの決め方は、これは先ほど申しましたキャンプのときから、毎学期シャッフルしています。いちばん苦情がでやすいのは男女比なのですが、男女比に加えて出身校と入試のルートといったバックグラウンドがばらけるように、コンピュータを使って全クラスと全グループを分けています。そのためのファイルメーカーのソフトも開発しました。次の学期からは、「前の学期に同じクラスにならなかった」という条件を加えて、またシャッフルしていきます。ですので、先ほど松岡さんが言ってくれましたように、3年生になると350人の顔をだいたい見たことがあるという現象が起きます。それから授業の準備は共通のスライドができてきますので、それを見てSAとディスカッションすることが準備の大半の時間です。知識をインプットするタイプの普通の授業と、時間的には変わらないのではないかと思います。

松尾 私もほぼ同意見で、プレゼンの指導、基本的にこれは場数だと思っています。学生に「プレゼンテーショ

ンをするのは当然のことだ」という認識をもたせるということです。そのためにはプレゼンテーションの機会をなるべく多くするということで、立教大学と同じように入学前からそうした機会を持たせています。入学者全員に対して高校3年生の冬の時期に、2日ほどの入学前教育を行い、1日目には「大学に入ったらどうするか」、2日目は「卒業後をどうするか」という形で、入り口と出口について2日間でアクティブラーニングを行います。その中ではプレゼンテーションが何回かあります。そういった形で入学前から、「産業能率大学においては自分を表現するということが非常に大事で、それが必須になっている」という意識を植え付けるようにしています。人間関係をうまく築けない学生の指導で一番手っ取り早いのは、教員がその人のメンタリティを理解してアドバイスすることだと思うのですが、敢えてこれはいちばん最後の手段にしています。基本的に最初は「グループで馴染めない学生は、グループ内で解決しろ」ということでやっています。それでも放ったらかしになって、全然参加しない学生がいるときは、その学生を呼ぶのではなく、そのグループの中のリーダー格の学生を呼んで、その学生から参加しない学生に対して、何かしら誘うようなアドバイスをしてもらいます。それでもどうしようもなく参加が難しいときには、研究室で1対1になって意見を聞くというよう

に、そういった段階を踏んで対応しています。ですからグループの決め方はランダムで、気を付けているのは男女比率くらいです。学力、過去のGPA等も、私の場合は全然参考にしていませんし、基本的には男女別でやっています。なぜそうするかというと、基本的には社会に出たときを想定しているからで、職場では誰とパートナーになるかわからないからです。気の合う人がいるケースもあれば、合わない人もいます。社会の疑似体験というと大げさなのですが、そういった意味合いも込めて、あくまでもランダムでやるとことを貫いています。準備も、日向野先生と同じように、普通の授業と比べてそんなに変わらないという印象があります。

■振り返りシートの負担と効果

司会 「200人の学生にコメントを返すのは現実的か?」「振り返りシートにはどのような内容を学生は記入するのか?」という質問ですが、いかがでしょうか。

谷口 コメントの問題は、「信頼関係がないと、いくらコメントを書いても学生は反応しない」ということを、ある大学から聞きました。その大学では「自分の担当の先生は熱意があるかどうか」とアンケートをとると、9割の学生が「熱意がある」と答えます。普通の大学では5段階評価で「まあ熱意がある」という程度で終わるのですが、その大学では「非常に熱

意がある」が7割くらい、「まあまあ熱意がある」が2割くらいです。そのように日頃から教員が面倒を見ているので、コメントを返すことを否定的にとらえるのではなく、むしろ先生自身が「返したい」と思うような、そんな学生との関係が築かれています。もちろん数は問題です。200人を一度にはできないと思いますが、多い先生では1人あたり40人とか45人という数の学生に、毎週コメントを返しているというところもありました。そこは手分けをしたりする等、そういう関係性の問題じゃないかと思います。それから「どのような内容を学生は記入するのか」という質問については、まさしくPDCAの中身を記入させていますが、2009年の初年次教育調査の例をご紹介します。振り返りシートには「今週の自分の振り返りを書きなさい」とあって、学生は「今週はアルバイトばかりして勉強はしなかった。来週は頑張る」と書いていました。翌週や翌々週の欄を見せてもらったら、「今週もやっぱりアルバイトばかりして頑張れなかった。次は頑張る」というように、ずっと同じことが書かれているのです。つまりそこに教員がコミットしていなくて、ただ形だけで書かせていたら、それは本当に意味がありません。裏にある「ハートフルな学生と教員との関係」というものがベースになって、振り返りシートが生きてくるのではないかと思います。

■キャリア教育とのつながり

司会 キャリア教育との関連ですが、学生同士の学びの中から、自分の強み弱みがわかったり、リーダーシップが出てきたりとなると、普通の授業の中でもキャリア教育的なことができるのではないかと思います。立教大学の学生の松岡さんに一言お願いできますでしょうか。授業の中で、何かキャリアにつながるようなことがありますか。

松岡 キャリアについて学ぶ機会は、日々感じています。特に授業という意味で、グループワークに限った話でいえば、先ほどグループ決めのところでも説明がありましたが、学生のバックグラウンドが本当にさまざまなので、自分が持っていない生い立ち…特に本学は留学生や帰国子女も非常に多く、海外を経験している学生が身近に多いわけです。そうした学生と話をすると、キャリアについても選択肢の幅が自然と広がりますし、海外を非常に身近に感じることができます。アメリカやヨーロッパだけではなくて、中国や東南アジアまで視野に入ってきます。1人だったらたぶん憧れでアメリカくらいしか思いつかないところが、「シンガポールに行ってビジネスをするというのは、こんなことなんだ」ということも、友達の学生から影響を受けます。

■今後の調査の方向

司会 最後の質問になりますが、まと

めて河合塾に答えてもらったほうがいいかと思います。「高大接続が大切。初年次教育の内容を高校に入れるとしたらどのようなことがあるか？」、「大学卒業後、社会人になってからの変化を検証してほしい」という内容です。

谷口　高大接続の肝は、「受動的な態度から能動的な態度に変容させる」ということです。それを、高校教育の中に、どういうふうに現場に埋め込んでいくかが問題です。仮に進学者には、知識注入しか行われていないと思いがちですが、受験知識の伝授も含めてアクティブラーニングに転換している高校の事例も一部ではありますが出てきています。つまりアクティブラーニングは、何も大学だけのシステムではないのです。それから、大学卒業後の社会人としての変化は、我々もぜひ検証していきたいと思っています。教育の成果は、卒業してすぐには分かりません。社会に出て最低4～5年たったときに、「あのときの教育はどうだったのか」というところを調査していきたいとは思っていますが、今はとりあえず各大学で行われている教育システムを調べている段階です。

司会　フロアから「この点については是非お話をお聞きしたい」ということがありましたら、お願いします。

■卒論について

会場（長野大学）　高橋と申します。いろいろ貴重なお話をいただき、ありがとうございます。両大学とも卒論は必修ではないようですが、卒論についてはどのようにお考えなのか、両大学にお伺いしたいと思います。

日向野　卒論は学部全体の方針ということなので、学部長がお答えしたほうがいいという気もしますが、私が個人的に思っているのは、卒論はあったほうがいいのですが、全員必修にしなくてもいいと思います。今のところ経営学部では約3分の2の学生が書いていますので、あえて「どうしても書きたくない」という学生に書かせることについては、あまり意義を認めていないというところです。あと私自身について言えば、卒論を、先行する研究を薄めてコピペしたようなものにしたくないので、10年以上前から、「必ず提案をつけろ。問題を見つけてきてクライアントを見つけて、提案をする。その提案の根拠として、理論や先行研究を使いなさい」ということをうるさく言っています。そういう発想があったので、この「ビジネス・リーダーシップ・プログラム（BLP）」ともご縁ができたのではと思っていますが、要は専門家が書いたものと、自分の卒論とを差別化するための1つの方法かなと思っています。

松尾　私は大学時代に卒論を書いたのですが、そういった分厚い研究レポートのような卒論のシステムは、産業能率大学の経営学部においては基本的にとっていません。理由としては、発表のときに申し上げましたように、

3年次・4年次ゼミの中に、4割程度はキャリア教育を入れているからです。その関係で専門教育の部分が薄くなっているため、その中で卒業論文という形で、かなりヘビーなワークロードを設定するのは難しいということで、一旦これはなくして、その代わりに自分自身のキャリアに結び付ける形でレポートを書かせています。4年生になったら、ほとんどの学生は内定先が決まるので、その行き先の業界について、自分なりの課題・展望をまとめます。それは卒業論文という形よりは、かなり軽いレポートになるのですが、それで対応しています。ただそれだけだと専門科目の質が担保できないので、先ほど説明したように「ユニット科目」を設けており、それを3年次でやってもらいます。そこに研究のワークロードをシフトするシステムをとっているということです。

司会 ありがとうございます。溝上先生、今日の感想がもしありましたら、一言お願いします。

溝上 「プレゼンテーションは場数だ」という話が非常に印象的でした。経営学部などの突出した大学の事例としてはそうかなと思うのですが、自分の京都大学の例を考えてみると、プレゼンテーションは最後の卒業研究や3年生以上の演習等科目以外ではさほど行われていません。だから今日の話は学生の顔がわかるような関係とか、そういう見えない仕組みがいろいろ入っていて、話がすごく豊かになっていると感じました。私が1年生・2年生対象の授業でプレゼンテーションをさせるときに、あるいはディスカッションは特にそうなのですが、発表する学生が相手の目を見ないのですよ。目を見ないし、顔も下げていくので、私は授業の最初に「顔を上げる。目を見る」という指導をかなり行います。ディスカッションのスライドを見せるときには必ず、その下に「目と目を合わせる」、「5秒に1回くらいはスマイルする」というテキストをつけています。大学によって、あるいは学部によってその辺りはかなり違うと思うので、「いろいろな裏の仕組みが効いてうまくやれていて、やれていないところはそういうものを作っていかないといけないのかな」ということを、聞きながら考えていました。今日は学生の方たちの素晴らしい報告も含めて、とてもよかったです。ありがとうございました。

大学事例報告Ⅳ – 経済・経営・商学系学部（大阪会場）

立命館大学（経営学部）

立命館大学 経営学部 副学部長・教授　石崎祥之

【Summary】
- ◻ ４年間のアクティブラーニングのカリキュラム設計
  - ➢ 初年次に「基礎演習」、２・３年次に「専門演習」、４年生はより高度なことに取り組む学生のための「卒業特別研究」と、４年間をゼミ設置。
  - ➢ ゼミ配置のポイントは２年生の谷間をなくすこと。３年次終了時点でレポートを書かせ、就職活動でその内容を活かす。
  - ➢ 半年から１年という短いタームの「プロジェクト研究」を設置。「専門演習」に入れなかった学生や留学する学生への受け皿にもなる。
- ◻ 学問を尊ぶ文化を作り上げる「ゼミナール大会」
  - ➢ 「ゼミナール大会」に多くのゼミが参加。最終のプレゼン場は全国のゼミナール大会。
  - ➢ ねらいは他流試合による発表の機会の創出、論文としての質的な向上、学生間の相互評価・自己評価に繋げる等。
- ◻ 起業したい学生へのアントレプレナーシップ プログラム
  - ➢ ４学部（経済・経営・理工・情報理工学部）の共通プログラムであり産学協同で進める。
  - ➢ 起業したい学生に「ゼミナール大会」と近い形で、学生ベンチャーコンテストを学外を含めて実施。
- ◻ 「学びのコミュニティの創造」
  - ➢ 立命館大学の長期計画のキーワードは「学びのコミュニティの創造」。
  - ➢ 学生の学びのスタイルの変化に対応した環境作りに取り組む。

1. アクティブラーニングのカリキュラム設計

　本学の場合はごく平凡的な単位数になっています。卒業要件の単位数はトータルで124単位です。教養と外国語科目を除くと、専門が68単位というところです。

　経営学部はいくつかのコースに分かれていますので、その中で自分の専門性を一番極めてもらうのに必要な単位が50単位ということになります。今日お話をするアクティブラーニングは、基本的にこの50単位の中に入ってくるわけで、アクティブラーニングの最終的な目標ということになるのでしょうが、昨今われわれは学生と社会との両方から、非常に厳しい目にさらされています。社会からは最近いろいろなところで、「学生の質保証をせよ」という話があります。「どういう力をつけたかということを、大学としても目に見える形で示してほしい」ということで、これは受け入れていただく社会からだけではなくて、実は学んでいる学生のほうからもそういう要求は多いのです。

　本学の場合は、学生自治会がありまして、そこから「学びの実感が得られる講義をしろ」、と言われます。学びの実感を得るにはどうしたらいいのか、という観点からすれば、ハードとソフトの両方があると思います。まずハード面で言うと、昔は大教室もゼミの教室も全部固定式の机でした。最近は当たり前のように可動式と言われる机、配置を変えられて自由にロの字型にしてディスカッションがやりやすい形にする机が使われるようになり、これも1つの改革だと思います。このようなハード面では改善が進みつつある一方で、われわれとしてはソフトのところをどうするか、という点が、学びの質保証に非常に重要なところになってくるかと思います。

　そういう中で、初年次教育が重要になると思います。**図表69**で示すように初年次の「基礎演習」は通年の必修科目です。基本的には全員指定されたクラスで履修します。内容は大学で学ぶことの意義やそのための基本的姿勢・態度を身に付け、レジュメの作り方、討論の方法、文献資料の探し方およびグループ学習を30人程度のクラスでやっていきます。大講義形式ばかりですと、すぐ馴染む学生とそうでない学生がいますので、少人数制のクラスを

編成して主体的な学びを1年生のうちから身につけてもらうことを目的としています。

このようにアクティブラーニングの基礎としての「基礎演習」という授業を行ったあと、2・3年生で専門のゼミに入るという方法を2011年度から取り入れるようになりました。この理由は大きく分けると2つあり、1つは2年生の谷間がやはり問題だということです。やはりこの谷間をなくさないことには4年間の系統的履修にならないので、少し早く始めることから生じるいろいろな問題がありますが、それでも2年生でやろうということです。もう1つは就職問題がありまして、3年生からゼミをやると、だいたい3年生の終わりから4年生、ある意味で一番大事な時期が就職活動で欠けてしまう。だったら2年生から始めてしっかり学ばせて、3年生ではある程度就職活動の前に目処をつけて、一応3年生が終わった段階でレポートを書かせる。卒論の前にゼミのレポートを書かせる形で1つの到達点を見出そうということです。

「じゃあ4年生はどうするんだ」という話については、全員ではないのですが、「卒業特別研究」を置いています。

2年生のゼミ「専門演習」は選択科目ですが、ほとんどの学生が希望します。今までは基本的に全員にゼミの定員を用意しようと、入学定員に対して

経営学部小集団科目

1回生　基礎演習
経営学の基礎を学ぶとともに、大学での学習方法を身につける。

2回生　プロジェクト研究
教員が提示したテーマについて、研究成果を発表する。

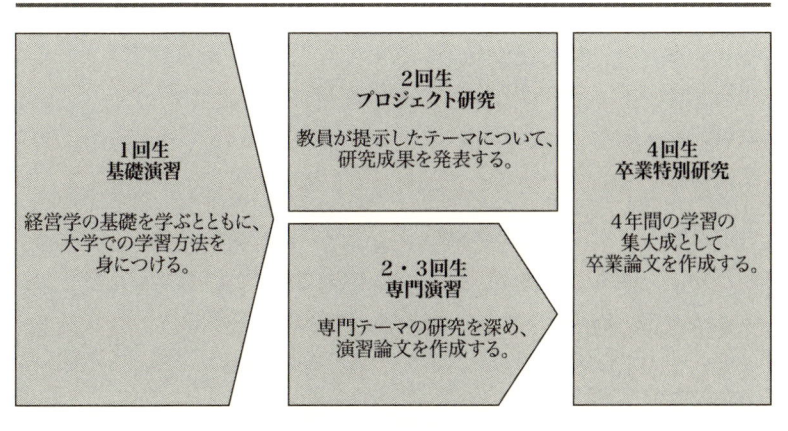

2・3回生　専門演習
専門テーマの研究を深め、演習論文を作成する。

4回生　卒業特別研究
4年間の学習の集大成として卒業論文を作成する。

図表69　立命館大学（経営学部）小集団科目

（立命館大学経営学部提供）

9割というゼミの定員を用意していたわけですが、2010年度は制度設計を変えて7割にとどめ緊張感をもたせています。その代わり、「専門演習」に入れない学生は「プロジェクト研究」という科目で救います。ゼミが2年制であるのに対して、「プロジェクト研究」は基本的には、半年から1年という短いタームでやります。さらに、最近は海外に留学する学生が増えていますので、「ゼミに入りたいが、ゼミに入っている2年間と留学期間の1年が重なるとゼミが中途半端になる」というような学生への対策にもなります。

「プロジェクト研究」は教員のほうから「私はこういうテーマでやります」と言うテーマ提示型と、学生のほうから「こういうテーマでやりたい」と言う応募型の2つがあります。

2．ゼミナール大会

「専門演習」も放っておくとタコつぼ型というか、教員の押さえる範囲内に終わってしまいます。もう少し他流試合をして刺激を与えることも必要だろうということで、本学の場合は「ゼミナール大会」を開いています。ゼミナール大会とは、個人や班で1つの研究テーマについて深く探求し、学内発表する場です。参加対象は経営学部に所属する2年生以上の学生で、プロジェクト研究からの大会への出場はできません。

大会の流れは、最初は可動式机の小教室の中でテーマごとに4グループくらいがプレゼンテーションして、この4グループの中から最優秀チームが1つ選ばれます。そして、そういう最優秀チームが最終的に30くらい集まったなかで、最終のプレゼン大会を少し大きな会場を使ってやります。そしてこの中で優秀賞をとった学生が全国のゼミナール大会に出て行きます。

大会の意義としては、他流試合をして発表の機会をもつこと、論文としての質的な向上を図ることです。最後の卒業論文までに、「論文なんてインターネットから適当に拾ってきて適当につなぎ合わせればいいんだろう」と考えてしまうことがあるかもしれませんが、低学年の段階で「それは学術の世界では犯罪行為なんだ」ということを徹底できます。また、最初は小さな教室ですが、最終的には大きな場でやることによって、プレゼンテーション能力

を向上させていくという意義もあります。

テーマ例は、トヨタ自動車のハイブリッド車の拡販戦略というものもあります。京都のお香の松栄堂という老舗企業の経営戦略みたいなものに取り組むテーマもあれば、さらに、滋賀という地域性を生かして、びわ湖のブラックバスなどの外来魚を活用して滋賀の活性化につなげられないかという変わったテーマまで、幅広くあります。テーマは全部で200くらいあります。

3．アントレプレナーシッププログラム

次にアントレプレナーシッププログラムについて説明します。本プログラムは、4学部（経済学部・経営学部・理工学部・情報理工学部）の共通プログラムであり、原則として16単位のパッケージ履修を履修要件としています。

2年生以上に科目設置されています。経営学部が中心となり、他学部を含め120名程度、その内経営学部が80名程度履修しています。

プログラムでは、企業を起こしたいという学生に先ほどのゼミナール大会と近いような形で、学生ベンチャーコンテストを学外を含めてやっています。

入賞した学生あるいはチームに対しては支援金を出します。そして、実際にやりたいのなら、学生起業家支援激励金というものもあります。これは当然大学だけではできませんので、産学協同ということで地方自治体等々含めて、こういうプログラムを実施しています。

ハード面では、例えば地元滋賀県草津市の情報産業起業支援室学生ブースを格安で借りられるという支援をいただいています。実際に学生が企業を起こすという、われわれから見ると高度なことをしています。

4．アクティブラーニングの効果と今後の課題

先述のように、1年生の「基礎演習」から2・3年生の「専門演習」、あるいは「プロジェクト研究」、最後の仕上げとして4年生の「卒業特別研究」がありますが、それがどのような効果があるかというと、ともすれば大規模

大学で大きな教室で講義を受けているだけというような受身の体勢から、自分が何かを学んでいくという主体的な学びの確立への転換が期待されています。最近の就職の状況等々を考えますと、やはり自ら主体的に動けるかどうかということが、企業から非常に厳しく問われています。われわれとしては単に講義を受けるのではなく、「これが学びたいからこうするんだ」と積極的に動ける人間を作っていきたいと思っていますし、それに対しては一定の効果が出ているのではないかと思います。河合塾の報告の中で、「平均学習定着率は単に聞くだけでは5%だが、他の人に教えると効果が90%になる」という話がありました。1年生の「基礎演習」では、30名のクラスに対して2～3名の先輩の学生が入ることになっていて、これを立命館大学ではオリエンテーターを略して「オリター」と呼んでいます。彼らは「大学ってこんなところだよ。資料はこうやって集めるんだよ。こういうふうにパワーポイントを作るんだよ」ということを教えます。先輩が身近な例として出てくることによって、新入生にとっても非常に効果的に学べるということと、実は教えているほうに一番の効果があって、わずか1年しか変わらないのですが、教える責任というか、先輩としての自覚が出てきます。それがその後の学生生活を積極的に送っていくうえでのきっかけになるという点では、大学の中で教えるというシステムを作っていくことは、非常に重要なのではないかと思っています。最近はやはり企業のほうから、「うちの企業で何をしたいのか」ということを厳しく問われる傾向にあります。そこで、「自分ははたして将来どういうふうになりたいのか」という職業観を、こういうアクティブラーニングに積極的に関わることによって培う効果があるのではないかと思っています。

　最後になりますが、立命館は今110周年を迎え、2020年に立命館がどうあるべきかというところで、R2020という長期計画を作っています。そのキーワードが「学びのコミュニティの創造」です。学生が自ら学んでいくのはもちろんなのですが、そのためにどういう環境を作るかです。教室だけではなくてたとえばサークルもあるでしょうし、ゼミナール大会の運営委員会みたいなものもあるでしょうし、そういうものをいかにたくさん作って、いかに有機的に連携させていくかということが今の課題になっています。そのため

には、例えばハードとして、びわこキャンパスには「セントラルアーク」と呼ばれる建物があり、学生が自由に集って気兼ねせずにわいわい話せる空間も作っていますし、京都のほうの衣笠キャンパスでは、図書館の中に新しい空間を作っています。図書館ですから静かに本を読むところなのですが、最近はそれぞれがパソコンを持ち寄って、そのデータをもとにディスカッションをするのが学びのスタイルになってきています。そういう学びのスタイルの変化に対応した新しい部屋の確保にも、今取り組んでいます。今後はアクティブラーニングの延長線上に、このような学びのコミュニティが必要だし、それが作れるかどうかが大学の大きな評価につながるのかなという思いがあります。

大学事例報告Ⅳ – 経済・経営・商学系学部（大阪会場）

武蔵大学（経済学部）

武蔵大学 経済学部教授　黒坂佳央

【Summry】
- ゼミ重視
  - 1～4年次までゼミ中心のカリキュラム設計。2011年度入学生からは4年間のゼミをすべて必修化。
  - ゼミの定員は最大でも20名以下と少人数制。
  - 1年次前期の「教養ゼミ」では、学科自作の統一テキストなどを採用し標準化を図る。
- コース制と専門ゼミで学びを連動
  - 2年次からのコース選択はゼミ選択と相互にリンク。
  - コースという枠組により、「専門ゼミ」とその関連科目を判りやすくさせ、学びを体系化。
- ゼミへのモチベーションを高める「ゼミ大会」
  - 大多数のゼミが参加する「ゼミ大会」を開催。学内外の審査員で実施し、1・2位の優秀なゼミを表彰する。
  - ゼミ内で大会参加をめぐって競争が起こるなど、ゼミ生のモチベーションは高い。
- 多様な視点を身につける「三学部横断型ゼミ」
  - 「三学部横断型ゼミ」は経済学部・人文学部・社会学部の3学部が1クラスに混在する形で取組む。社会人基礎力の能力要素の向上も目的とし、経産省の社会人基礎力プロジェクト事業にも採択される。
  - 産学連携のもと、各学部の専門性を活かして連携企業の「学生向けCSR報告書」を作成。
  - 異なる学部の学生同士が一つのゼミで学ぶことにより、学生が「横のつながり」の重要性、自己管理力、チームワーク、リーダーシップを身につける。

1．ゼミ中心のカリキュラム設計

　本学のカリキュラムの特徴は、学生約400名に対し、教員約40名という少環境を活かして、1年次から4年次までゼミナールを中心にしたカリキュラム設計にしていることです。2010年度入学生までは4年生のゼミは必修ではありませんでしたが、2011年度の入学生からは4年生も必修になるような形にカリキュラムを変えました。ゼミの定員は最大でも20名以下です。「もう少しとってもよいよ」という教員がいると、20名を超えることもあります。

　私が赴任した1980年頃、本学部1年生のゼミは通年の「教養ゼミ」として設定されていましたが、現在は前期と後期に分けて、前期を「教養ゼミ」、後期を「プレ専ゼミ」としています。現在の「教養ゼミ」では、個々の教員がバラバラに授業をするのではなく、学科ごとに標準化されています。経済学科では「理論・政策・歴史」という枠組みの中で各先生独自の切り口で、経営学科は資料の集め方・プレゼンの手法という共通テーマで、金融学科では学科で作成した同一テキストをどの教員も使って、まずは4年間での学び方について教えています。後期の「プレ専ゼミ」では、2年生で選択する専門ゼミとコースについて考えさせます。なお、本学部では専門ゼミとコースを連動させたカリキュラム設計になっています。

　2年生から4年生では、単に「専門ゼミ」で勉強するということではなく、教養科目や専門科目で学んだ内容を、いかに「専門ゼミ」の学習の中で応用できるかというところが最大のポイントとなります。したがって、「専門ゼミ」とそれ以外の科目を脈絡無く履修するのではなく、できるだけ「専門ゼミ」と関連した科目を履修させるようにしています。また、これを促すために、前述のコースという枠組みを設置することによって、「専門ゼミ」とその関連科目がわかるように設計にしています。

2．コース制に基づくカリキュラム設計

　次にコースの説明をします。2011年度から本学部では、経済学科は「国

際経済・経営」「経済学と現代」、経営学科は「ビジネス」「ビジネスデザイン」「企業会計」、金融学科は「金融」「証券アナリスト」という 7 コースを設置することになりました。2010 年度までは、経済も経営も、特別コースを含めて 4 コースずつあり、金融の 2 コースと合わせて 10 コースありました。このコース改編の最大のポイントは、所属学科と異なる学科のコース選択ができるということにあります。経済学部では、何をやるかわかっていないまま、「とりあえず大学に行かないと始まらない。そしてとりあえず就職するのにはいちばん問題がないだろう」という考えで入学してくる学生が多く見受けられます。このように動機が定かでない学生もいますので、われわれとしては、入学してからやりたい勉強がわかったときに、学科を越えて学べるような形にしました。基本的に経済学部内の全 3 学科間での転科は認めていません。ですから、「ある学科に入ったけれどもそれと異なる学科の勉強をしたい」と考えた場合に、必修科目のウェイトがあまり大きくないような形で、学科を越えて学べるようにしました。しかしそうなると、そもそも学科の意味がなくなってしまう恐れもありますので、学科自体の必修科目は必ず設けるようにしました。現行のカリキュラムで学科を越えて学ぼうとした場合、当該学科の必修科目数が多いため、当該学科以外の科目を積極的にとろうとすると、卒業必要単位を超えてしまう可能性が生じ、学生側にモーチベーションの高さが要求されることになります。今回のカリキュラム改編では、卒業必要単位内で当該学科以外の科目が選択できる自由度を高めるようにしました。基本は縦のつながりを意識しているのですが、横にも自由度を増やしたというのが、今回のコース改編の特徴です。

3.「情報処理入門」と教養ゼミの連動

　アクティブラーニング重視の視点から、最初の知識の定着を学生中心で主体的に取り組めるようにということで、通年の入門ゼミ「教養ゼミ」を、前半「教養ゼミ」、後半「プレ専ゼミ」というように、目的をはっきりさせて分けました。また同時に「教養ゼミ」に関しては、授業の内容が標準化されました。つまり教員個人で教える内容を決めないようにしたということです。

その中で大事なのは、「情報処理入門」のコンピューターリテラシーです。河合塾の報告では、情報処理科目の学習がアクティブラーニングになっているのは当然であるとして調査対象から外されていましたが、あえてお話させていただきます。本学では、「情報処理入門」を必修科目とし、コンピューター教室を使って、1クラス40〜50名で実施しています。そして実際にここでやっていることが、ゼミで活用されています。例えば私のゼミの場合、普通科高校を出ている学生は通常の受験勉強をしていて、商業高校や工業高校のようにコンピューターを授業の中で使うことをあまりやっていませんから、「パワーポイントで資料を作れ」と言ってもドキッとする学生が結構います。この克服のため、1年次に「情報処理入門」を、「教養ゼミ」や「プレ専ゼミ」と並行して学ばせることで、学んだばかりのメールの操作法やワードの使い方などをすぐにゼミで使えるようにしています。プレゼンするときも、単なるレジュメを配るのではなくて、簡単でもよいからパワーポイントを作ってやらせます。これにより、のちに取り組む「ゼミ大会」や、企業に入って求められることもなるべく意識させるような形にしています。今の学生は、「今やっていることが最後にどこでどのようにつながっていくのか」というところまで教え込まないと、なかなかモチベーションが上がりません。それをやらないと、とりあえず単位を取るという形になってしまいます。少しやる気がある学生であれば、評価について「CよりもBのほうがよい」、「BよりもAがよい」という意識を持ってはいますが、問題はAを取った学生が、それを使ってどうなるかということです。例えばハードル走であれば、ハードルを飛び越えたら終わりということではなくて、最後のゴールまでたどり着かなければダメです。情報処理教育も同様に、単にワードやメールの使い方を教えるだけではなく、具体的にそれをどうやって使わせるかというところも組み合わせて教えることが重要になります。このような仕組みづくりが、アクティブラーニングの視点からカリキュラム設計をする際の重要なポイントであると思います。

4. 4年間を通じたゼミの必修化

　それから、2年生の「専門ゼミ2」の位置付けについては、大学の中でも非常に試行錯誤しました。私が本学に赴任してきたときには、1年生で「教養ゼミ」をやって、1年間あけて3・4年生で「専門ゼミ」をやっていました。しかし、当時そこで問題になったのは、1年生の「教養ゼミ」で集団討論やレジュメの作り方などをせっかく教わっているのに、2年生での講義中心の学習を経て、いざ3年生の「専門ゼミ」になると、「教養ゼミ」で身につけたものが消えてしまっていたということです。そこで、ゼミの単位数はそれほど増やせないということで、「専門ゼミ」の開講時期を半年間前倒しにして、2年生の後期からということにしました。しかし、それでも2年生前期のブランクの影響があるということで、「専門ゼミ」を2・3年生へと前倒しました。ところが今度は、最後の4年生に「専門ゼミ」が無くてよいのかという話が出てきました。結局、それまでの教員の授業ノルマ数（1週間に担当すべきコマ数）を4コマから5コマに増やし、4年生でも選択の「専門ゼミ」を設置して2010年度まで至っています。

　そしていよいよ、2011年度より実施されるコース改編では、4年間のゼミがすべて必修化されます。本学はゼミ中心でやっているような大学です。ノルマが1つ増えて5つになったのですが、5つの中で4つをゼミに充てるという決断をし、より高度な学習者中心の体制を目指すことにしました。

5.「ゼミ大会」

　高次のアクティブラーニングとしては「ゼミ大会」があります。昨今進展する大学進学のユニバーサル化による学生の質の変化に伴い、ゼミもやりっ放しではなく、やったことを評価したり聞いたりするという形にしようということで、2004年から、「ゼミ大会」のやり方を変えました。

　「ゼミ大会」は、経済・経営・金融の3つのブロックに分けて、各ゼミが出してきたテーマをもとに、似たようなテーマの4～5ゼミが集まって1セッションを構成します。

発表時間は 20 分で、必ずパワーポイントでプレゼンするという決まりになっています。審査員は学内の教員 2 名に加えて卒業生 2 名の合計 4 名です。この審査のやり方も、最初は全部終わってから相談をして決めていたのですが、そうすると恣意性が出てきます。例えば、オリジナリティがあるかとか、棒読みになっていないかとか、そのようないくつかのポイントを決めて、各教員が何点かを採点し、点数を単純合計をして評価するというような形に変えました。表彰式は、ゼミ発表が終わったあとの懇親会の会場で、審査結果に基づいて行われます。優勝と準優勝、準優勝も 2008 年頃から表彰することにしました。優勝チームには、賞金 4 万円が進呈され、準優勝にも賞金が出ます。これらは全て経済学部の予算の中で予算化されています。それから食べに来るだけの学生もいますので、次年度からは飲食関係の予算も増やすという話もしています。

　負けたチームの中には、審査結果の発表会場で非常に悔しがっている学生もいたりします。今の学生はどうしても、他人が評価してあげることをやらないと、なかなかやる気が出てきません。私が受け持つゼミは、2010 年に優勝しました。そのチームには 3 年生が 1 人しかいなかったので、3 年生以外に 2 年生も若干メンバーに加えました。優勝が決まった瞬間にその 2 年生は、「これでやっと大学生になった気分がした。これだと友達に自慢できる」と言っていました。私は、その学生が感じたこのような連帯感や達成感を、在籍中に体験して卒業させることができるかが、アクティブラーニングにおける 1 つの重要なポイントではないかと思います。

6．高次のアクティブラーニング―「三学部横断型ゼミ」

　「学部横断ゼミ」は、2007 年から開始しました。もともとのきっかけは、社会人基礎力という考え方を使って、ゼミ中心のカリキュラム構成の本学の特徴を何とかアピールしようという狙いでした。その結果、社会人基礎力のプロジェクトに応募して、採択されて研究費をもらいました。これで期限付きですが助教の方を各学部で 1 名ずつ雇用することができました。そして今は約 120 人が履修していますが、2011 年からはもう少し規模を大きくして

やります。

　本学の場合は同じキャンパスの中で4年間をずっと一緒に過ごします。サークルなどでは3つの学部の学生が混ざっていますので、サークルだけではなく勉強面でも3学部が一緒になってやったらどうかと考えました。教員も合わせて100名くらいで、比較的コミュニケーションが取れている大学です。そのような環境を活かして、1学部から10名ずつ集まって3学部混成の1クラスを編成して取り組みます。対象企業は、名前の通っている企業ではなく、学生があまり知らない企業にお願いしています。知らない企業であれば、学生もその企業をいかに社会に認知させるかということに頭をひねらざるを得ないからです。

　3学部の役割分担では、経済学部は経営状況などこの企業を数字で表すとどうなるかという観点からアプローチします。これに対して人文学部は、「企業のイメージを色に例えるとこうだ」とか「広報誌でその企業がやっていることを伝えるにはどういう感じの色にしたらよいか」といった観点からアプローチします。経済学部ではなかなかこういう観点からのアプローチはできません。また、メディアを扱う学科がある社会学部では、映像など非言語のメディアを使ってコミュニケートするということを担当しています。このように各チームに分かれて活動し、最後にはこの授業を通じての自分たちの成長を振り返ります。「積極的に行動する力が身についたのか」、「チームメン

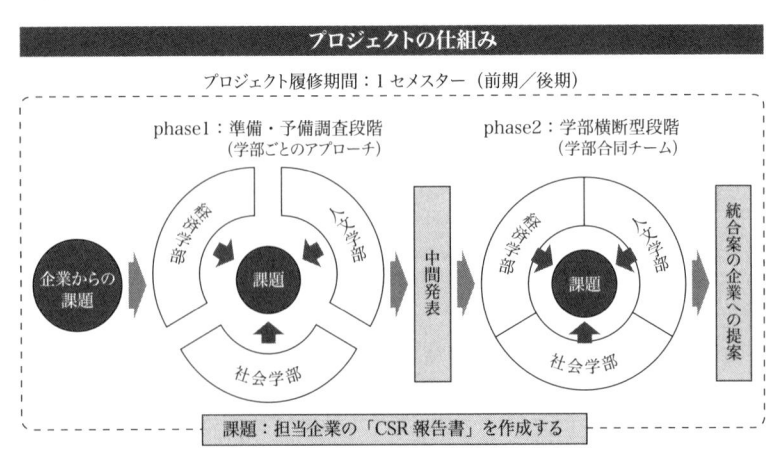

図表70　武蔵大学　三学部（経済・人文・社会）横断型ゼミ

（武蔵大学提供）

バーとのコミュニケーションはどこまでとれたのか」、「自分たちのオリジナリティをどうやって出したのか」というようなことを振り返ります。そしてこのまとめとして、各学生が「自分はどのような社会人基礎力がどれくらい身についたのか」という観点から発表会で報告します。

図表 70 で示したように、「三学部横断型ゼミ」の進め方は、まずは phase1 で予備的なアプローチをします。その企業がどういう企業なのかということを、各学部の学生が自分の専門知識に基づいて考えます。経済学部であれば数字を中心に、人文であればそのイメージを、そして社会学部であればその伝え方を考えます。次に中間発表をし、依頼されている企業のコメントを聞いて、そのコメントを取り入れた上で最終発表を行います。12月には次年度の授業に向けて新しい学生にPRできるように、学内でこの発表会をやっています。そして、学生が提案したロゴやキャッチフレーズが、実際に企業に採用されることもあります。

7．ゼミナール中心カリキュラムの教育効果

最後に、このような取り組みから、どのような教育効果があったかをご説明いたします。それぞれのゼミや4年間を通じたゼミの教育効果を定量的に測定することは行っていません。しかし、多くの教職員は、学生が学年ごとの段階的な「縦の成長」を実感でき、豊かな自主性やコミュニケーション能力の育成に成果をあげていると感じています。また、高次のアクティブラーニングの「三学部横断型ゼミ」では異なる学部の学生同士が1つのゼミで学ぶことによって、学生が「横のつながり」の重要性に気付くとともに、自己管理力、チームワーク、リーダーシップを確実に身につけ伸ばすことができていると高く評価しています。この「三学部横断型ゼミ」は2011年度から1クラスを増やすため、助教を加えてチームティーチングの体制を強化していきます。

質疑応答Ⅳ

パネラー：溝上　慎一（京都大学高等教育開発推進センター教育学研究科准教授）
　　　　　黒坂　佳央（武蔵大学 経済学部金融学科教授）
　　　　　石崎　祥之（立命館大学 経営学部副学部長・教授）
　　　　　友野伸一郎（ライター・ジャーナリスト・河合塾大学教育力調査プロジェクトメンバー）
　　　　　谷口　哲也（河合塾教育研究部統括チーフ）
司 会 者：成田　秀夫（河合塾教育研究開発本部開発研究職）

開催日：2011 年 1 月 10 日　場所：河合塾大阪校（大阪会場）

■講義と演習等の組み合わせ、授業時間外学習について

司会　まず両大学に「講義と演習等を組み合わせた授業についてどう思いますか？」「授業外学習時間についてどう思いますか？」という質問です。

黒坂　授業外学習時間について思うところを述べます。私が留学していた当時のアメリカの教育のあり方は、高校までは自由にやらせて、大学に入るととにかく一定のパターンを叩き込むというものです。ある大学で合わなかったら、容赦なく違う大学に行くという形になっています。また、アメリカの大学で非常にすばらしいと思うところは、同じ科目で週2回の授業を行う点で、これは日本の大学ではなかなかできていないことです。ただそれに少し近づくという意味では、1年間を通して24～25回ある1科目の授業を前期と後期で分けるようになって、前半と後半で少なくとも2回試験ができるという形になりました。次の問題は、アメリカの場合は必ず授業外の時間が多くなりますが、それを支えているのは大学院生だということです。出した宿題は先生が採点しているわけではなく、ティーチングアシスタントが採点をして、先生はその結果を見ながら教え方を変えていく形になっています。日本の場合は、大学院生がそこまでやっているのかどうかというところが、一番のポイントです。大学院生をそのような形でつかうことは、基本的に大学院生の生活費をその引き換えに渡しているわけです。だから、アメリカ並みに授業時間外学習が増えて、学期中はほとんどアルバイトができず勉強だけに集中させるには、勉強以外の時間がないようにさせるしかない。そのためにはやはり、やりっ放しではなく、やったことをきっちりチェックして返す必要がある。相手が逃げられなくなということです。そのためには大学院生に生活費を渡して、そういう仕事をやらせるシステムを作らない限りは、ちょっと無理ではないかという気がします。だからたとえば奨学

金なども、大学院生にそのまま渡すよりは、ある種の給与のような形で渡して、あとで返してもらう部分と、仕事をやったので返さなくていい部分に分けるとかがあってもいいのではと思います。日本ではほとんどの教員が、授業以外に時間がないと思いますが、そういう意味で先生の授業外時間を作るためにも、そうしたシステムを導入すべきではないかと感じます。

石崎 先ほど申し上げたように、トータルとしてハードとソフトというところになると思うのですが、今考えているのは、そもそも立命館大学のような大規模大学の場合は定員が多すぎるという話があり、1学部で700～800名ということになりますと、事実上コントロールがききません。今日のお話全体をお伺いして、先ほど黒坂先生ともお話ししていたのですが、武蔵大学のように小規模だと教員間のコミュニティもあるし、非常に目の行き届いた丁寧な教育ができます。これはやはり我々のような大規模大学でも考えていかないといけないことで、実は京都から滋賀県に移ったときに、たとえば「800名の大教室はもう止めましょう」という話になって、400名程度に抑えることになっていたのです。ところが実際に行ってしまったら、変わっていなかった。ですから教室というハード面では、まず300名ずつ3コースくらいに分けてやるという話があります。もう1つは、「チュートリアルシステムを入れたい」という話があって、講義とオーラルでやれるような授業ができないか、という検討をしています。そのときに、先程黒坂先生がおっしゃったように、では教員の負担はどうなるのかという話になった場合に、本学の基礎演習では基本的に専任教員だけで回すようにしています。基礎演習を担当するということは、ゼミを1つ担当することと同じことで、教員にとっては非常に厳しい負担になります。ですから、今は、基本的には助教の先生に担当していただくことにしています。それが1つです。本学ではTAも使ってはいますが、アメリカのように大学院生を活用するとなると、実際にはいろいろな問題があり、やはり今のところ難しいと考えています。それから学生からの要求で、「答案を返却してほしい」というものがあり、今のところ法学部の1年生の一部だけですが、これをやっています。この取り組みは結構大変で、いったん回収して成績をつけた答案をもう一度返すということでは、間違いがあってはいけないので、成績表に合わせてホッチングして返しています。しかし、ミスがまったくないわけではないため、この辺りをどうしたらいいのかという点があります。ただ、これは「やる」ということで学生と約束しましたので、来年からは実施します。そのときに本当はコメントをつけられれば一番いいわけですが、数百枚の答案なので、それをやって

いたら大変なことになります。そこで、試験講評をオンライン上で徹底するようにし、自己採点をしやすくしようと考えています。学生の側からも、1年の段階でどこまで大学の講義を理解して、自分なりに主体的に取り組めたかというところを、答案の返却を通じてやりたいという希望がありますので、これをぜひ基礎5科目からやっていこうと考えています。

■アクティブラーニングの規定は何か

司会 次に「何をもってアクティブというのか？授業中に質問すればアクティブか？」、「学問系統によってアクティブラーニングの親和性に差があるのでは？」という質問があります。ここは河合塾に答えてもらいましょう。

友野 最初の「何をもってアクティブというのか？」ですが、受動的なパッシブに対して、学生が何らかの能動的な関わり方をすれば、まずいちばん広い意味でのアクティブではあるということだと思います。基本的に私たちの調査で提示しましたように、いわゆる知識定着型と高次のアクティブラーニング活用型というように分けましたけれど、いちばん広い概念としては、やはり学生がただ聞くだけではなくて何らかの能動的な動きを行う、それがいちばん広い意味だと思います。ですから、質問すればアクティブかといえば、それはある意味ではある程度アクティブであるということが言えると思います。2番目の質問ともそこは重なるのですが、学問系統によってアクティブラーニングの親和性に差があるのかというと、一般的に言えば差があるという調査結果が学系別に現れています。でも一番問題なのは、学習者中心ということを報告の中でも再三言ったと思うのですが、教育力とか学習者中心というのは、先生が何をしゃべったかではなくて、学生が何をできるようになったのかということを基準にすべきではないのかということです。それこそ4年間、毎週90分間、学生が寝ていようが何していようが関係なく先生がずっとしゃべっていて、そして学生はそのまま卒業して行ってしまう、しかも卒論もない、というようなことが実際にあるとすれば、「学生をどのように育てたのか」という質保証を考えたときには、そこから踏み出していく必要があるのではないでしょうか。私たちの調査では、「法学部がアクティブラーニングの導入度が低い」というような学系的な問題を示しましたが、実はこれは「当学部は向いていない」というような意識になってしまっていて、「学生たちに何もしないまま卒業させているという現状に無関心のままである」ということを表現しているのではないだろうかと思うわけです。少なくともそういう面もあるのではないかという点を、問題提起したいと思います。たとえば法律について、先ほどからずっと話題になっている

一般的なアクティブラーニングが有効でないとは絶対に言えないと思いますし、そういう知識を確認していくためには、講義だけではなくてその中に演習や小テストや宿題を組み込んでいくということが当然ありうるわけで、そういうものを学系別に、むしろ意識して取り組んでほしいというのが、私たちのメッセージでもあります。

溝上 友野さんの説明で大体いいのですが、「アクティブラーニングとは何か」という話は、アメリカでも本当によくなされていて、例えば、いわゆる普通の伝統的な講義の中で、学生は何も話したり何も発言したりしないのですが、積極的に話を聞いているということがあります。このような場合はアクティブであると言えるのではないか、アクティブでない学習などあるのかというようなことは、私たちが普通にするように、アメリカの先生の間でも結構議論されています。そういう中で、高等教育の関係者の中で一定程度出てきているまとめ方は、アクティブという言葉で拾っていくと、いろいろおかしくなってくるのですが、「従来の伝統的な講義はパッシブであったので、そこから脱却していく、例えば講義の中でもやはり発言をさせるとか、あるいは横の3人くらいで議論させる。そういうものを入れていけば、それはアクティブラーニング型の授業になる」という具合に、アクティブという言葉から定義するのではなくて、「パッシブ以外は全部アクティブだ」という定義でいろいろ議論しているというのが、一般的な見方ではないかと思います。ただ学問的な定義としては非常にあいまいなわけですから、パッシブ以外というところで拾って定義をしていく場合の問題点があります。いろいろな学習活動、例えば、講義の中で少し入れていくディスカッションと、演習やチュートリアルなどでやっていくディスカッションとでは違うわけです。そこでどういうレベルの力をつけようとしているのかというアウトカムズとアクティブラーニングのつながりを意識しながら議論していくというのが本筋だと思います。

■2・3年次でゼミを行う場合の4年次の課題設定

司会 両大学に出ている質問ですが、4つの質問をまとめてお答えいただければと思います。「ゼミを2・3年で行う場合、4年生の目標は何か？」、たぶんそれと関連してくると思うのですが、「就活に忙しい4年にゼミの効果はあるのか？」、それから「進級制度はあるのか？もしあれば、それは学習規律に役立つか？」、そして一番多かったのが「アクティブラーニングによって学生が変わったという具体例を示してほしい」ということです。

黒坂 最初の質問ですが、私どもが2011年4月から導入するカリキュラムの意図について申し上げます。本

学経済学部では、これまで4年次のゼミは選択科目として設けていました。学生には、4年次では就職活動があるので、必修というものは3年次までになるべく早く取り終えたいと非常に強く思っています。そして就職活動が終わってしまうと、特に何かやりたいことがあるわけでもなく、大学での勉強は会社にそんなつながらないだろうということで、会社から要求されるいろいろなことに応じたほうがいい、と考えてしまいます。そこで我々は、このような状況を踏まえ、経済学部では4年次のゼミを必修にして、彼らが想像していない部分もやらざるを得ないだろうという結論に到達しました。とは言っても、そう簡単に就職先は決まらないので、必修のゼミとはいえあまり無理は言えないのですが、やはり最低限の、例えば卒業論文を執筆させるなどのことはやらせたいと考えています。ただ4年次の終わりに、複数の審査員を設けてチェックをするような卒論は少しハードルが高いので、それに代わるようなものが何かということをこれから考えていくというのが1つです。また4年次のゼミも、問題はやり方だと思います。多くの学生は卒業するために履修をこなしているだけで、どんなに頑張っている子や優れた子でも、やっていることが最後にどのようにつながっていくのかということを分かっていません。将来をある程度意識させないことには、やはり基礎の勉強に身が入らないということです。昔は大学に進学することが今よりも難しかったので、必死に勉強せざるを得ませんでした。とはいえ、好きで勉強していたわけでもなく、そうしないと上にあがれないという足枷があったので、やっていたわけです。しかし今は大学の数が減らずに18歳人口が減っているので大学にも入りやすくなり、かつ大学側も学生を確保するために門戸を広げているため、大学での学生の選別機能が低下してしまいました。その結果、これまでは高校で身につけておかなければならなかったことを大学で教えざるを得なくなってしまいました。だからこそ、基礎的な勉強がどういうことにつながるかということを、学生にははっきり教えないといけません。それが、その子の人生にとって意味があるかどうかは、また別です。それはその子がやってみた結果、判断することです。そして、こういうことをやっておかないと、ゼミの効果は上がってこないと思います。

　その次の進級制度では、本学の場合は3年次から4年次に進級するときに、124単位のうちの88単位までを履修している必要があります。以前は2年次から3年次に進級する時にこのような関門を設定していました。しかし昨今の就職活動の状況を考えると、4年次になって40も50も単位を残した状態で就職活動をするよりは、就職活動前にある程度の単位を取得しておいたほうがいいと考

えたからです。一番困るのは、「就職の面接があります」とか「説明会に出ないといけないから授業を何とかしてください」という嘆願がすごく多いことです。これらを封じるためにも3年次の終わりにハードルを設けて、3年次でアウトになると進級できない、就職活動ができないという設計にしました。4年次はやはり就職のことを考えると、あまり重い負担はかけられませんし、とはいえ就職活動が終わったらあっさりと通してしまうという具合でも、結局最後に大学でやったことは何もつながらなくなってしまいます。どこかでエアポケットがあると、後で取り戻すのにエネルギーがかかります。ですから、そういう意味では4年次のゼミを必修化し持続性をつけさせたいと思います。あまり厳し過ぎても無理が出ますが、かといって緩くすると本当に緩くなってしまうということです。最後に本当に学生が変わった具体例ですが、私の体験でも、学生をどれだけ変わらせることができるかということは、教師が本気になるかならないかということにかかっていると思います。私が一番元気だったときには、当時私が担当していた1年次の「マクロ経済学」と「ミクロ経済学」の必修科目で、出来の悪い学生を容赦なく再履修にさせました。それでも「最後の4年次では先生もあきらめて簡単に単位を与えるだろう」と考えて最後まで勉強しない学生もいました。しかし私は手を緩めず、その後の再履修でも不合格になる学生が随分いました。4年生で再試に臨む学生には、最終チャンスとして3月に全3回の補講をしました。補講では内容の理解を徹底させたため、厳しさゆえに授業中に体調を崩す学生が出たり、課題や復習のために前日から寝ずに授業を受けている学生もいたりしました。そこでわかったのは、どんな学生もそれくらい追い込むと本当に勉強しますし、やればできるということです。その学生たちは最後に卒業式の謝恩会があったときに、「初めて大学に入って勉強した気になりました」と言っていました。今それをやると私のほうが死んでしまいますが、相手が何かの感動を覚えるまでやるしかないと思うのです。そのときに、できるだけ効率的な方法を考えないといけないので、そのために本学部の各教員は随分苦労しています。私も今年やった常時20～30名くらいの学生が出席する一般の講義授業では、4年生と3年生が隣同士のペアになるよう座る場所を決めたところ、やはり知らない者同士であるせいか自然と私語がなくなります。学生も教員も、確かに知識では差がありますが、人間としては対等なので、こちらが本気になって教えているということがわかると、相手も少しずつ変わってきます。しかし、そのことを教員が忘れると、手痛い目にあいます。大学が選別機能を失った以上は、最後まで相手の感動を引き出すということが

我々の職業だと考えを切り替えざるを得ないと思います。

石崎 まず、ゼミを2～3年次でやったときに4年次がどうなるかということについては、「あちらを立てればこちらは立たず」ということで、2年次の谷間を埋めることはできたが、4年次が薄くなるかもしれないという問題があります。本学でも実は経営学部が始める前に、経済学部が一時期同じように2・3年ゼミを導入していたのですが、結局もとに戻しました。それは、学びの4年間の体系を考えたときに、経済学の基礎も固まっていないまま、2年次ゼミをその時の雰囲気で選択することになってしまうからです。これがよくないということで、実際に我々も2年次の谷間を埋めるためにやってみたわけですが、やはりそういう傾向が出てきています。したがって、4年次をどうするのかというのが、これからのテーマです。そのために先ほど見ていただきましたように、4年次に「特別研究」というものを設けて、何らかの縛りをかけていくつもりです。併せて卒論の必修化を検討しているのですが、これは文学部ですでにやっています。文学部は主査と副査の2人をつけて1人の学生を見るという形で、学生にとってかなりプレッシャーにはなりますが、力をつけていくという点ではすでに効果が出てきています。これをどう経営学部でも取り入れていくかと言う話があります。ついでに言いますと、経営学部の学生は、就職をするという点では割とうまくいっていて、文学部はいろいろな点で苦労しています。たぶん先ほど話に出たコミュニケーション能力、社会人基礎力の問題なのではないかと思うのですが、ただ、その後経年変化の調査をすると、入社して5年目では両学部出身者の立場は逆転していて、むしろ文学部出身者のほうが伸びています。こうなる理由は、文学部出身者は文章をしっかり書いてきているため、ベーシックな力がついているからだと思います。文章作成能力については、経営学部は弱いとはっきり言われているので、この点を改善すべく、振り返りと職業教育を兼ねて、キャリアチャートというものを作りました。このキャリアチャートを何とか教学にも活かしていきたいと考えています。

溝上 「伸びている」の指標は何ですか？

石崎 それは企業による主観的評価です。具体的には卒業生の直属の上司などによる評価です。立命館の卒業生を多く採用してくれている企業の学部別の傾向を見ると、そういう傾向が出ているという説明を受けました。そして、「4年生は就職活動で忙しいのに、ゼミに出席している暇はあるのですか？」という話ですが、意外にも4年生でも出席しています。これこそゼミがアクティブラーニングになっているかどうかというところになると思うのですが、やはり雰囲気作りがしっかりできていると、

孤立するのを恐れている学生がゼミに戻ってくるようなところがあります。そういう意味では、4年次ゼミの存在はむしろ重要なのではないかと思っています。進級制度は今のところ導入していません。ただ一時期必修制度ということで、自分で学んで試験に通らないと単位を与えないという制度を取り入れたことがありましたが、自学自習型であるという点で文科省からクレームを受けたのでやめました。一方、質保証をどう実現するのかということについては、「はたして卒論でいいのか」という議論があったり、例えばインターンシップに行って非常にいいアイデアをまとめて、企業からも評価されたという一種の作品のようなもの、こういうものも卒業の評価の対象にすべきではないかという意見があったりします。そして、卒論もしくはそういう成果物を何らかの形で出してもらうこととし、もしそれができない場合には、卒業試験のようなものを課して質保証をするという仕組みはどうかということを、現在学部内で議論しています。

　アクティブラーニングで学生が変わった点については、単に企業に行くだけのインターンシップではなく、実際に企業と組んで課題提示型のテーマ取り組んだ学生は、かなり成果が出ています。このような取り組みでは、やはり過程でかなり成果を出さないと企業は評価してくれませんので、その段階で鍛えられたよう

です。その結果として、その学生は就職活動などでも全戦全勝であったということがありました。本人も経営学の奥深さや、「1つ企画を出そうと思うと、こういうことまで知っていなければならないのか」ということが分かってきます。卒論もいいものを書かせようとすると教員側に相当手間がかかりますが、企業からの受託研究の中でそれをやらせている教員もおり、担当教員次第という属人的なところが結構響いてくるのではないかとも思います。また、そういう点では教員がある意味で評価制度にもなるのではと考えています。

■「三学部横断型ゼミ」への教員の合意形成

司会　次は武蔵大学に「『三学部横断型ゼミ』に教員はどのように関わっているのか？導入のご苦労は？」、「『三学部横断型ゼミ』に各学部から反対意見はなかったか？」、「卒論は必修ですか？20人の卒論指導では質の問題はないか？」「知識と実践の融合の実例で、アクティブラーニング以外もありましたら」という質問がありますがいかがでしょうか。

黒坂　「三学部横断型ゼミ」は、経済学部が社会人基礎力プロジェクトでお金を取って、中心に進めたゼミです。そのときに推進力として大きかったのは、人文学部出身の学長が「我々の大学をどうアピールするかということを、ゼミでやっていこう」と提案したことです。本学の場合は全部

合わせても定員が一学年930名です。教授棟も3学部で同じ建物を使用していて、3階で一緒に食事をする等の交流があります。もちろん各学部の考え方などは全然違うのですが、学長の提案から始まって他の2学部を説得しました。またこの授業のために助教を雇うことについても、この授業だけでは助教の方のノルマは埋まらないという問題があり、何か違う授業もやってもらわなければいけませんでした。3学部の中で、経済学部はそれほど問題ないのですが、人文学部の場合には、英語、ヨーロッパの言語、日本語、韓国語などの授業に分かれています。1人しか助教は雇えないのにこれらの複数の言語の授業を行ってもらうことはできません。その点をどうするのかという問題がありました。そこは学長のリーダーシップなり、「3学部としてやろう」という武蔵という一体感が重要なのですが、そこはいつも同じキャンパス・校舎にいるということが相当大きかったと思います。

卒論については、本学の社会学部と人文学部では必修ですが、経済学部は必修ではありません。1月下旬になると、複数の教員で卒論の審査を実施しています。あと補足ですが、締め切りに遅れて提出された卒論はすべて却下しているため、これによって毎年必ず留年が出るという厳しいきまりがあります。このように我々としては、規模が小さいからこそできる学生のためになることを追求し

ています。

それからゼミ大会と「三学部横断型ゼミ」以外では、「デジタル協働学」という科目を1年生で開講しています。この科目は、本学を使って実験をしたいというIBMの協力を得て実施されています。授業では、例えば仮想の自動車会社を設定して、そこで新しい車を作ることを想定し、どういうコンセプトで事業化していくかというようなことを考えます。ハードやソフト面でIBMからさまざまなツールを提供してもらったり、スタッフにも来てもらったりして実施しています。また環境を充実させるために、「デジタル協働学」用の建物も建設し、2007年にはIBMが持っているような相談しながら作業を進めていける作業部屋を作り、これらの施設を利用して授業を行っています。この授業を通して学生は、どんな車を作って、どのように売って、どういう形で利益が出るのか、ということを実践的に学びます。そういう意味では経営学は、アクティブラーニングとすごく結びつきやすい学問であると言えます。ただし注意しなければいけない点は、思いつきの範囲や、ひらめいたアイデアだけで考えていると、普遍性が見出せないということです。ですから、そうやって出てきたものをいかに体系立てて、他の人にも理解してもらえるようにするかということが重要になります。また経済学の場合には、学問的には経営学ほど対象が具体的ではないので、

学んだ成果をどういうところでプレゼンをして、その成果をどう評価してもらえるのかということが問題になります。

また質問に、ゼミ大会は「賞金で釣っているのでは？」というのがありましたが、お金は結果としてついてくるだけであって、ゼミ大会のあとコンパに行くときにお金がついているから身銭を切らずに済むだけの話です。学生の顔を見ていると、皆と協力して自分たちでやったことが認められて優勝したことに感動しているということがわかります。このことは優勝したゼミを見ても、負けて悔しがっているゼミを見てもよくわかります。そういう感動部分が、知的な喜びに変わっていくようにしたいということです。

■ゼミ大会について
司会　「ゼミ大会に全国大会はあるのか？」、「ゼミ大会は卒論まで続くのか？」、「ゼミ大会は大会だけの特別なテーマなのか？」、「経営・経済などの違いがある中で、全学を巻き込むにはどうすればいいか？」「教員のほうに学問的な深さがないと、高次のアクティブラーニングは難しいのでは？」という質問です。立命館大学にご回答をお願いします。

石崎　ゼミ大会には、当然全国大会があるのですが、経営学は経済学に比べて比較的新しい学問なので、経済学ゼミナール大会の中で、経営学のテーマも包含して参加させてもらっ

ています。この点が少しネックになっていて経済学部ほど参加状況が悪く、一般的な参加は低迷しています。経営学のゼミナール大会があればいいのですが、そこができていないのが１つの問題であると思います。

そして、卒論まで続くのかということですが、基本的には学内の部門は４年生まで参加できます。本学も表彰制度がありPTAからの賞金が出ますので、その最優秀賞を目指してやるような形です。テーマは、先ほど申し上げたように基本的には提案型で、学生の側から「こういうもので」と提案し、学生の実行委員会が振り分けます。あまり特殊なテーマだと、「これは経営学に合わないので」と却下される場合もあり、基本的には経営学の範囲内でやっていくということになります。

４番目の質問は、最終的な全国大会は同じゼミ大会になりますので、ある意味では経済と経営が、学内ではぶつからずに学外でぶつかるという形になるかと思います。

最後の５つ目はその通りで、意外に多くの実務家教員の方々が「最初は学部生だから問題ないと思っていたが、やればやるほど結構難しい」ということをおっしゃいますので、そういう点では教員の教育訓練の場にもなっているのだと思います。

司会　フロアの先生方にお聞きしたいのですが、学内でゼミ大会に代わるようなもの、あるいはゼミ大会でもいいのですが、それをやっていらっ

しゃる大学はどれくらいありますでしょうか？まだ少ないですね。では、今日これを聞いて、「やってもいいか」と思われたところは？　結構出てきていますね。ぜひ試みていただければと思います。

■態度を成績評価にどう組み入れるか

司会　「学生の態度を成績評価に入れるときはどうしているか？」、「人間関係をうまく築けない学生の指導は？」という質問が出ています。河合塾にお願いします。

谷口　岡山大学工学部の例を紹介します。ここでは、個人評価とチーム評価を分けていて、チームとしての出来と個人としての評価、これは観察と教員同士のやりとりが必要です。態度を評価するということはすべての授業では無理で、岡山大学の場合でも「創成プロジェクト」というアクティブラーニングの科目だけでやられていました。これは１科目とはいえ必修科目なので全員が対象になるのですが、理工系ではそういった仕掛けをされているところがありました。文系では、シラバスに「学生の態度に配慮する」と書かれているところまではあるのですが、それを具体的に成績評価するということになると、創価大学のような、100点満点中の５点くらいを態度点として若干評価する程度が現状かなと思いました。

　人間関係をうまく築けない学生については、私は学生よりも大学教員に、そのパターンが一番多いのではないかと思っていますが（笑）、学生でどうしても馴染めないという場合の一番頷けた対処法は、グループワークをやらせているわけですから、学生同士でケアをさせるという視点をもつということです。教員が全部それをかぶっていくというのでは、なかなか突破できないと思います。あるいは SA とか TA とか先輩学生とか、重層的な人間関係をいたるところに作ってあげることで、彼らがうまく乗ってこられるような環境のオプションをいくつも持たせる仕掛けが必要ではないかと思います。

■オリター導入について

司会　立命館大学に、「オリターはどのように組織しているのか？」「単位などのインセンティブがあるか？」という質問です。

石崎　オリターは基本的にボランタリーベースです。希望者を募る形ですが、例年どの学部も希望者が多く、毎年80人くらいが集まって、３年生を中心に団長と役員がいて、そこが我々との交渉の窓口になって、他のメンバーに伝えています。１月に試験が終わると、２～３月の２ヶ月の間は週に３回くらい、「どう１年生を導いていくか」という勉強会を開いているので、かなり負担になりますが、教えるということの大変さを知ることと、それをやり遂げることにより自信が出てくることにつながっていきます。正直に申し上げると中には

不真面目な学生もいますので、その辺のオリターの質の統一をどうするかという課題もあります。また単位をどうしようかということもあるのですが、今のところ数が足りないわけでもなく、単位を出すとそれ目当てで参加する学生も少し出てくるだろうと思いますので、今は「先輩が後輩を見る」というところで運営しています。

■**高校は大学の教育力をどう見ているか**
司会 最後に、河合塾への質問がありますが、「高校教員は大学の教育力をどのようにして調べているのか？」、「アンケートの回答に対する信頼度は？」、「私の大学はアンケートに答えていないようだが、そこには学問の府という自負もあるのでは？」、「難易度が高いとアクティブラーニング導入が低いのは？」などいくつかありますが、調査をして言える範囲でお願いします。
谷口 高校の先生が大学の教育力をどのように調べているかということでは、何人かの先生は、確かにGPや認証評価などの視点でも教育力を見ているというアンケートもありますが、割合はかなり低いです。ですから我々は、そういった視点で今回大学の教育力を調べて、いいところだけはきちっと伝えていきたいと思っています。アンケートの回答に対する信頼度については、半分の回収率ですから、「では残りの半分はどうして回答しないのか」という疑問が残ります。我々は電話して「回答してください」とお願いするのですが、なかなかデリケートな問題なので、「これは答えられないということに教授会で決まりました」といわれました（笑）。逆に言えば、出してくれたということは信頼度が高いのかなという感じはもっています。ただ、アンケート調査の内容については「あるかないか」というふうに客観的質問になっているので、そこの信頼度はあると思います。

　学問の府という自負に関して、実は入試偏差値が高いところほどアクティブラーニングが低いということが分析結果から明らかになっています。そこには、「大学は高校までと違って学問の府である。学問の自由を尊重するためには相互不干渉が必要である」という、大学のプライドが影響している可能性が高いのではないかと思います。「うちはアクティブラーニングをやるようなレベルの低い大学ではない」という意識を打破する必要があると思います。
司会 以上でセッションを終わりたいと思います。

第3部

アクティブラーニングの豊富化のための問題提起

●世界のアクティブラーニングと東京大学 KALS の取り組み　　　林　一雅

●アクティブラーニングからの総合展開　　　　　　　　　　　溝上慎一
　－学士課程教育(授業・カリキュラム・質保証・FD)、キャリア教育、学生の学びと成長－

世界のアクティブラーニングと東京大学 KALS の取り組み

東京大学 教養学部附属教養教育高度化機構アクティブラーニング部門特任助教　林一雅

　自己紹介させていただきます。東京大学教養学部内に 2010 年度設置された教養教育高度化機構という組織があり、教養教育のさまざまな教育プログラムを開発しています。教養教育でアクティブラーニングを行う特別な教室が設置されており、私自身の仕事としては、そこでの授業支援を行っています。もともと専門は、生産情報システムの設計や情報システムに関することで、インターネットなどを使った電子上のものづくりのようなことを行っていましたが、現在は教育工学の分野に取り組んでいます。

　今日お話しする内容は、大学の置かれている状況を説明し、世界で行われているアクティブラーニングの取り組み、特に工学系の取り組みを紹介して、それから国内の、私が関わっている取り組み例を紹介します。最後にそこでのさまざまな問題点や課題を紹介したいと思います。

1. 大学をめぐる状況

(1) 大学の置かれている環境

　大学がいま置かれている状況については、さまざまなことが言われています。人口が少なくなってきて、高度人材育成が求められるようになり、そこでのファカルティ・ディベロップメントをはじめ教育力が問題になってきている等々です。その中で大学は何を行っていくかが問題になっています。

　大学への進学率が 50％を超え、短大も合わせると 56％、専門学校等も含めると 7 割近くの方が高等教育機関の教育を受ける状況です。今後さらに人口が少なくなり、かつ経済が低成長で国の財源も少なくなっていくと予測さ

れ、大学に対する教育投資が行われにくくなります。その結果、大学の経営も危なくなってきています。それからコンピュータ、特にインターネットが急成長し、グローバリゼーションでいろいろな情報が行き交う中での大学の国際化の問題、学生の受け入れ等の教育改革の問題があります。

さらに高校でやっておくべきことがきちんとできていないという問題や、大学自身のカリキュラムを多様な学生に対応できるようにしなくてはならい問題、学生による授業評価、シラバスをきちんと作る、さらにファカルティ・ディベロップメントの義務化への対応などがあります。

(2) 過去にもあった大学システムの危機

実は、200年前に中世の大学から近代の大学に移るときにも、同じような問題があったと言われています。中世の大学、特にヨーロッパの大学ではキャンパスがなく、教会や個人宅で指導が行われていて、教育の方法は口頭で言ったことを記憶することが中心でした。教育の内容は主に神学や医学や法律で、専門家を育てるための教育でした。このような大学システムが危機におちいった背景には、18世紀の産業革命により専門領域がどんどん分かれていき、哲学から自然科学や社会科学が派生し、知識労働者が必要になったという状況があります。加えて印刷技術の発展により教科書とともに知識も流通するようになりました。

中世の大学システムはこのような状況に対応できなったため危機が訪れたのですが、ドイツのフンボルトという人が、そういう中での大学のあり方を考えて生まれた構想が「フンボルト理念」です。近代型大学では教育と研究の両方に取り組むべきだという考えで、この理念に基づいて学部の構成が多様化し組織化されていきました。このフンボルト理念以降、授業の方法は討論を中心としたゼミナール形式になり、教育に加えて研究活動が重視されるようになるとともに、ベルリン大学を中心に研究大学と呼ばれる大学が誕生しました。

それから工学や商学などの実学と言われる学問は、もともとはポリテクニックなどの専門家の職業教育を行う学校で扱われていたのですが、これらも大学のシステムに統合され、アメリカのような研究大学がどんどんできて

(3) 教育か研究か －大学教員の意識－

図表71 は、大学教員の意識について行ったアンケート調査の研究結果です。調査は広島大学の高等教育研究開発センターが行い、書籍化されている内容ですが、1992 年と 2007 年にアンケート調査をして、大学の教員が研究志向か教育志向かを、4 段階で聞いています。

まず 1992 年ですが、カーネギー財団の調査による世界の平均は教育志向が 44％、研究志向が 56％であるのに対し、日本では教育志向が 27.5％で研究志向が 72.5％と研究志向が強く、これは世界で 2 番目の高さです。これが 2007 年になると、日本では教育志向が 32.3％で研究志向が 67.7％となり、少し教育の方にシフトします。

もう少し詳しく見ると、旧帝大や早慶などの研究大学の場合は、1992 年当時は教育志向が 9.4％ときわめて低かったのに対し、国立大学が法人化したこともあるのでしょうが、2007 年には 31.4％にまで大きく増えています。

そして、フンボルト理念によれば、大学は研究で取り組んだことを学生に教育していくところだという考え方なので研究重視はいいのですが、いろいろな学生が入学するようになったため、基本的な内容も追いつかないような学生たちをどう指導するかということが現実の問題として浮上しています。そんな中で文科省は「大学の機能別分化」を進めようとしています。世界的

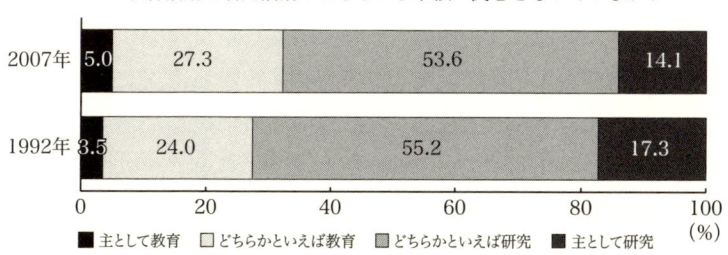

教育活動と研究活動のどちらにより強い関心をもっているか？

年	主として教育	どちらかといえば教育	どちらかといえば研究	主として研究
2007年	5.0	27.3	53.6	14.1
1992年	3.5	24.0	55.2	17.3

Ref. 福留東土(2010), 研究と教育の変化, IDE高等教育, pp.38-41, 2010.4

図表71　大学教員の教育志向と研究志向のグラフ

な研究・教育拠点を作るとか、地域連携をするとか、高度専門職業人の養成とか、7つの機能別に分化する状況に、現在の日本の大学は置かれています。

2．新しい大学のデザイン－学習環境・カリキュラム・空間設計－

(1) 新しい大学教育モデル

　そんな中で、現在の状況をどのように変えていくか。21世紀を迎える前後に情報革命が進み、インターネットの発達によるオンライン大学や、教材を公開するオープンコースウェアが登場しています。マサチューセッツ工科大学（MIT）が教材を作ってシラバスを公開し、使われている教材を全部オンライン化して、すべての人がインターネットで見られるような状況になってきています。いろいろな形で教育のグローバリゼーションが行われている状況の中で、「現代型の大学はこうあるべきじゃないか」と、東京大学の山内祐平先生等が考えた大学教育モデルがあります（『学びの空間が大学を変える』2010、ボイックス）。

　そのモデルによれば、まず大学が対応しなければならない問題として、第一に大学の専門的な領域と社会のニーズが分離しているという点です。実際の社会で使えるようなものとしてうまく接続できていないということです。

　第二は、第二次産業の製造業から第三次産業のサービス業に中心が移行したことで、そもそも求められる人材の質が変わってきていることです。そういう中で、問題解決型とか問題発見型の、あるいは自律型の人材育成が急務だと言われています。

　第三は教育メディアの発達で、インターネットからいろいろな教材ができるようになり、教科書も電子化でビデオやオーディオが使えるようになったため、これらの状況に対応することが大学に求められています。

　このような状況に対応する新しい大学教育のモデルとして、いわゆる高次能力の育成、専門的知識や批判的思考、コミュニケーション能力の形成などが提示されていますが、これは皆さんが同意できる内容だと思います。そして、こういう能力を培うには、いわゆるプロジェクト学習が必要になります。アクティブラーニングを含む、自律的な学習です。自分で企画して探索して、

いろいろなことを調べてデザインして、解決し、評価をして、それを世の中に発表するような学習です。

それから対面でやる学習とオンラインでやる学習を組み合わせ、予習復習はオンラインで補強するようなブレンドが、大学教育でも必要です。そのためには、アクティブラーニングも必要になることがあると思います。それを実現するためには、学習環境をデザインする必要があり、構成要素であるカリキュラムおよび教員・学生の組織をどううまくデザインしていくかという問題、教育方法を改善すべきという問題、教室空間も再設計してアクティブラーニングに対応した空間にしていくという問題が大切になります。

情報環境の充実も重要です。これだけインターネットが普及し、携帯電話でインターネットにアクセスできる状況の中で、教室だけが孤立してしまってコンピュータにアクセスできにくいという状況は、改善していく必要があります。

(2) アクティブラーニングに適合した学習空間の重要性

そして、学習を支援していくための学習空間が、このような問題に対する1つの重要な解決方法になるのではないかと考えています。

1つ目はアクティブラーニングスタジオです。これは私自身も関わっている教室ですが、アクティブラーニングができる空間のことです。教室の在り方が授業方法を規定してしまっている状況がありますが、ここはいわゆるスタジオとして教員がやりたい授業を実現できるような空間にしていくことです。そのためには机やイスが固定されないような環境が必要です。

2つ目はラーニングコモンズです。今までは課題を解決するような作業を行う空間として図書館などがありましたが、しゃべれない、食べられない、という制約がありました。長時間いるとお腹が減りますし、普通の活動をするには飲んだり食べたりしないと集中力が保てません。そういうことができる空間のことです。

3つ目がコミュニケーションスペースです。授業時間外にいろんな人と会話をする機会があったほうが望ましいので、なるべく大学内に滞在できるためのコミュニケーションスペースでもあるような学習空間が必要だろうと考

えています。

3．各大学の取り組みの紹介

(1) アクティブラーニングの定義

　アクティブラーニングという言葉は最近出てきたものですが、授業の方法自体はずいぶん昔からあるものです。能動的な学びを取り入れた授業法の総称としてアクティブラーニングという言葉が使われていて、中央教育審議会での大学分科会による「学士課程教育の構築に向けて」（答申）では、次のように定義しています。

　「伝統的な教員による一方向的な講義型式の教育とは異なり、学習者の能動的な学習への参加を取り入れた教授・学習法の総称。学習者が能動的に学ぶことによって、後で学んだ情報を思い出しやすい、あるいは異なる文脈でもその情報を使いこなしやすいという理由から用いられる教授法。発見学習、問題解決学習、経験学習、調査学習などが含まれるが、教室内でのグループ・ディスカッション、ディベート、グループ・ワークなどを行うことでも取り入れられる」。

(2) 東京大学のアクティブラーニング

　それを受けて東京大学教養学部でも、アクティブラーニングとは、いろいろな情報を学生がインプットして、うまく比較・分析をして、きちんとアウトプットできるということだと考えました（**図表72**）。

　それには個別の学習と、協調して行う学習が重要です。アクティブラーニングだけではダメで、普通の講義型の授業ももちろん重要ですが、それだけでは対応できない部分があるので、そこはアクティブラーニングとか協調学習でやりましょうという話になると思います。

　そしてアクティブラーニングと空間には大きな関係がありますが、親和性の高い空間の特徴としては、教員がやりたいように自由に空間を組み替えることができるというフレキシビリティが不可欠です。そういう空間の中で、グループワークやプレゼンテーションがスムーズに行えます。支援ツールと

第3部 アクティブラーニングの豊富化のための問題提起　237

学生自らが情報を整理して課題を見つけ出し、様々な視点から能動的に課題解決に取り組むこと

インプット　Input
資料・データ
映像・情報…

トランスフォーム　Transform
比較・分析・批評・評価
判断・問題解決・統合…

アウトプット　Output
発表・レポート
公開…

個別学習と協調学習の連携

図表72　アクティブラーニングとは

しては WEB や成果物をアーカイブ化して後で振り返りのために見られるようにする機器があります。

そういう試みを先行している事例として、特に4つの大学を紹介したいと思います。

1つ目はアメリカのマサチューセッツ工科大学（MIT）で行われている、物理教育の TEAL（Technology Enabled Active Learning）プロジェクトです。2つ目は、スタンフォード大学での事例。3つ目は、韓国の科学技術院（KAIST）の事例です。4つ目は北海道の公立はこだて未来大学の事例です。この大学は2000年に開学した情報系の単科大学です。

(3) マサチューセッツ工科大学の取り組み

MIT は工科系の総合大学で、世界的な大学ランキングでも非常に高い評価を得ている大学です。TEAL プロジェクトが始まったのは1990年代後半くらいですが、普通の力学や電磁気学の授業で講義形式の授業を行っていたところ、出席率が低くて不合格者が多かった。これをジョン・ベルチャー先生がどうにかできないかということで、ニューヨークにあるレンセラー工科大学での取り組みを参考にして行われた教育プロジェクトです（**図表73**）。

もう1つ同じような取り組みをしているもので、かなりこれは全米に大きく広がったプログラムとして、「Student-Centered Active Learning Environment for Undergraduate Programs」があり、頭文字をとって SCALE-UP プロジェク

TEAL: Technology Enabled Active Learning

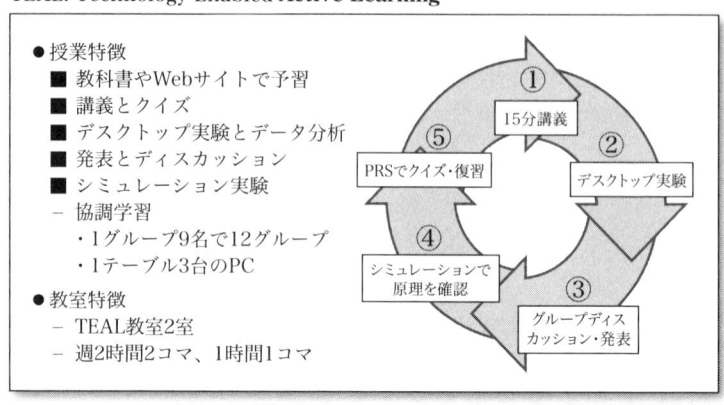

- 授業特徴
  - 教科書やWebサイトで予習
  - 講義とクイズ
  - デスクトップ実験とデータ分析
  - 発表とディスカッション
  - シミュレーション実験
  - 協調学習
    - 1グループ9名で12グループ
    - 1テーブル3台のPC
- 教室特徴
  - TEAL教室2室
  - 週2時間2コマ、1時間1コマ

① 15分講義
② デスクトップ実験
③ グループディスカッション・発表
④ シミュレーションで原理を確認
⑤ PRSでクイズ・復習

図表73　MITのTEALプロジェクト

トと呼ばれています。これはノースカロライナ州立大学が中心になって進めているもので、同じような教育がパッケージとなって全米で広がっています。MITに話を戻しますが、授業の方法としては基本的に大人数型の授業で、**図表74**のように108人が9人グループに分かれて12テーブルが入るような教室を作って、それに合わせて授業を行っています。

授業の特徴としては、事前に教科書やWebサイトで予習をし、電磁気学について勉強してきます。それに対して教員が15-30分くらい講義をします。それを受けて問題が与えられ、それについて考えていく。あとはグループで簡単な実験とデータ分析をして、最後にやったことをプレゼンテーションする。そして実際に確かめるためにシミュ

スタジオ教室：グループ学習中心の大人数講義室
大学1年生全員が受講する初等物理(電磁気学、力学)

図表74　TEALを可能にする教室環境

第3部 アクティブラーニングの豊富化のための問題提起 239

Evaluation result

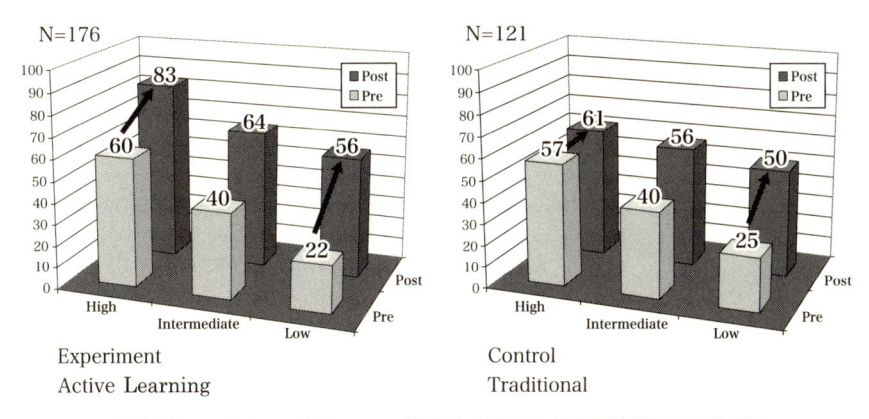

N=176 — Experiment Active Learning
High: Pre 60 / Post 83
Intermediate: Pre 40 / Post 64
Low: Pre 22 / Post 56

N=121 — Control Traditional
High: Pre 57 / Post 61
Intermediate: Pre 40 / Post 56
Low: Pre 25 / Post 50

図表75　アクティブラーニング形式の授業と講義型授業の比較実験

レーションを行う。このような1つのサイクルとしてモジュール化しているような授業です。そういう授業が必修で行われています。これは電磁気学の授業ですが、電気は目に見えないので、それをうまく可視化させるようなシミュレーションが重要なポイントで、対応するシステム開発も行っています。

この授業が広まった理由は、教授法の比較実験にあります。同じことを講義型の授業で教えたものと、アクティブラーニングの形式で教えたものを比較すると、授業後の理解度の伸び率については**図表75**のとおりハイパフォーマーの人がかなり伸びている点に特徴がありました。アクティブラーニングは、そもそも「下の人を救うために」という意図があるのですが、高いレベルの人たちも伸びていることが実験的に検証され、教育効果がある程度実証できる形になったので、世界的に広がっています。

(4) スタンフォード大学の取り組み

次はスタンフォード大学の例です。ここではMITのように組織化してやっているわけではないのですが、教室を改修したウォーレンバーグ・ホールと呼ばれるところで、実験的な授業の試みをしています。やりたい先生が手を挙げて、いろんなツールを使って授業を行う形です。スタンフォード大学はシリコンバレーの近くにあり、コンピュータサイエンスが非常に強いので、

教育に有用なツールを開発して、それを実験的に授業に使う試みが行われています。

(5) 韓国科学技術院（KAIST）の取り組み

韓国の KAIST という大学は、テクノロジー面で韓国の文科省のような組織がかなり力を入れて作っている大学で、大学ランキングも韓国内ではソウルナショナルユニバーシティに次いで2番目くらいに位置します。ここでは工学的な設計教育を1年次に行っています。

図表76・77 は、専門がまだ決まっていない1年次の段階で行うエンジニアリング・デザインの授業で、MIT 出身の土木系の先生が担当し全部英語で行われます。

コース概要としては、基礎能力を養成するということで、設計に必要な製図の能力、数値計算、それからコミュニケーションがあります。使用言語が英語ということもあるのでライティングやプレゼンテーションの授業とチームワークです。履修者は約500人で、教員と大学院生スタッフを合わせて80人くらいがいます。

授業の構成としては、図表77 のように最初にイントロダクションとしてのデザインとコミュニケーション授業が行われ、デザインの授業ではいろいろな設計手法の講義が行われていています。コミュニケーションの授業で

Engineering Design Education in the First Year at KAIST

- 1年生向けのデザイン教育プログラム
- 基礎能力養成に注力
  - 製図、数値計算（Matlab）、コミュニケーション（ライティング、プレゼン）、チームワーク
- コース概要
  - コアコース3ユニット&デザインコミュニケーション入門
  - 学生：500〜600人、教員&TA：80人/セメスター
    - デザイン担当1教員、TA2人、Moodle TA2人
    - コミュニケーションアドバイザー2教員、TA4人
    - プロジェクト教員23人、TA46人

図表76　韓国 KAIST 大学での1年生向けエンジニアリング・デザイン教育①

授業の構成

```
●ED100:Intro to Design & Communication
    - デザイン
        ・デザインレクチャー            1 hour / 週
        ・デザインラボ                3 hours / 週
        ・プロジェクトホームワーク      5+ hours / 週
    - コミュニケーション
        ・コミュニケーションレクチャー   1 hour / 週
        ・コミュニケーションラボ        1 hour / 週
●セメスター
    - 問題定義⇒調査（文献, インタビュー）⇒要件定義⇒設計⇒評価⇒
      最終設計⇒試作⇒コンセプトの実現⇒ポスター⇒レポート
```

図表77　韓国KAIST大学での1年生向けエンジニアリング・デザイン教育②

は、英語でのテクニカルライティングやプレゼンテーションについて学びます。セメスターを通してみると設計プロジェクトがあり、学生自身の興味関心に応じてチームで問題を定義し、文献にあたったりインタビューに行ったりしながら調査を行います。それによって要件を定義して、実際に設計させて、うまく作っていくような繰り返しをいくつか行って、最初に考えたコンセプトがチームでできているか評価を行い、最終的にはポスターでそれぞれのチームごとに発表し、レポートとしてドキュメント化して提出する授業です。

　成績評価については、4段階評価で、それぞれの教員チームが評価を行っていて、最終的な成績評価については、**図表78**のようにプロジェクトアドバイザーの得点割合は少ないのですが、デザイン審査団という審査の先生方が中心になって、中間レポートやデザインレビューなどの各項目について評価をしていきます。こういう形できちんと基準が示され、それがフィードバックされるような形になっています。

成績評価

評価者	評価項目	得点	得点割合
プロジェクトアドバイザー	デザインラボラトリー評価	100	10%
コミュニケーションアドバイザー	コミュニケーションラボラトリー評価	100	10%
デザイン審査団	中間レポート	100	10%
デザイン審査団	中間デザインレビュー発表	50	10%
デザイン審査団	最終プロジェクトの技術評価	200	20%
デザイン審査団	最終レポート	200	20%
デザイン審査団	最終ポスター	100	10%
デザイン審査団	プロトタイプ／コンセプトの実現性	100	10%
合計		1000	100%

デザイン審査団からの成果物を評価され、その割合は80%

図表78　韓国KAIST大学での1年生向けエンジニアリング・デザイン教育③

(6) 公立はこだて未来大学の取り組み

　公立はこだて未来大学は2000年創設の大学で、大学のコンセプトを作る段階から教員が入って建築のコンペティションを行い、それを受けてどういうキャンパスにしたいかを教育の理念と合わせて作っていった大学として有名です。

　コンセプトは「オープンスペースとオープンマインド」で、かなり開放的なものを考えて設計されています。階段状の吹き抜け教室になっていて、建物一棟の建物の全体を見通しできるような空間になっています。教育の方法も、活動履歴を振り返るためのポートフォリオを作ったり、コミュニケーションを重視しているので、空間的にそれを妨げるようなものを全部排除して、透明なガラスを使っています。教授室も全部ガラスになっていて、教員が何をやっているかが見えますし、向かい側には卒業研究ができるようなコンピュータのブースを置く設計になっています。

　ここの大きな特徴はプロジェクト学習が当初から埋め込まれていることです。例えば、建物の一番前には、プレゼンテーションベイと呼ばれる広場の

ような空間があり、そこで授業を行っているときには、履修していない学生でも興味があればすぐに話ができるようになっています。

(7) 国内の他の大学の取り組み

国内でも他に、嘉悦大学の KALC という教室、広島大学、青山学院大学、中京大学、金沢大学、九州大学、静岡大学、名古屋大学、山形大学をはじめ、多くの大学にこのような事例があります。例えば中京大学でのジグソー法を使った教育は、いくつかのグループごとに断片的な話をして、組み合わせて最終的な解を見つけるような方法をとっていました(**図表79**)。

中京大学

嘉悦大学 KALC    広島大学 C601

他にも金沢大学、九州大学、静岡大学、山形大学、青山学院大学などがある

図表79　その他国内事例

4. 東京大学のアクティブラーニングの紹介

(1) 東京大学の理念とそのためのカリキュラム

東京大学での事例を紹介したいと思います。東京大学自身は建学の理念がなかったのですが、「東京大学自身はこういうことをめざしている」という

ことで作った、東京大学憲章というものがあります。日本でトップと言われている意識もあるでしょうが、この憲章には「市民的エリートを作る」ことが掲げられています。

　教育的な特徴としては、1〜2年生では専門を決めず、3〜4年生で専門の学部を選ぶ制度が採用されています。レイトスペシャリゼーションと言われる仕組みで、「幅広く教養教育を行ったうえで専門に分化していく」という考え方によるものです。キャンパスも、教養学部の駒場キャンパスと専門学部の本郷キャンパスに分かれています。

　教養学部は1学年約3,000人で、1〜2年生を合わせると6,000人くらいがいるキャンパスです。「教養」と言うだけあって、授業数も夏学期には1,700、冬学期には1,300あって、1年間で3,000くらいの科目が開講され、学生は興味関心に応じて受講できます。

　カリキュラム上の特徴としては、4つの科目分類がされていて、外国語科目と、文系・理系それぞれの基礎的な科目、総合的な科目、それで補えない部分は主題科目というところで、多くの授業ができるような構成になっています。

(2) 東大生は討議力が弱いー KALS 導入の背景ー

　しかし、こうしたカリキュラムだけでは補えない部分があると、教養学部としては考えています。幅広い知識や専門は身に付くのですが、議論したりする力は弱いということがアンケート調査でも出てきました。そして、それに対応するためにはアクティブラーニングが有効であるという考えに至りました。これは当時総長だった小宮山宏先生の問題意識に加え、教養学部自身として抱えていた問題でしたので、大学として支援していく体制がとられるようになりました。

　それを受けて、教室空間として、図表 80 に示す KALS と呼ばれるアクティブラーニングスタジオを作ったわけです。

(3) KALS のコンセプト

　コンセプトは3つあって、1つ目はフレキシブルにいろいろなことができ

- 学生自らが、複雑な情報を整理して本質的な課題を見つけ出し、様々な視点から能動的に課題解決に取り組む。
- 教養教育のためのICT支援型協調学習教室
- 可動型の円形テーブル、4面液晶、電子黒板、タブレットPC、クリッカーなどの設備装備

スタジオ教室
・個別学習と協調学習の連携
・ALに最適化された教室空間
・教養教育の全分野への展開

先端ICT環境
・ICT学習支援モデルの構築・実践
・学習成果のアーカイビング
・学内外への学習成果の公開

図表80　駒場アクティブラーニングスタジオ（KALS）

ることです。円形テーブルで比較的議論がしやすい空間にするために可動式の什器デザインが採用されています。

　2つ目は思考素材の提供と支援です。アクティブラーニングに必要となる分析・比較・批評等の問題解決過程に役立つソフトが提供できるということです。

　3つ目が思考過程の可視化と共有です。ディスプレイや電子黒板、クリッカー等を装備することで、個人やグループの思考や討論の過程を可視化して、シームレスな情報共有が可能です。

　これらはMITやスタンフォード大学の事例を参考にして、東京大学の教養教育に合うような形で、教養学部の教員や関係する教員が協力してコンセプトを作りました。

　実際のレイアウトでスタジオだけではなく、それを支援するための空間を考え、スタッフ室や、必要に応じて必要なものを出せるように倉庫も設けています。前部にはウエイティングルームを設置して、学生が授業の前後に一時的にとどまれるような場所を設けています。

　実際にどれくらい使われているかといえば、週25科目分のキャパシティがあるとすると、半分くらいは使うような形で考えていて、主に英語の授業

やフレッシュマンセミナーという基礎演習の授業で使っています。そもそも、そういう授業を想定して作っているところもあるため、そういった科目を中心に授業が行われています。

(4) KALS を使った授業

　教養学部は 400 人くらい教員がいるのですが、それぞれの専門分野ごとに部会という組織を作っています。英語とか社会学とかいろんな分野があるのですが、英語教育をどうするかということを中心に考える英語部会があり、そこで行っている授業として、共通の教科書を作って、共通の教育方法で統一した授業を行う、「英語一列」があります。

　これは、受講学生が 40 人で、共通教科書を用いて全員での読解・聞きとり中心の授業です。具体的にはイントロダクションビデオの視聴、テキストの確認、テキストに関連するリスニング、ワークシートなどが行われます。

　よりプラクティカルな能力を鍛えるための授業としては、「英語二列」というものが設けられていて、15 〜 6 人くらいの少人数授業です。ここではプレゼンテーションやライティング、リスニングを鍛えるための授業がいくつか用意されています。

　さらに、全学体験ゼミナールという授業もご紹介します。これは、30 人前後の授業で、教材を作って使って覚える WEB 入門です。前半が WEB に関する講義と演習で、後半で教材となるテーマを各自で考え、学生同士で批評を行い改善を図っていきます。

　また、教養学部以外の先生が実験的な授業を行うこともできます。

(5) ツールを活用して授業をアクティブにする

　KALS はかなり立派で、何千万円という費用をかけて作りました。作る前には普通の教室で実験的な試みをして、「ある程度使える」ということを踏まえて、お金をかけて作りました。しかし、KALS のような空間ではなくても授業をもう少し活性化するための授業のツールもあります。小型のホワイトボードを用意することによって、ディスカッションした内容をその場で書き込んで、それを発表させるようなことができます。普通の教室にも取り入

・思考を書き出す小型ホワイトボードの活用
 - 思考の外化、リフレクションに役立つ
 - ホワイトボードはデジカメで記録して保存可能
 - 電子ファイルはポートフォリオ／CMSに保管

図表81　授業をアクティブにするために

れています（**図表81**）。

　このKALSの活用はどういう体制で行われているかというと、利用率は運用方針として50％程度を掲げています。タブレットPCを40台設置し、ユーザー管理ができにくい環境のため、全部手作業で管理しています。教室利用の案内は、使いたい先生が申し出れば、「こういう使い方ができます」と個別に説明しています。積極的な先生にはそういう形で使っていただきます。それ以外では、基礎演習の授業を開講している先生に対して、「こういう教室があるので使ってみませんか」と個別に声をかけて使ってもらうような試みもしています。利用に消極的な先生もそこに引っ張り込んで、とりあえず使ってもらうというような試みも行っています。大学院生や教養学部2年生に、授業をする上で必要なことをサポートするTAになってもらい、活用しています。

(6) KALSの課題

　KALSは2007年にできて4年くらい運用していますが、そこで出てきた問題をいくつかお伝えします。1つは教室の制約です。1つしか部屋がないことと部屋のサイズが決まっているため、40人くらいしか受け入れられないことです。それから、こういう教室で行うために設計された授業であるため、その授業を他の教室で行った場合、例えばパソコンがないとかグループワークがしにくいということがあります。授業自体の形が規定されてしまうので、「また次の回もここを使いたい」という形で利用者が固定化してしま

うという問題です。学内への認知としては、こういう派手な教室でコンピュータが主張しすぎていることもあって、コンピュータ教室という形でしか認知されていないという問題があり、敬遠されるケースもありました。

　それから、教養学部に所属している教員は、どちらかというと工学系よりも理学系の先生が中心で、基礎的な授業を担当しています。物理や生物や化学などの授業では、基礎的な知識の積み上げをして専門性を上げていく方法をとっているので、そういう科目がこういう授業にどの程度合うのか疑問をもっている先生もいます。

　今後の課題としては、未体験の先生にKALSを使ってもらえるようになるには、どういうことが必要なのか考えていこうと思っています。

　MITのTEALのような事例があるのですが、それをやるにはかなり労力を割かなければいけないという問題や、1人の教員ではできないという問題があります。これらをどう解決すればいいのかは、今のところ見えていません。ディスカッションをする時間を設けるなどの試みをしている先生も若干いるのですが、それが本当にどの程度役に立つのか疑問視されている先生もいるので、そこはちょっと難しい面があると思っています。

(7) KALSの発展　－理想の教育棟－

　KALSを拡大する例として、「理想の教育棟」という建物を建てる計画が現在進んでいます。教養学部には大学院生も合わせると約8,000人がいて、大学院生や後期課程の学部生は研究室等に居場所があるのでいいのですが、1～2年生はキャンパス内に居場所がありません。そういう場所を作ってあげる必要があるということと、教養教育でももう少し先端的な取り組みをやっていきたいということで、実験的な取り組みができるような場所が必要です。それから特にアジア圏の学生を受け入れて英語だけで授業がとれるような形で国際化させていく必要があるわけですが、それに対応できる施設が必要だろうという問題意識等もあって、そのための1つの拠点として、当時の総長が考えて計画したものです。

　今建設中なのですが、3つのコンセプトがあります。1つ目は「学びの空間」ということでアクティブラーニングスタジオです。2つ目は「知の泉」とい

う面で、照明についても配慮しています。なるべく滞在したくなるような空間にしたいということで、照明に力をいれています。お金をかけたというか、たまたま教養学部と縁のあった有名な照明デザイナーの方に協力をお願いしました。3つ目は、「ZEB（Zero Energy Building）」です。新エネルギー・産業技術総合開発機構（NEDO）から補助金を交付していただき、環境エネルギーを専門とする先生方と協力して、環境エネルギーに配慮したビルを建設しています。2011年9月くらいに完成する予定で、Ⅰ期棟には多目的スペースやアクティブラーニングスタジオが入ります。Ⅱ期棟は、物理・生物・化学系の実験教育施設にすることを考えています。

まとめと提言

(1) 各大学の条件に即した取り組みを

　最後に、まとめです。いろいろと魅力的な事例を紹介しましたが、各大学の持つ事情やリソースは多様なので、単純に真似ても機能しないことがあるということです。それぞれの大学は置かれている状況が違うので、そういうことを考えるためにも、経営陣あるいは教員、職員、学生がよく議論しながら行っていく必要があり、それができる共同体を作らなければなりません。自律した学生を育てるには、大学自身が自律しないといけないわけです。そうでなければお手本にもなりません。いろいろな社会状況の中で、組織自体が自律していくことが求められているのですが、どのようにこれを行うか。1つの良い例としては、教育コミュニティの形成があり、SOTLという取り組みがあるので、これを最後に紹介します。

(2) SOTLという試み

　SOTLは「Scholarship of Teaching and Learning」の略で、授業の実践を記録して、それを教員同士が情報交換し、いろいろなディスカッションを行う試みです。スタンフォード大学の隣の敷地にあるカーネギー財団が試みた取り組みです。実際はどのようにやっているかというと、メディアを活用して、授業の様子をビデオなどに撮ってドキュメント化し、「こういう授業をして

います」と公開します。ドキュメント化には KEEP Toolkit（キープ・ツールキット）というツールを使い、ウェブサイトに登録して、自分の授業の内容を公開するわけです。カーネギー財団は、さまざまな授業法に取り組んだ先生方を集めて、お互いにディスカッションをさせるような試みを行っています。そうした中で、いろいろな試みがディスカッションされて、教員自身のよりよい改善発想につながっていくことが期待されています。この取り組みがだんだん大きくなって、今では学会として組織化されており、世界のいろいろな教育関係の先生方が集まってディスカッションを行っています。KEEP Toolkit については、京都大学が日本語にローカライズして、MOST という取り組みを始めています。教員同士が集まって議論するコミュニティができることにより、アクティブラーニングだけにとどまらず、いろいろな教育活動ができるようになる1つの仕組みになるのではないかと思っています。

アクティブラーニングからの総合的展開
－学士課程教育(授業・カリキュラム・質保証・FD)、キャリア教育、学生の学びと成長－

京都大学 高等教育研究開発推進センター教育学研究科准教授　溝上慎一

　私は青年心理学が専門です。基礎研究は青年期の自己形成や、青年期それ自体の研究に取り組んでいます。京都大学高等教育研究開発推進センターに長く所属していますので、大学教育の改革にはさまざまな形で関与して参りました。FDを含め幅広く活動していますが、最近は学生の学びと成長という観点から教育やカリキュラム、授業をどのように変えていけばいいのかということに関心をもって取り組んでいます。

1．はじめに

　このシンポジウムで紹介されている大学の事例はとても素晴らしいもので、感動するばかりです。こういう取り組みがいろんな大学でなされるようになると、大学教育も充実したものになると思います。問題提起となっていますが、むしろ河合塾の調査された大きな枠組みの中のどういうところに事例報告が位置するのか等の論点整理をすることだと思いますので、そのような観点でお話を致します。

　まず、なぜこのようなタイトルをつけたかを申し上げます。河合塾が今回やられた調査の枠組みはとても大きいと思います。従来アクティブラーニングは、1つの授業の中で、いろいろな授業形態の1つとして、あるいは学生の学習形態を拡げていくという文脈で扱われてきたように思います。しかし、河合塾は一授業を越えて授業間の関係、カリキュラムにまで問題を膨らませます。こうなってくると、学士課程教育の問題としてアクティブラーニングを扱うことになります。今回の河合塾の調査はこのような構造を持っていま

す。そこまで話を拡げるのであれば、FDやキャリア教育（キャリア形成支援を含む）などとも関連させて、できるだけアクティブラーニングから学士課程教育に絡むさまざまな問題を議論したいと考えます。そのような意味で、ちょっと欲張りなのですが、「総合的展開」というタイトルをつけました。

もう1つ、前置きです。アクティブラーニングは知識の活用ですから、キャリア教育における社会人基礎力をはじめとする技能や態度育成と重なることが多くあります。大学によってはアクティブラーニングの科目や授業を、キャリア教育との連動で行っているところもあります。私の仕事を知っている方は、私がキャリア教育に対していろいろ言及していることをご存知だと思いますが、どうしてもこのテーマはキャリア教育と絡んでこざるを得ないところです。

さて、キャリア教育では社会人基礎力と言い、正課教育あるいは学士課程教育の中では汎用的技能と言いますが、私はアクティブラーニングで育てる技能や態度には、社会人基礎力のそれとは異なる「ある意味」が込められていると考えています。それは知識です。知識と技能・態度との関連です。教育の目標は一般的には、知識・技能・態度の獲得だと説明されますが、社会人基礎力だけで話をしていくと、技能や態度の話に終始してしまいます。知識がどう絡んでいるかというまなざしが弱くなります。ですので、キャリア教育のなかで社会人基礎力育成の実践事例を見ますと、そこで知識は一体どういうふうに考えられているのだろう、位置づけられているのだろうと疑問に思うことがよくあります。キャリア教育の中ではそれでいいかもしれませんが、正課教育や学士課程全体のなかで考えていくとき、技能・態度の育成には知識が絡まないといけません。

それは、知識の理解・獲得が従来の正課教育の目標で、そこに技能・態度がくっついてきたからということではありません。私たちが大学教育で学生の技能・態度を育てようとしているときの技能・態度は、ある与えられたテーマや課題に応じて精一杯考えたり議論したりするときのものを指します。そして他者が違った考えや意見を出し、それに答えたり、いろいろやりとりをしたりします。そこで媒介している知識は、私たちが日常的に、あるいは経験的に使っているなじみのある知識、すなわち「日常知」ではなくて、日常

世界や経験からは遠い、場合によっては調べたり勉強したりしないと頭に入ってこないような、そういう知識です。ここではそれを「学問知」と呼びます。私たちは、どちらかと言えば学問知を用いて精一杯考える、議論をする、といった汎用的技能の育成が求められています。私たちはおしゃべり能力の育成を求められているわけではありません。アクティブラーニングはここに絡んできます。だから、アクティブラーニングは知識と連動しなければなりません。

こうして考えると、キャリア教育の中で社会人基礎力を育成していくことと、正課教育の中で汎用的技能を育成していくこととの違いが分かると思います。正課教育では、知識（学問知）をこれまで通り教えていきますので、いま課題になっているのは、従来の知識習得にアクティブラーニングを通した知識活用を重ねていくことです。アクティブラーニングにはこのような含意があると私は理解しています。

知識にこだわらないアクティブラーニングは薄っぺらいと思います。であるがゆえに、この観点を突き詰めていくと、キャリア教育のなかで技能・態度を育成するのではなくて、正課教育のなかで技能・態度を育てていくべきだ、という考え方に至ります。ここが今日は、学士課程教育という大枠のなかで徹底的に問われているのだと思います。

2.「縦」と「横」の双方で実現するアクティブラーニング型授業

私はアクティブラーニングというのは、**図表82**のような枠組みで考えてきました。これは北米やオーストラリアで典型的な授業システムで、1～2年生という若い学年では、特にこのシステムを取っています。3～4年生になってくると講義だけとか、あるいは演習だけとかいうこともあるのですが、1～2年生はかなりこの講義と演習

北米の講義＋演習の授業システム（横）

3セメスター単位の例

月	水	木
講義1h	講義1h	演習1h

【提言】1科目をせめて週2コマでおこなう

図表82　北米での講義と演習を組み合わせた授業例

の連動システムを標準的にやっているように見えます。私はこれがすごくいいと思って、ずっと示してきました。

　これがなぜいいかというと、日本だと講義科目と演習科目を分けるのですが、北米では分けないのですね。たとえばあるコースの授業が週3回あるとしたら、講義を2回やって、そしてあと1回が演習となるわけです。ポイントは、演習が前の講義を受け継いでなされるということです。つまり、講義で知識を理解して習得し、その知識を活用して演習をするという、この連動がシステム化されています。そして、ここにリーディングスといった宿題が加わります。それもけっこうな分量で、そして成績評価も厳しい。こうなってきますと、ここでの演習はかなりハードルが上がります。日本のように20人のうち2人か3人が盛り上がって、他の学生はボーっとしていて、でも最後にレポートを書いたら一応は単位がもらえるというのとは違って、何かしら発言をしないといけないし議論に関わっていかないといけない。そのときに前の2回、あるいはそれまでの授業で出てきた学問知が媒介します。日常生活や経験に基づく日常知ではないので、講義の中で扱われている学問知をしっかり理解・習得していないと、議論に参加できません。思いつきでは意見も言えません。私はここが大事なポイントだと思うわけです。そのような知識習得を深めるためのリーディングアサインメントもあります。ここは非常にハードルが高くなるところですが、大学で汎用的技能を育てる上でとても理想的な形態です。

　こういう感じで、知識・技能・態度が連動して授業システムとなっているのが北米やオーストラリアです。私は講義科目と演習科目を分けているのは、先進国で日本だけではないかと思うほど、他の国ではあまり耳にしません。今までの日本ではよかったのかもしれませんが、これから知識基盤社会になり、知識を活用する主体を育てていくということですから、こういう北米等の授業システムには見習うべきところがあると思います。これが私の考えです。それでこの4〜5年ずっと、なんとか週3回授業をしたいと主張してきたのですが、日本ではやはり難しいと実感しています。最近いろいろな取り組みが出てきていて、1科目を週2回の授業にバラしていくということは結構見られるようになってきました。3回はまだ聞いていません。特に数学科

目や英語などの語学科目では、この取り組みが先行しているようです。週2回くらいでやっていくのが日本版かなと最近は思っています。

　ただ週2回で行っていくときに、これも数少ない先進的な事例を見ている限りですが、単位の計算をどうしていくかが問題になってきます。つまり1科目2単位なので、2回授業を行ったときに4単位を与えるとすれば、真面目に大学設置基準の観点を考慮すれば、必要な授業外学習時間が膨大なものになります。上述の先進的な取り組みでも、ここまではさせられていないと思いますので、そういう単位制度の問題をどのように処理して授業システムを拡張したり改編したりするかが今後の課題となります。でも、多くの大学・学部ではそこまでも至っていないので、まずは週2回の授業システムなどを実現していくというのが先かと考えています。

　さて、今まで申し上げた話は、「横」の話です。つまり、1つの授業を1週間で2回、3回やるといった話です。今回の河合塾の調査枠組みで特に重視しているのは、「縦」のカリキュラムです。言われてみれば、「なるほど」と思いますが、こういうところは私はあまり自覚的に見てきませんでしたので、今回とても勉強になっています。「2年次が谷間」だとか「卒業研究」、あるいは学年におけるゼミの位置づけなどを考えていくのはカリキュラム設計のことですが、ここをもう1つ加えて包括的に議論をしていくことが今日の論点になっています。河合塾は2009年の初年次教育の調査から発展して今回の調査があり、初年次は当然カリキュラムの1つであるわけですから、そこで必然的に「縦」の視点に行ったのではないかというのが私の感想です。

3．汎用的技能を育てるための「縦」と「横」のアクティブラーニング型授業

(1) 相互に関連したカリキュラム全体で育てる

　2つ目の、汎用的技能を「縦」と「横」の双方で育成していくという話です。河合塾が報告されたカリキュラムのチェックシートは、「縦」を作っていくもので、学年、カリキュラムで科目を組織化していく話です。先ほどお話しした一科目や授業内で技能・態度を育てる取り組みは「横」の話です。いま私たちは、「横」と「縦」を相互に関連させてカリキュラム全体で汎用的技

全体で汎用的技能を育てる

Example

Course unit/learning outcome	Competence									
	A	B	C	D	E	F	G	H	I	J
Unit1		X			X					
Unit2	X			X			X			
Unit3		X				X			X	
Unit4	X		X							X

X= THIS COMPETENCE IS DEVELOPED AND ASSESSED AND IS MENTIONED IN THE LEARNING OUTCOME OF THIS UNIT

Management Committee

【出典】Turning Project: Learning outcomes and competences in study programmes

図表83 科目と必要コンピテンシーの関係図の例

能を育てようとしています。なお、カリキュラムのチェックシートは、私たちが通常「カリキュラムマップ」と呼んでいるものに相当すると思います。

　図表83は、ボローニャ・プロセスの中で進行しているチューニング・プロジェクトに関する報告書の中のものです。科目がユニット1～4とある中で、どの科目がどのコンピテンシー（技能）を育てるかを示しています。たとえば、「ユニット1」の授業であれば、BとEのコンピテンシー（技能）を育てるということで「×」がついています。「ユニット2」であれば、AとDとGです。こういう感じで、いずれかの科目がいずれかの技能を育てるようになっていて、そうしてカリキュラム全体で見たときに、学生のコンピテンシー(技能)がさまざまな科目を通して総合的に育てられるようになっています。カリキュラムマップは、さまざまな種類の汎用的技能を分担して組織的に総合的に育成することを考えていく際に使用されます。

　ちなみに、「汎用的技能」は学士課程教育の「学士力」の構成要素として示された用語です。英語ではジェネリックスキル（Generic Skills）と言われます。しかし、世界的にはさまざまな用語が同様のものを指して使用されていまして、コンピテンス（Competence）、コンピテンシー（Competency）、ジェネリックスキルではなくてジェネリック・コンピテンシー（Generic Competency）と

いうのもあります。用語の使用は混乱しています。実践的に考えると、いずれの用語を用いても、要は対人関係やイニシアティブ、課題遂行力やリーダーシップ等の能力を育てるということですが、スキルを字義通りではなく、スキルを支える潜在的な人格特性（価値観や自己概念、動機など）まで含めて考えるときには、コンピテンスやコンピテンシーが用いられることが多いように見えます。自分の専門の基礎研究だったら、このあたりの用語の分別にはとてもこだわりますが、私は高等教育には実践的に関わる立場をとっていますので、このような用語の混乱は軽く流しています。そうしたことよりも、実践的な取り組みに時間と労力を割きたいと考えています。細かいところが気になる方には申し訳ありません。ご容赦ください。

(2) キャリアガイダンスの法制化の意味－正課でのキャリア教育－

先ほど申し上げましたように、アクティブラーニングといえば知識の活用ですから、技能や態度が問題になって、汎用的技能だけでなく社会人基礎力も絡んできます。そして、この両者をつなぐような改正が、大学設置基準の改正、いわゆる「キャリアガイダンスの法制化」として出ましたので、ここで併せて紹介、確認をしておきたいと思います。

キャリアガイダンスは、「社会的・職業的自立に関する職業等」「職業指導」というように定義されます。ちょっと定義が揺れていますが。下図のような説明で理解してもらえればと思います。私が考えるこの法改正の意義ですが、これまでキャリア教育と言えばキャリア関係者の仕事であって、正課教育の

「キャリアガイダンス」の法制化
大学設置基準の改正
（2010年2月25日公布、2011年4月1日施行）

・キャリアガイダンスとは
　「社会的・職業的自立に関する職業等」「職業指導」

・今回の大学設置基準改正の意義
　「厚生補導」としてのキャリア教育・キャリア形成支援
　だけでなく、それを「教育課程」のなかにも位置づけること。

担当教員には関係のないものだと考えられてきました。しかし、それが正課教育の担当教員にとっても関係のある、切実な課題となってきた、そのような含意がこの法改正にはあると思います。それは、キャリアガイダンスの法制化が一体何を求めているかの例示を見ていくことで理解されます。

　大きく3つ示されていて、1つ目は専門教育や一般教育におけるキャリア形成支援。これが一般の正課教育の担当教員では重要になってくるところです。2つ目は、幅広い職業意識の形成などを目的とする授業科目の実施。これは、キャリアセンター等が正課科目のなかで単位を与える授業として行うキャリア教育科目のことを指しています。これは多くの大学ではかなりなされているものです。3つ目がインターンシップの実施。これは正課外支援活動ですから、これも正課外のいろいろな活動としてキャリアセンター等がやっています。

　2つ目、3つ目は何も新しくはないので、ここで新しいのは1つ目の専門教育や一般教育におけるキャリア形成支援と例示されている部分です。何が一体キャリア形成支援なのか。

　ここで例示されるものを理解するには、キャリア教育（キャリア形成支援を含む）というときの具体的な取り組みを、大きく3つの次元で理解しておく必要があります。就活はここでははずしています。

　1つは社会性の育成です。若者だけではありませんが、一人になる個人空間、あるいは一人でいろいろやれる状況が増えています。それは、人によって社会がとても遠くなることを意味しています。このような状況は80年代でもすでに指摘されていたのですが、今はその状況が加速度的に進んでいます。社会に出たくない、仕事をしたくないという学生が増えていて、それが問題になっています。こうして、学生の社会性を育てることが、キャリア教育での1つのポイントとなっています。

　2つ目が、キャリアデザインです。将来自分は何になりたいのか、どういう仕事をしたいのか、という将来の設計です。将来の見通し、と私は簡単に言っていますが、こういったことが2つ目です。

　3つ目は、ここで関連してくる社会人基礎力です。これは正課教育の中では汎用的技能と呼んだりコンピテンシーと呼んだりでいいわけですが、キャ

リアの文脈では社会人基礎力と呼ばれています。これまで述べてきたとおりです。この専門教育や一般教育におけるキャリア形成支援で問われるのは、社会人基礎力あるいは正課教育の中での汎用的技能です。

(3) 東京女学館大学の取り組み

　例の1つは、東京女学館大学のキャリア形成に必要な能力として示される「10の底力」です。授業で育てる必要な力を10種類定めて、ある科目が底力の1つ、あるいは複数を育てるようにしてもらう。そして、科目全体をマップにして並べると、10の底力を扱う科目がまんべんなく配置されている、そういうふうに科目を配置する。学生はさまざまな科目を履修することで、科目それぞれが扱う底力を身につけ、卒業時には10の底力が総合的に身についている、ということを目指します。先ほどのコンピテンシーのカリキュラムマップを思い出してください。あれと同じ原理です。ここはリベラルアーツ系の大学ですから、こういう技能マップは作りやすいですね。

　大学のウェブサイトを見ると、コミュニケーション能力とかプレゼンテーション能力とか、ボタンでチェックするようになっていて、身につけたい底力を1つ、あるいは複数チェックすることができます。そして、チェックした底力を提供する科目が、検索結果のような感じで示されます。

　たとえば「コミュニケーション能力」と「国際感覚・多文化理解能力」を身につける科目をとりたいと思って、この2つをチェックします。そして、検索ボタンを押します。そうすると検索結果が出てきます。たとえば「国際教養概論」「アメリカ文化論」という科目の中で、あるいは「異文化間コミュニケーション」という科目の中で、コミュニケーション能力や国際感覚・多文化理解能力が育てられるようにデザインされています。

　こういうカリキュラムマップを作るだけで十分でないことは言うまでもありません。このような能力を授業内で育てるためには、授業デザインを従来の講義型から、まさにアクティブラーニング型へと変えていかなければなりません。多くの先生は、アクティブラーニング型の授業にまだまだ慣れていませんので、ここでそういう授業をどのように実現していくのかという教員研修が、つまりFD（ファカルティ・ディベロップメント）ですね、それが必要

になってきます。

　いずれにしても、キャリアガイダンスの法制化は、正課教育の担当教員がこのような汎用的技能・社会人基礎力の育成を通常の授業の中で行う、それがキャリア形成支援の1つなのだと説明しています。

(4) 個別授業の中での取り組み－私の実践例－

　もう1つはカリキュラムとしてだけでなく、個別の授業の中でも教育方法の工夫改善を通して、キャリア形成支援の取り組みを行うべきだと説明されています。ここでは、私の授業実践例を紹介して、このような授業デザインで学生の汎用的技能を育てることができる、というお話をします。

　私は、90分の授業の中で60分講義をして残りの30分は技能や態度、学生の知識活用ということに時間を充てるようにしています。受講者の数によるのですが、100人を超える受講者数であれば、できることが限られますが、60分授業をして残りは毎回ミニレポートを課します。コメントや感想文ではなくて、こちらから与える課題に従ってA4判1枚以内で論述をする、というものです。授業を聴いていない、理解していなかったら書けないし、内容はけっこう難しく設定するので、予習用の教科書も用意します。教科書を読んできていることを前提に講義を行うので、この講義時間には教科書の説明を補う映像や事例を多く取り上げるようにしています。ミニレポートには、自分の言葉であるテーマについて説明をし考察をする、そのような作業を通して知識理解を確認したり、論理的・批判的思考力、文章力などを鍛えたりするような狙いを込めています。

　100人以上の授業では質の高さはさほど求められませんが、15回のうちの2～3回はディスカッションも入れます。今もっている授業は250人くらいのサイズですが、「ダラっとなっている学生がいないか」くらいのチェックをしながら、ディスカッションを何とかさせています。けっこうできるものだ、という手応えはあります。ただ、繰り返しますが、質をチェックするところまではいきません。いずれにしても、ふつうの授業の中でも、いろいろ技能・態度を育てる工夫はできるということです。やらないよりはましだと考えてやっています。ここから週2回に分けられればなおいいのですが、京

都大学の授業で私1人が「やるぞ」と言ってもだめなので、ここは周囲の状況を見て出過ぎないようにやっています。それでも学生の間では「溝上の授業はしんどい」と噂が立っているようで、なるべくやりすぎないように、ギリギリのところで周囲ともある程度の歩調を合わせながらやっています。

さて、50人以下の授業だったら、もっとできます。講義はできるだけ50分くらいで終えるという感じで準備をして、その50分の中で精一杯必要な知識を配置して、できるだけ分かりやすく説明をします。残りの時間はディスカッションをして、イーゼルパッドという壁に貼るポストイットを使って、ディスカッションの内容をグループでまとめさせます（**図表84**）。ディスカッションは何でもいいというのではなく、先ほどの大人数の授業と同じく、50分の講義で得た知識をちゃんと理解するための課題をこちらから与えます。しっかり聴いて理解しないと、ディスカッションもできなくなるので、聴き方が変わってきます。

こういう授業を何年かやっていて、毎年失敗を重ねながら改定していっています。やり方はいろいろあると思いますが、一般の授業でも工夫次第ではいろいろできるのだという例として聴いてくだされば幸いです。

小規模の講義では（30～50人）

□5分（フィードバック）
□50分（講義）
□25分（ディスカッション）
□10分（白板orポストイットにまとめ）
□ミニレポート（ディスカッションのまとめ）を毎回提出

特大版ポストイット「イーゼルパッド」
http://www.mmm.co.jp/office/meeting_tool/easel560.html

図表84　小規模の講義では

4．一般的アクティブラーニングと高次のアクティブラーニングの分別

(1) 一般的アクティブラーニングの重要性

　アクティブラーニングの分別に関してです。今まで私が話をしてきたのは、河合塾のカテゴリーでいくと、「一般的アクティブラーニング」に近いものだと思います。

　まず、定義をもう1回確認しておきます。河合塾は、知識の定着・確認を目的とした演習・実験などのアクティブラーニングを「一般的アクティブラーニング」と呼び、知識の活用を目的としたPBL、創成授業等のアクティブラーニングを「高次のアクティブラーニング」と呼んでいます。

　最初に申し上げましたように、アクティブラーニングといえばどうしても高次の方になりがちですし、地味な一般的アクティブラーニングは焦点が当たりにくいと思います。私のアクティブラーニングの提言は、北米の週3回授業に象徴されるものです。河合塾の定義にある「知識の定着・確認」と言えるかは分かりませんが、どちらかと言えば一般的なアクティブラーニングに近いものを主張してきたのだなと理解されます。

　工学部や理学部等の理科系の授業では、一般的アクティブラーニングが積極的に取り入れられています。河合塾の報告の中では「力学」が例として挙げられていましたし、他にも数学の線形代数とか微積とかで出される演習問題を解いていくような作業も、一般的アクティブラーニングとして分類されるものだと思います。私は、ここをアクティブラーニングの一種として積極的に拾った河合塾の作業を高く評価したいと思います。高次のアクティブラーニングだけがアクティブラーニングなのではなくて、もっと一般の授業の中にもアクティブラーニングはあるのだと。

　あとは大学あるいは学部がどの程度までアクティブラーニングの取り組みを進めるかです。「うちの学部ではできない」「できる教員がいない」と嘆くのではなく、できることから始めていく。私でもここまではやれていますので、議論を開いていけばそういったことをやられる方が出てくると思います。とにかく、やれることからやっていこう、取り組みを前へ進めよう、そうすれば細かなところは後から整備されてくる、というのが私の考え方です。

(2) 人文社会系での基礎教育について

　工学系は基礎教育の内容が分かりやすいです。問題は、人文社会系にも基礎があるのかということです。私は工学系のようなものではないけれども、あると思います。人文社会系は日常知や、あるいはふだんテレビや新聞などで見たり読んだりしていることでけっこう議論や作業ができたりします。ここは、基礎知識の積み上げがないと議論も何もできない理科系とは決定的に違う部分です。私の専門の心理学でも、日常知でやれるテーマが結構あります。けれども、たとえそのようなテーマでも、ある観点に入っていけば、「こういうところを知ってないと、こういうところは見えないだろう」ということがあります。そういう部分が人文社会系の基礎知識となる部分ではないでしょうか。

　私は心理学で自己形成の研究をしていますが、たとえばインタビューでは学生に、自分はどういうふうに学生生活を過ごしてきたかとか、自分が日頃頑張っていることは何かとか、そういう話を聞きます。この話を一般の人がそばで聞いているとします。彼らは話のすべてをよく理解できるはずです。要は、学生の生活の仕方や頑張ったものが何かというだけの話なのですから。しかし、その話の背後に隠されている心理学的な見方、自己形成に関する概念や理論などは、話をいくら聞いても見えてきません。心理学や自己形成に関する基礎知識がなければ、話はいつまで経っても、ただの学生生活や頑張ったことの話のままです。人文社会系の基礎知識とは何かということは、このあたりにヒントがあるのではないでしょうか。

　一般的であろうと高次であろうと、アクティブラーニングが進めば進むほど、問われてくるのは知識です。体系だって基礎知識を教えている工学系でも、高次のアクティブラーニングでは拾えていない基礎知識が出てきます。そのときどうするのかという教授法的・授業デザイン的な対応は、人文社会系と同じです。しかし、アクティブラーニングの取り組みが進んで、こうして基礎知識とは何かという議論に発展するとすれば、それはすばらしいことですね。今はまだぼんやりした議論しかできませんが、今後考えていきたい大事なテーマです。

もう1つ、人文社会系の基礎知識を考える上での教科書の話もしておきます。

人文社会系では標準的な教科書をあまり作ってこなかったように思います。教科書を書く人の数だけ、教科書があるといった感じがあると思います。同じ「○○概論」という教科書でも、その構成やそこで扱われる理論や考え方にかなりの差異があります。心理学の話ですが、アメリカの入門コース（Introduction to Psychology）の授業で用いられる教科書は、理科系のように、有名な標準的教科書がいくつかあって、全米的にかなり統一した内容で教えられているという印象があります。弊害も多いと感じることが多く、たとえば学会でアメリカ人の議論を聞いていると、日本人で言うところの大学受験で覚える年号パターンのような感じで、「何々といえば何々」という感じで、ぱっぱっぱっと同じ人がいつも出てきたりします。そういう状況を作っている原因は何だろうと考えたときに、たぶん教科書ではないか、そう思ったりします。日本の心理学はそういう標準的な教科書を作ってこなかったので、日本人の学者が話をしたり考えたりするときには、本当にその人の個性的なルーツが出てきます。出てこない人は何も出てこない（笑）。

さて、このようなアメリカ人のステレオタイプの議論や思考を見てきて、私はそれは教科書の弊害だと考えてきました。しかし、アクティブラーニングの質を高めるためには、いろいろ見方がある、考え方がある、などといった基礎知識より、こういう場合はこう、といった標準的な基礎知識を与える方が有用です。例外はあっても、それは後から教えればいい。まず基本はこうだ、と理解させていくのがいい。それが基礎ではないか。そうやって考えると、アメリカ人研究者の議論はダメだと思うことが多いけれど、アクティブラーニングの取り組みをしっかり進めていくためには、標準的な教科書を作らないといけない、そんなことを最近考えるようになりました。

5．初年次や基礎演習におけるアクティブラーニング型授業からFDへ

先ほど述べたFDについてです。これは一般のFDにも言えるのですが、特に内容があまり高度になっていない初年次演習や基礎演習等での経験をも

とに、教員同士で「学生がどうだったか」ということを話し合っていくのは、結構いい勉強（研修）になります。専門科目で授業の検討をしようとすると、どうしても内容の話になってうまくいかないことが多いのですが、初年次演習や基礎演習のようなアクティブラーニング型の授業だと、内容が高度ではないので、授業のしかた、授業デザイン、学生理解などを検討するのに適していると思います。学生のさまざまな学び方や、あるいは学生の取り組む姿勢や態度、自分たちがちょっと理解できない学生の言動など、そういったものをいろいろ出し合って、「私の授業では」とか「こういうのは演習だけではなくて私の普通の授業でもあるよ」などと議論していければ、けっこう良いFDになります。

　話が少しずれますが、私は今45人くらい受講生がいる共通科目の授業を行っています。ところがこの授業では、学期はじめ、いつものように「じゃあ、こういう感じでディスカッションをしてね」と言って始めたら、半分くらいの学生が目を合わせずお互い頷きもせずに、固まったまま議論をしているのです。話し手だけのモノローグみたいな状況ですね。聞いている方は固まっていますので。初回は黙って見ていたのですが、これはまずいと思いまして、「前回のディスカッションは見ていてひどかった。あんなのではダメだ。話を興味深く聞いてもらっている。自分ももっと話をしたい。そして、考えてもいなかったような考えや話が次々に出てくる。相手からもいろいろ言葉が返ってくる。もっと話したい。……こんなディスカッションにならないといけないのではないか。なのに君らときたら、目も合わさない、頷きもしない。それじゃあ、話している方は話す気を失せるよ」と、そんなことを授業1回分つぶして指導しました。「それくらいやらないと、こいつらにはアカンな」と、そのときは危機感を感じました。で、抽象的に言っても分からないようだったので、「5秒に1回くらいは形だけでもいいから頷け」とか「嘘でもいいからスマイルをしろ」とか（笑）、乱暴ですが、そんなことを何度も何度もディスカッションをする前に言い続けました。「君は頷きすぎだ！」とかツッコミも入れながら、まあ何とか授業は無事進んでいきました。

　これは私の授業経験ですが、こういうことを話すと、他の先生方は、最近の京大生はどうだとか、彼らはどんな風に勉強しているかとか、自分たちは

授業でどういう工夫をしているかとか、そんな話が出てきます。特に京大生はアクティブラーニングの取り組みが弱くて、授業でもあまり組織化して提供していないので、意識の高い学生は積極的に演習科目やプロジェクト科目を履修しますが、そうでない学生は、研究室に入っていく３～４年生になるまでほとんどアクティブラーニング型の授業を受けない、といったことも珍しくありません。そんなことも、先生方との話でわかってきます。

いずれにしても、初年次演習や基礎演習をはじめとするアクティブラーニング型の授業は、FDを推進する上で有用だと考えられます。

６. ２つのライフの大きな効果

(1) 大学生活の過ごし方から見た学生の４つの類型

最後に、２つのライフの効果を提示したいと思います。

私たちはカリキュラムや授業での工夫改善を通じて、学生を学習に促し巻き込んでいこうと努力していますが、調査で学生の実態を調べていると、そもそもそういうこと以前の問題が多くの学生の中にあることが分かってきます。多くの先生方はよく経験されていることだと思いますが、いくら教師がよく準備して精一杯授業をやっても、教室に入ってくる以前からすでに倒れている学生が少なからずいます。そういう学生を、たかだか一教室の一授業時間だけで何とか奮い立たせようとするのは、基本的には無理があります。

最後に提示する２つのライフは、このような文脈で学生の学びと成長を促すのに効果的な指標です。２つのライフは、学生の将来の見通し（仕事や人生）がどうなっているのか、将来に向けて頑張っていることや目標・課題をもって何かに取り組んでいるのか、こういうキャリア意識を尋ねるもので、このキャリア意識の高さが学習に結びついてくる、という話です。

大学生の全国調査はとても難しく、しかも継続して調査するのはもっと難しいです。加えて、偏差値的にバランスのいい学生のデータを取っていこうとすると、資金を含めて難しい面がいろいろと出てきます。そこを私のいる高等教育研究開発推進センターと公益財団法人電通育英会とが協力することで、何とか取り組めるようになりました。今日示すのは2007年に実施した『大

学生のキャリア意識調査データ』からのものです（詳しくは http://www.dentsu-ikueikai.or.jp/research/）。3年おきにこういう全国調査を行い、追跡調査も行い、その中でさまざまな大学生の状況・課題を見出していこうとしています。

　学生の学びと成長を規定する指標はたくさんあるのですが、実践的に効果的な指標は大きく2つだと私は理解して提示しています。1つは今日の話の中心ではありませんが、一週間の過ごし方です。この指標から抽出される「よく学びよく遊ぶ」学生は成長意欲が非常に高いという結果を示しています。図表85は学生が1週間の生活をどう過ごしているかを表したもので、「授業外学習・読書」「インターネット・ゲーム・マンガ」「友人・クラブサークル」という変数を組み合わせて、1週間をどう過ごしているかで学生を類型化しています。よく学びよく遊ぶ学生はタイプ3です。授業外学習・読書に費やす時間が他のタイプに比べて長く、また、友人・クラブサークルに費やす時間も、それだけで特徴を作っているタイプ4に負けないものとなっています。このような学生をどう育てていけるかが実践的な課題になっています。

　他方、タイプ1やタイプ2のように、友人・クラブサークル等の活動性の弱い、あるいは1人で過ごす時間の長い学生は、勉強までたどりつかないの

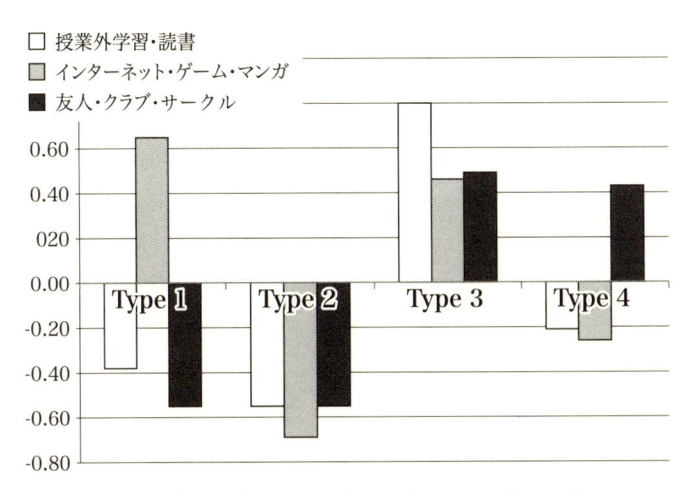

※タイプ1(N=317)、タイプ2(N=672)、タイプ3(N=533)、タイプ4(N=442)、である。

図表85　大学生活の過ごし方から見た学生タイプ

で、アクティブラーニングは非常に難易度が高い課題となります。タイプ１やタイプ２は不適応の学生で、人数も半分以上います。こういう学生には、「まず教室に来い。ちゃんと単位を取れるように日々を過ごせ」と言うことが、おそらく指導の基本になると思います。もっといい学生、与えられることをしっかりやる学生――これがタイプ３やタイプ４だと思いますが――にはもう１つ上をめざすよう指導する。調査をすると、こういうことが考えられるようになります。

(2)「将来の見通しと理解実行」と類型との相関

さて、今日お伝えしたい指標は２つのライフ（将来の見通しと理解実行）でして、これ自体は正課教育に直接関係しませんが、正課教育に関するさまざまな学習行動をかなり規定します。

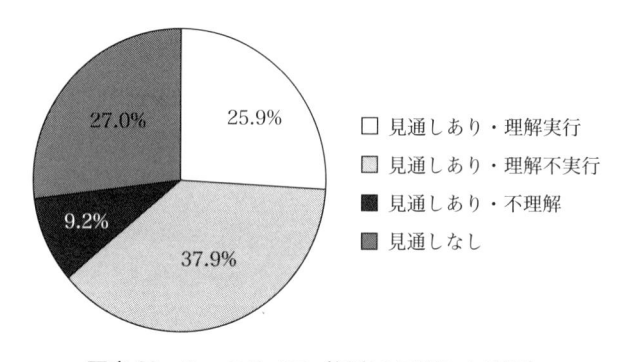

図表86　２つのライフ（将来の見通しと実行）

- 見通しあり・理解実行　25.9%
- 見通しあり・理解不実行　37.9%
- 見通しあり・不理解　9.2%
- 見通しなし　27.0%

図表86の指標の意味は、将来の見通しをもっているかということと、将来に向けて日々目標や課題を立てて頑張っているかということです。いつも将来のことだけを考えているような学生はダメですが、適度に将来のことも考えて日々頑張っていることもある。こういう学生が勉強もしっかり行うし、授業外学習も行う、アクティブラーニング型の授業も受講します。2007年の11月に１年生だった学生が、今は４年生で就活を終えていて、その就活の結果も追跡調査で分かっていますが、けっこういい感じで終えています。基盤変数として非常に効いてくることが分かります。「理解実行」群、すなわち見通しがあって何を頑張ったらいいかが分かっていて、それを実行して

第3部　アクティブラーニングの豊富化のための問題提起　269

2つのライフは医療系が突出

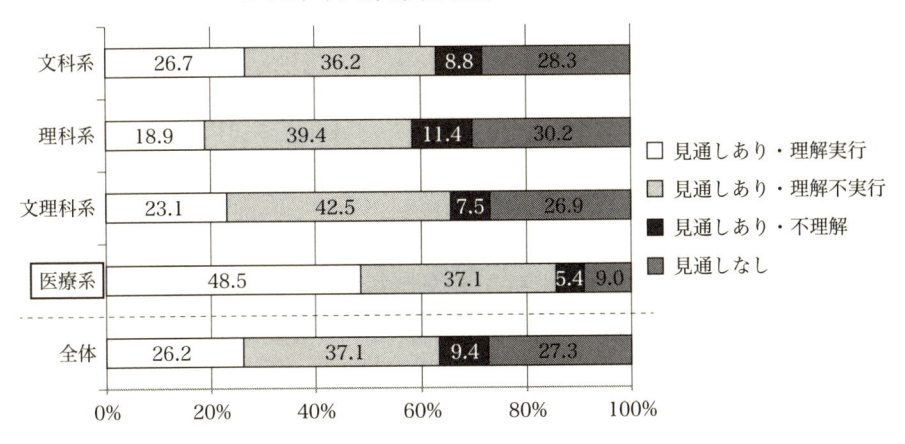

学系	見通しあり・理解実行	見通しあり・理解不実行	見通しあり・不理解	見通しなし
文科系	26.7	36.2	8.8	28.3
理科系	18.9	39.4	11.4	30.2
文理科系	23.1	42.5	7.5	26.9
医療系	48.5	37.1	5.4	9.0
全体	26.2	37.1	9.4	27.3

図表87　学系別にみる2つのライフ

いる群は全国で大体4分の1です。

　図表87で示すように「理解実行」群は医療系の学生のデータでは大きな値になりますが、それ以外の学部を含む全国的なデータでは20〜25％です。「見通しあり・理解不実行」群は、将来の見通しを持っていて、そのために何をやればいいかも分かっているが、実際にはやっていない学生です。4割近くいます。この「理解不実行」「不理解」「見通しなし」を合わせると75％です。私たちは、このような学生たちを前に教育をしていることが分かります。

　医療系は先ほど言いましたように、「理解実行」群は多く見られ、48.5％です。将来何になりたいかが決まっている専門職養成のコースですから、日々頑張って勉強していれば「理解実行」群になるわけで、これは当然です。したがって医療系は2つのライフの分析から外し、残りの系で見ていきます。

　図表88は学習動機別にみたものです。「自分では学習意欲は高いほうだと思う」とか「積極的に学習しているほうだと思う」というのは、「理解実行」群で多くいます。

　図表89は学習形態別にみた学習時間です。授業学習では有意差が出ませんが、授業外学習や自主学習では有意差が出てきます。「理解不実行」群や「不理解」群は、「見通しなし」群との中間に位置します。

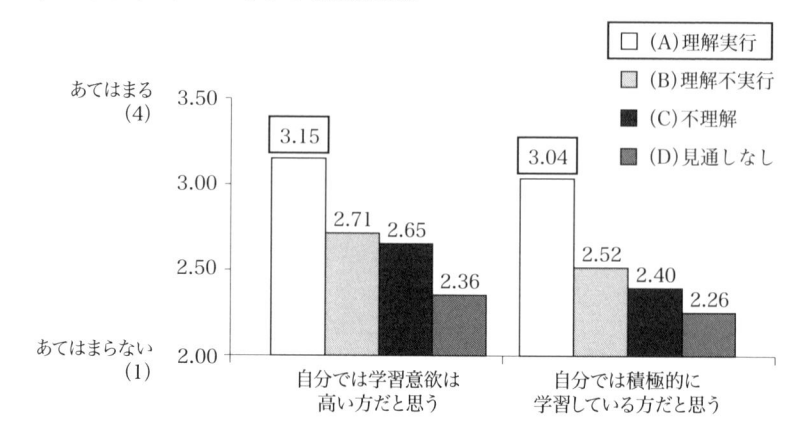

270 アクティブラーニングからの総合的展開

図表88 学習動機別に見る2つのライフ

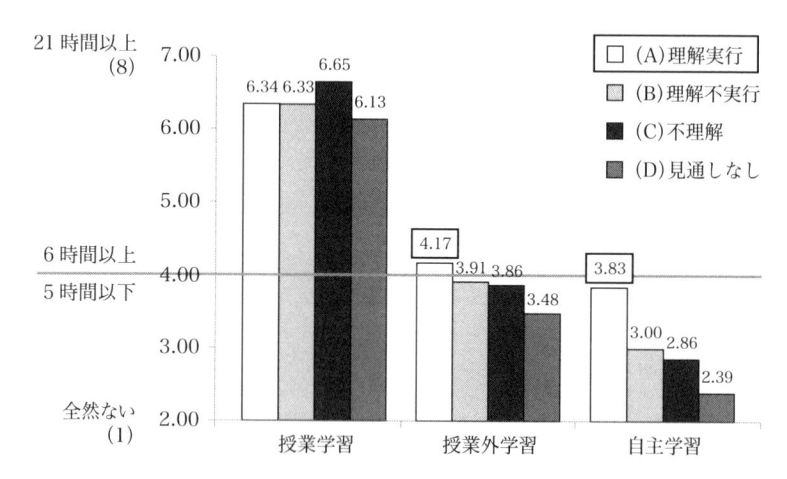

凡例: (A)理解実行　(B)理解不実行　(C)不理解　(D)見通しなし

自分では学習意欲は高い方だと思う:
- (A)理解実行: 3.15
- (B)理解不実行: 2.71
- (C)不理解: 2.65
- (D)見通しなし: 2.36

自分では積極的に学習している方だと思う:
- (A)理解実行: 3.04
- (B)理解不実行: 2.52
- (C)不理解: 2.40
- (D)見通しなし: 2.26

縦軸: あてはまる(4) ～ あてはまらない(1)

※一要因分散分析の結果、「授業学習」「授業外学習」「自主学習」すべてにおいて1％水準以上の有意差が見られた（順に、$F(3, 1830)=4.01$, $p<.01$, $F(3, 1830)=15.60$, $p<.001$, $F(3, 1830)=62.32$, $p<.001$）。多重比較の結果、「授業学習」(C>D)、「授業外学習」(A>B, C>D)、「自主学習」(A>B, C>D)であった。

図表89 学習形態別2つのライフ別学習時間

授業学習:
- (A)理解実行: 6.34
- (B)理解不実行: 6.33
- (C)不理解: 6.65
- (D)見通しなし: 6.13

授業外学習:
- (A)理解実行: 4.17
- (B)理解不実行: 3.91
- (C)不理解: 3.86
- (D)見通しなし: 3.48

自主学習:
- (A)理解実行: 3.83
- (B)理解不実行: 3.00
- (C)不理解: 2.86
- (D)見通しなし: 2.39

縦軸: 21時間以上(8) / 6時間以上 / 5時間以下 / 全然ない(1)

※一要因分散分析の結果、「授業学習」「授業外学習」「自主学習」すべてにおいて1％水準以上の有意差が見られた（順に、$F(3, 1830)=4.01$, $p<.01$, $F(3, 1830)=15.60$, $p<.001$, $F(3, 1830)=62.32$, $p<.001$）。多重比較の結果、「授業学習」(C>D)、「授業外学習」(A>B, C>D)、「自主学習」(A>B, C>D)であった。

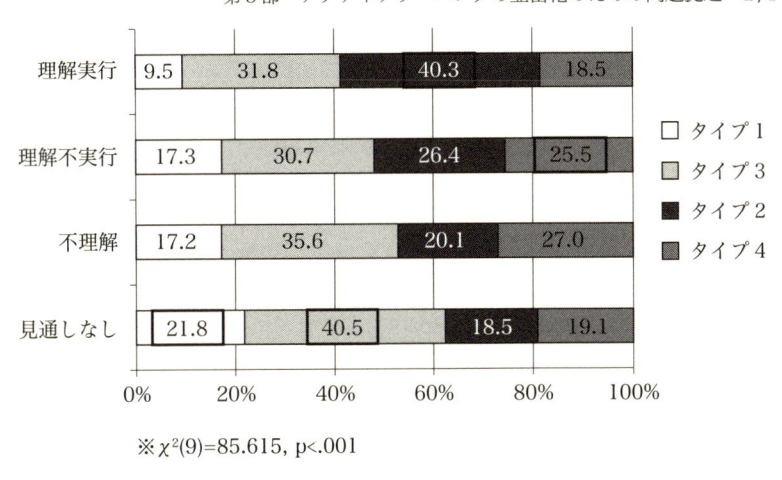

第3部 アクティブラーニングの豊富化のための問題提起 271

	タイプ1	タイプ3	タイプ2	タイプ4
理解実行	9.5	31.8	40.3	18.5
理解不実行	17.3	30.7	26.4	25.5
不理解	17.2	35.6	20.1	27.0
見通しなし	21.8	40.5	18.5	19.1

※$\chi^2(9)=85.615, p<.001$

図表90　2つのライフ別にみる大学生活の過ごし方から見た学生タイプ

図表90は、図表85で分類した一週間の過ごし方から見た4つのタイプ別にみたものです。タイプ3は「理解実行」群に多い。逆に「見通しなし」にはタイプ1やタイプ2の不適応群が多い。きれいな相関が見られます。

こういう将来の問題について、「その気になったらどうにでもなる」とおっしゃる先生がいますが、私が見ている感じでは、なかなか変わらない。1年生の11月にデータを取った学生の「理解実行」、「理解不実行」、「不理解見通しなし」の各群が、4年間でどれくらい変わるかということを追跡調査で見たのが**図表91**です。医療系は除いています。右に「4年生11月に4年間を振り返って」とありますが、これは縦断データですので同じ学生の3年後の結果です。「4年間より理解実行」と「4年間より見通しなし」で、多くが説明されることが分かります。「理解実行」群の65.2％とか、「見通しなし」群の47.4％がそうです。そして皆さん経験的に理解されているように、3年生の就活で一気に変身する学生がいます。1年生の「不理解」の68.8％は大きな数字ですし、「見通しなし」の者でも39.5％は変身することが分かります。しかし、「見通しなし」の半数（47.5％）はそのまま行きますので、リスキーです。教育実践としては、やはり「理解実行」を目指すべく指導をすることになると思います。ちなみに、就活で第一志望で内定を取っていく割合が高

272 アクティブラーニングからの総合的展開

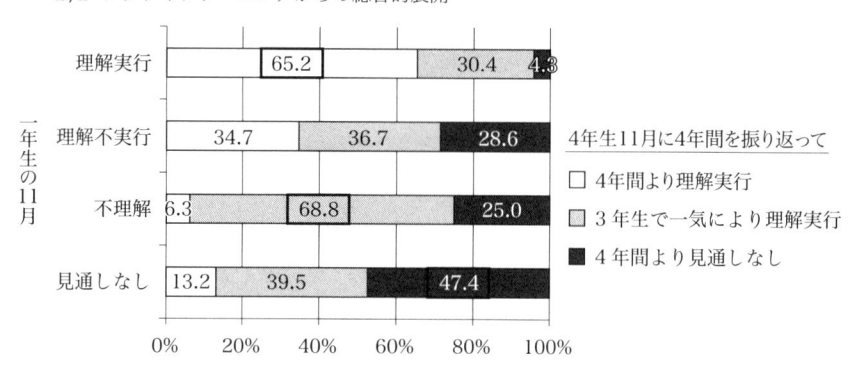

一年生の11月		
理解実行	65.2 / 30.4 / 4.3	
理解不実行	34.7 / 36.7 / 28.6	4年生11月に4年間を振り返って □ 4年間より理解実行 ▨ 3年生で一気により理解実行 ■ 4年間より見通しなし
不理解	6.3 / 68.8 / 25.0	
見通しなし	13.2 / 39.5 / 47.4	

※京都大学高等教育研究開発推進センター・電通育英会主催『大学生のキャリア意識調査2007追跡2010(現在4年生対象)』(2007年988名→2010年130名)
※分析は、医療系の学生を除外しておこなっている。

図表91　1年生での2つのライフの状況別にみるその後4年生での振り返り

いのも「理解実行」群です。残りはあまり差が見られません。

　図表92に示すとおりアクティブラーニング型授業への参加については、「理解実行」群は大多数が「4年間を振り返って、積極的に受講してきた」と答えています(79.2%)。そして有意差は出ていませんが、「見通しなし」と1年生のときに答えた学生は4年間を振り返って、「どちらとも言えない」

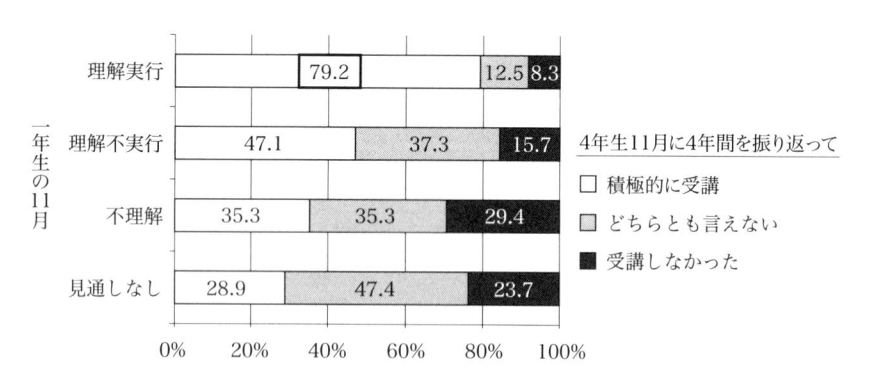

一年生の11月		
理解実行	79.2 / 12.5 / 8.3	
理解不実行	47.1 / 37.3 / 15.7	4年生11月に4年間を振り返って □ 積極的に受講 ▨ どちらとも言えない ■ 受講しなかった
不理解	35.3 / 35.3 / 29.4	
見通しなし	28.9 / 47.4 / 23.7	

※京都大学高等教育研究開発推進センター・電通育英会主催『大学生のキャリア意識調査2007追跡2010(現在4年生)』(2007年988名→2010年130名)
※$\chi^2(6)=16.905, p<.05$

図表92　1年生での2つのライフの状況別にみるその後のアクティブラーニング型授業の受講状況

(47.4%) とか「受講しなかった」(23.7%) という割合が非常に高い（合計で71.1%）。1年生、されども1年生です。将来とつなげていく目的意識の高さは、その人のパーソナリティのようなもので、学年を経てもなかなか変わりません。そして、それがさまざまな学習行動にも影響を及ぼすという結果です。

まとめ

　まとめです。「縦」と「横」の双方で実現するアクティブラーニング型授業ということでは、「横」だけではなくカリキュラム、ひいては学士課程教育全体という「縦」も見ていこうということです。そして汎用的技能を育てるための「縦」と「横」のアクティブラーニングに絡めて、キャリアガイダンスの法制化のお話をしました。一般的アクティブラーニングと高次のアクティブラーニングの分別では、基礎知識の重要性を特に強調しました。そしてFDがあって、最後に2つのライフの大きな効果として、学習動機・時間、よく学びよく遊ぶ「タイプ3」があり、就活の結果、汎用的技能の獲得、アクティブラーニング型授業の受講と、非常に多くの効果をもつこの変数を、データだけではありますが示しました。今後実践をどのように考えていくかということは、今私の中での大きな関心事です。また、ご紹介できる機会があれば幸いです。ご清聴ありがとうございました。

シンポジウムを終えて

－まとめと提言－

河合塾大学教育力調査プロジェクト

シンポジウムを終えて、問題提起や総括討議を踏まえた上での主催者としての「まとめ」と「提言」を試みたいと思います。

1．大学教育に関する正しい現状認識と危機感が求められている

私たちの提言の第一は、大学関係者に正しい現状認識と危機感を共有してもらいたいということです。

当プロジェクトが、アクティブラーニングに注目をしたのは、現在の大学教育に対する危機感に根差しています。その危機感をまとめると、以下のように整理できます。

第一に日本は高等教育へのユニバーサルアクセス段階を迎え、大学を含む高等教育への進学率は50％を超えています。これが意味するところは、これまでの20世紀の大学の主流的な理念であった「研究を通じた教育」というフンボルト理念が、一部の研究大学を除いては立ち行かなくなってきていることを意味しています。それは、学生に関しても言えると同時に、教員に関しても言えることだと思われます。

学生に関して言えば、ユニバーサルアクセス段階の事象として、これまで大学教育にアクセスしてこなかった層が大量に大学教育の場に送り込まれてくるという問題があります。それは、これまでのようには大学教育を受ける準備が整っていない学生に対して、教育を行わなければならない時代の到来を意味しています。

他方、教員に関して言えば、林一雅助教の問題提起でも指摘されている通

り、日本の教員は研究志向が強いということが言われています。日本では研究志向の教員の比率が72.5％もあり、他の諸国よりも図抜けて高いことを明らかにした1992〜1993年のカーネギー財団の調査が有名ですが、それ以降いくらか改善されたものの、教育よりも研究を重視するという教員は60％台を現在も維持し続けています。

　もちろんユニバーサルアクセス段階にあるとはいえ、日本においても研究大学は依然として重要な役割を担い続けていますし、その数も決して少ないとは言えません。そうした大学では、研究が第一義であることは当然のことです。しかし、にもかかわらず、やはり現在では日本の大多数の大学では「教育」が問われていますし、教員にも「教育」が問われています。

　第二に、大学の教育が問われるということはどういうことか、という問題です。ここで言う大学の教育とは、大学教育一般ではなく、個々の大学の「教育力」のことを意味しています。そして、大学の「教育力」を考える場合、私たちは必然的に学習者中心の視点が求められると考えます。

　学習者中心の視点とは、教授者中心の視点と対立する概念です。教授者中心の視点で教育を考えれば、「何を教えたか」が問題となります。そして「何を教えたか」には、厳密に言えば学生が何を理解したかが含まれていません。乱暴に言えば、学生が理解しようがしまいが、あらかじめ教授者側が決めただけの内容で授業を進めるので構わないということです。

　このようなことが改めて今、大学教育を巡って問題となるのは、これまでの大学教育においては、学生の理解よりも教授する側の都合が優先され、それこそ講義ノートを一方的に読み上げるだけで授業を終わらせるという「教育」が、今までまかり通ってきたということの裏返しでもあると思われます。

　しかし、先に述べたような状況を考えれば、このような教授者中心の視点から、言い換えれば「何を教えたのか」、すなわち授業で教員が「何を喋ったのか」ではなく、学生が授業を通じて「何を理解したのか」、「何をできるようになったのか」こそが問題とされるべき状況がすでに訪れていることは、疑い得ないと私たちは考えます。

■学習者を中心に考えればアクティブラーニングを問題とすべきである

　学生が「何をできるようになったのか」こそが教育の中心的な視点とならなければならないならば、大学の授業形態は必然的にアクティブラーニングに向かわざるを得ない、というのが私たちの調査前の仮説でした。そして調査とシンポジウムを終えてなお一層、その視点が重要であるとの確信は強まっています。

　なぜ、そのように考えられるのでしょうか。

　まず、学生が授業を通じて何かができるようになるためには、学生が授業に主体的に参加する必要があります。もちろん、講義を聴講することも、そのあり様によっては「主体的に参加する」ことではありますが、多くの場合はそうなっていないことは周知の通りです。形態的に受動的であっても、内容的には主体的に参加している場合がありうる、というのはその通りですが、一般的には主体的に参加できていない学生が多いことは、居眠りや私語、携帯メール等の横行として広く知られるところです。ここを形態的にも内容的にも「主体的」にすること、それがアクティブラーニングを取り入れた能動的な授業形態の導入だと考えます。

　もちろん、ここで述べていることは、アクティブラーニングの導入の意義のもっとも原初的な側面にしか過ぎませんが、まず私たちが提言したいことは、このような現状認識と危機感を多くの大学関係者に共有していただきたいということです。

2．「一般的アクティブラーニング」と「高次のアクティブラーニング」を組み合わせる

　今回の調査にあたって、私たちは知識の定着と確認を図ることを主眼にした演習や実験などの「一般的アクティブラーニング」と、獲得した知識を活用して未知の問題解決を図るPBL・創成授業などの「高次のアクティブラーニング」とに区別しました。私たちは寡聞にして、これまでに同様の分類が行われた例を知りませんが、この分類はアクティブラーニングを論じる上で、かなり大きな意義があったと自負しています。

　その上で当プロジェクトは、一般的アクティブラーニングと高次のアク

ティブラーニングとの違いを踏まえつつ、両者を有機的に組み合わせていくことの重要性を強調しておきたいと考えます。

　溝上慎一准教授の問題提起でも指摘されていることですが、これまで通常は一方通行で行われてきた講義にも演習などのアクティブラーニングを組みこむかたちで「一般的アクティブラーニング」が、もっと当たり前に導入されていく必要があります。どのくらいのボリュームであるべきかは議論のあるところですが、当プロジェクトはシンポジウムの問題提起や議論も踏まえれば、可能な限りすべての講義科目に一般的アクティブラーニングを組み入れるべきだと考えます。

　この面に関して言えば、今回の調査とシンポジウムで金沢工業大学の「『総合力』ラーニング」の事例を紹介できたことは、大きな意義があったと思われます。

　金沢工業大学は、高次のアクティブラーニングを1年前期の「プロジェクトデザインⅠ」、2年後期の「プロジェクトデザインⅡ」、そして4年前・後期の「プロジェクトデザインⅢ」として連続的に配置していますが、それとは別に一般的アクティブラーニングをあらゆる授業科目において導入することを大学全体として決定し実践しています。それが「『総合力』ラーニング」です。つまりどの科目においても、一方的な教員からの講義だけで終了してしまう授業は存在していません。小テストであれ、演習であれ、討議であれ、何らかのアクティブラーニングを必ず各科目の中に組み込むことが課せられています。故に、金沢工業大学には「講義」という授業形式は存在しない、そう宣言されているほどです。

　同時に、獲得した知識を活用する創成型授業等の「高次のアクティブラーニング」についても、もっと当たり前に導入されていく必要があります。もちろん、高次のアクティブラーニングの時間数をむやみに拡大すべきというのではありません。しかし、少なくとも各学年に最低1科目を配置することが望ましいと考えます。

　つまりカリキュラムの問題として、各学年ごとの一般的アクティブラーニングと高次のアクティブラーニングの配置を設計していくことと、4年間のアクティブラーニングのつながりを設計していくことの両者が求められてい

るということです。各科目の中でどのようにアクティブラーニングを実施するかというだけではなく、そのつながりを各学年の中で、そして 4 年間のつながりとして考えるべきだということです。

■知識の「習得→活用」ではなく、知識の「習得＋活用」

　ここで考えておくべきことは、知識の獲得がまずあって、それが終わってから活用へ移行すべき、という発想についてです。

　溝上慎一准教授の問題提起で触れられているように、高次のアクティブラーニングについては学問知の活用こそが課題とされるべきだということが明らかにされました。学問知の活用なき高次のアクティブラーニングは単なる思いつきや、お遊びにすら堕していきかねない。そのことが突き出されたことは、本シンポジウムの大きな意義であると思います。

　しかし同時に、当プロジェクトは知識の獲得が終わってから初めて活用を始めることができるとは考えません。知識の活用は、各知識レベルに合わせて随時行われるべきであり、そのことが創造力を培うものであると考えるからです。

　これまでの学士課程教育では、まず教養教育があり、その次に専門の知識習得の科目があり、そして知識を活用するのは 3 年・4 年の専門ゼミと卒論が初めての経験になるというカリキュラム設計が一般的でした。しかし 4 年生の卒論になって初めて、知識の活用を行うというのでは遅すぎるのです。

■英語のコミュニケーション教育を参考に

　このことを語るために、日本の歴史的な英語教育の問題点について触れたいと思います。

　日本の英語教育は明治以来、進んだ欧米の文化・文学を日本に翻訳紹介することが課題とされ、そのための人材を育てることを目的としてきました。

　大学の英文科の目的は、まぎれもなく優れた翻訳者・紹介者を育てることでした。そして中学・高校を通して 6 年間行われる英語教育も、この優れた翻訳者を育てるための前提である文法や構文の習得に力が注がれてきました。

　日本が 6 年間も英語教育に力を入れてきたにもかかわらず、日本人の英語

コミュニケーション能力が低い理由はここにあります。最初からコミュニケーションの訓練の場が設けられていなかったのです。

　まず文法や構文の習得を行って、それが終われば自然に活用（コミュニケーション）ができるようになるということが、暗黙の前提になっているからです。しかし、日本の英語教育100年の歴史は、それが幻想にしか過ぎなかったことを示しています。コミュニケーション英語の訓練は、文法や構文の習得が終われば自然にできるようになるのではなく、意識的に文法や構文の習得と並行して行われる必要があります。

　高校でも、生徒同士の英語でのコミュニケーションを授業に導入して成果を上げている学校が増えてきていますが、大切なことは知識の習得→活用ではなく、知識の「習得＋活用」という発想に立つことです。

　同じことが大学教育にも言えると、当プロジェクトは考えます。知識の習得がある程度まで進んだ後で、知識の活用が課題となるのではなく、並行してそれぞれの知識段階に対応した高次のアクティブラーニングを導入すべきではないでしょうか。

■立教大学のBLP、秋田大学のスイッチバック方式が示していること

　今回の調査とシンポジウムで、その優れた事例がいくつも提示されました。その１つが、立教大学経営学部のビジネス・リーダーシップ・プログラム（BLP）です。BLPでは、BL０からBL４までの５科目が配置されていますが、その内のBL０（１年前期）、BL２（２年前期）、BL４（３年前期）がPBL・創成授業型の高次のアクティブラーニングとなっています。重要なことは、各学年に配置されていることだけではなく、BL０は１年前期のほとんど専門知識を得ていない段階で行われ、BL２は２年前期の専門科目の進捗と同期し、BL４は３年前期の専門科目の進捗と同期しつつ行われている点です。また、ある専門ゼミでは、１年前期のBL０で学生が考えたプランを、３年次の専門知識から振り返ってみるということも行われています。

　もう１つの事例は、秋田大学資源工学部機械工学科の「スイッチバック方式」と呼ばれる独自のカリキュラム設計です。

　まず１年後期に「ものづくり基礎実践」が置かれていますが、これは教養

基礎科目の知識に対応し、2年の「プロジェクトゼミ」は専門基礎科目の知識に対応しています。さらに3年の「創造工房実習」は専門科目に対応した創成授業型の高次のアクティブラーニングです。そして4年次には集大成としての卒業研究が必修となっています。

これらの2つの事例に共通して言えるのは、それぞれの学年の知識レベルにおいて、その知識を活用する高次のアクティブラーニングが配置されているという点です。また初年次などにこのような高次のアクティブラーニングを配置することは、「もっと知識があれば……」という知識への枯渇感を生みだし、それが専門知識の習得へのモチベーションにつながっていることも報告されています。

3．学系的な「向き・不向き」について

本調査では、質問紙調査の段階では社会科学系では経済・経営・商学系学部と法学部、自然科学系では理学部と工学部を対象としました。本書冒頭の河合塾からの調査報告にもあるように、アクティブラーニングの導入状況については自然科学系に比して社会科学系が低く、自然科学系の中では工学部に比して理学部が低い、社会科学系の中では経済・経営・商学系学部系に比して法学部が低いというように、学系別に有意な差が見られました。

またシンポジウムの総括討議においても、「アクティブラーニングに向いている学系と向いていない学系があるのではないか」という点が議論されました。

当プロジェクトは、この問題については以下の点が重要であると考えます。すなわち、アクティブラーニングを「導入しやすい科目」と「導入しにくい科目」があることは事実ですが、アクティブラーニングが必要である（有用である）ことについては、学系別・科目別の差はほとんどないということです。

例えばアクティブラーニングに向いている学系・科目という点では、経営学部等で行われている企業との連携した問題解決型の高次のアクティブラーニングが想起されるかもしれません。そして確かに、このような形態でのアクティブラーニングは他の学系に比して導入しやすいものと言えるかもしれ

ません。

　しかし、先述したような「現状」と「危機」は、どの学系においても例外ではあり得ません。つまり、どの学系・科目においても学習者中心の教育が求められているのですから、どの学系においても独自の工夫によるアクティブラーニングの導入が必要であるというのが当プロジェクトの考えです。

　林一雅特任助教による問題提起にもありますが、マサチューセッツ工科大学（MIT）の物理学プロジェクト（TEAL）の例は非常に示唆的です。日本では理系教養とでもいうべき物理学の授業においてアクティブラーニングが導入され、その結果、成績低位の学生だけでなく成績高位の学生においても有意な成績上昇が見られたことが報告されています。

　繰り返しになりますが、MITのそれは100人規模の大人数授業で、学生たちは事前に教科書やWebサイトで予習をし、電磁気学について勉強してきます。それに関して教員が15～30分くらいの講義を行い、それを受けて問題が与えられて学生たちが考え、グループでディスカッションするのです。そしてグループで簡単な実験とデータ分析をして、最後にプレゼンテーションを行います。

　理系の教養的な物理の大人数授業で、これまでは一方的な講義であったものでさえ、こうした工夫によるアクティブラーニングの導入が可能であり、その成果も明瞭にあらわれています。科目ごとに、さまざまな独自の工夫が必要であることは言を待ちませんが、学系・科目ごとの「向き・不向き」を挙げて消極的になるよりも、可能性を広げる取り組みこそが求められているのではないでしょうか。

4．空間整備やクリッカーの活用

　本シンポジウムでは東京大学の駒場ラーニングスタジオ（KALS）の林一雅特任助教に問題提起を行っていただいたこともあり、アクティブラーニングのための空間や設備のことが総括討議でも議論となりました。

　東京大学が学生の討議力が弱いことを学生調査から把握し、討議力を強化するためのモデル空間として創設されたのがKALSです。そこでは移動式

のテーブル、4面の大型液晶ディスプレイ、電子黒板、各自が使用できるタブレットPC等が備えられ、またクリッカーが活用されています。そして、こうした空間の提供がアクティブラーニングを内容的に充実させる条件となることは疑いの余地がありません。クリッカー等のIT機器は予算的にも比較的安価に導入できるものであり、授業の双方向性を確保するためにも、もっと積極的に導入が図られていくべきものであると考えます。

　しかし同時に、こうした予算を掛けた設備と環境が整備されなければアクティブラーニングは導入できないのかと言えば、私たちは断じてそうではないと考えます。

　例えばKALS以外の教室でも、東京大学教養学部では、グループワークにおいてホワイトボードを各グループに使用させることで、アクティブラーニングの導入が図られています。また京都大学の溝上慎一准教授の授業でも、大型のポストイットを使用してグループワークとアクティブラーニングが行われています。これらは大変アナログ的ではありますが、しかしそれでも学習者中心のアクティブラーニングは十分に成立しています。

　岡山大学機械工学科では、固定式の机の教室でグループワーク中心のアクティブラーニングが行われていると、塚本教授は総括討議の中で紹介されています。もちろん、移動式机が使える環境がより望ましいことは当然ですが、しかし環境が整わなくても、極端に言えば、教員と学生さえ居ればアクティブラーニングは成立します。

　従って当プロジェクトは、「環境整備→アクティブラーニングの導入」ではなく、「アクティブラーニングの導入→それに適した環境の整備」という発想こそが大切であると考えます。

5．教員の負担増について

　これはシンポジウムの総括討議でも各会場から繰り返し意見が出ました。すなわち「アクティブラーニングの重要性は分かっているが、教員の負担が増える」、「教員の負担増に合意が取れない」という問題です。確かにアクティブラーニングの導入については、新しい授業内容の開発が求められたりして、

これまでの手慣れた授業を行うことに比べれば、大きな負担増になることは否定できません。

しかし結論から言えば、当プロジェクトはアクティブラーニング導入に当たっての教員の負担増については「やむを得ないもの」と考えています。

理由には2つの側面があります。1つは、先述したように、これまでの大学は教育を研究と比して軽視してきたという問題であり、教育重視にシフトしていくことが求められている以上、それに関わる教員の負担増はある程度は甘受すべきであるという側面です。もう1つは、アクティブラーニングに限らず、何にせよ新しいことを導入する時に必ず生じる負担増という側面です。

しかし、こうした負担増は一時的なものでもあり、定着して軌道に乗れば立ち上げる時のような大きな負担は生じなくなるというのは、何事に対しても適用できる経験則でもあります。実際、立教大学経営学部のBLPにしても、秋田大学機械工学科のスイッチバック方式にしても、事例報告で紹介した大学はすべて立ち上げる時には多大なエネルギーを費やされていますが、軌道に乗れば負担は軽減されていることが窺われます。また軌道に乗ることにより、学生の成長や変化という成果を目にすることができれば、費用対効果という面でも、その負担は報われます。

従って、問題は全体の合意形成の方にあると思われます。

6．全体の合意が実現できなければ少数から始めること
　　グッドプラクティスの開発・公開・共有について

カリキュラム設計の中にアクティブラーニングを組み入れることや、一般的アクティブラーニングと高次のアクティブラーニングを組み合わせること、アクティブラーニングに適した環境を整えること等は、大学全体や学部・学科単位での合意が必要であることばかりです。実際に、事例報告に登場した大学では、大学単位、学部単位、学科単位で大きな合意が成立しているがゆえに、大きな成果が実現できています。当プロジェクトは、すべての大学、学部、学科において、全体でアクティブラーニングを実施することが理想であると考えています。

しかし、合意形成ができなければアクティブラーニングが導入できないとは考えません。

　意志ある少数が具体的なところから始めて、周囲に波及させてきている取り組みも少なくないからです。例えば岡山大学機械工学科の事例は、塚本教授らによる少数の取り組みから始まり、成果を挙げることで学科としての合意形成にいたっています。そして、そうした取り組みが、さらに広範囲に影響を及ぼしていることは疑いを得ません。

　だからこそ、志ある教員の方々にお願いします。たとえ一人からでもアクティブラーニングの導入を試みてください。自分なりのグッドプラクティスをぜひ開発してください。そしてその成果を公開し、意識を共にする教員の間で共有していってください。

　以上、調査とシンポジウムを踏まえての当プロジェクトの提言を書き連ねました。この提言が、学習者中心の教育のために全国で奮闘される教員の方々にとり、なにがしかの応援になれば幸いです。

巻末資料

1 アンケート（質問紙）調査票
2 質問紙調査による大学・学部・学科別データ

■巻末資料1　アンケート（質問紙）調査票

ゼミ・演習などの教育システム調査

【はじめに】
1）本アンケートで用いる用語

大学における授業の分類	文部科学省の規定では、大学の授業は「講義」「演習」「実験・実習」に分かれます。
ゼミ	「演習」のうち双方向、少人数で行われるものを指します。
アクティブラーニング	PBL（project/problem based learning）、実験・実習、フィールドワークなどの参加型・能動型学習を指します。
アクティブ科目	「ゼミ」「演習」「実験・実習」以外で、「講義」に分類されるものでありながら、アクティブラーニングが組み込まれた科目を指します。

2）本調査紙全体を通じて除外しているもの
① 教養科目に分類される「語学科目」、「体育科目」、「情報系科目」については除外します。
② 「演習」であっても、ドリル等を用いた解法・技法など、個人のトレーニングのみを目的としたもの。

1．全体設計
1）ゼミ・演習・アクティブ科目の配置と区分について

	セメスター	1年前期	1年後期	2年前期	2年後期	3年前期	3年後期	4年前期	4年後期
ゼミ・演習	ゼミ・演習の必修の有無（[○]で回答）と1人の学生が履修しなければならない必修科目数（数字で回答）	[ ]必修 →[ ]科目 [ ]選択	[ ]必修 →[ ]科目 [ ]選択	[ ]必修 →[ ]科目 [ ]選択	[ ]必修 →[ ]科目 [ ]選択	[ ]必修 →[ ]科目 [ ]選択	[ ]必修 →[ ]科目 [ ]選択	[ ]必修 →[ ]科目 [ ]選択	[ ]必修 →[ ]科目 [ ]選択
	上記のゼミ・演習の区分（[○]で回答、複数回答可）	[ ]専門科目 [ ]教養科目 [ ]その他	[ ]専門科目 [ ]教養科目 [ ]その他	[ ]専門科目 [ ]教養科目 [ ]その他	[ ]専門科目 [ ]教養科目 [ ]その他	[ ]専門科目 [ ]教養科目 [ ]その他	[ ]専門科目 [ ]教養科目 [ ]その他	[ ]専門科目（卒論演習を含む） [ ]教養科目 [ ]その他	[ ]専門科目（卒論演習を含む） [ ]教養科目 [ ]その他
アクティブ科目	必修または選択（[○]で回答）と1人の学生が履修しなければならない必修アクティブ科目の科目数（数字で回答）	[ ]必修 →[ ]科目 [ ]選択	[ ]必修 →[ ]科目 [ ]選択	[ ]必修 →[ ]科目 [ ]選択	[ ]必修 →[ ]科目 [ ]選択	[ ]必修 →[ ]科目 [ ]選択	[ ]必修 →[ ]科目 [ ]選択	[ ]必修 →[ ]科目 [ ]選択	[ ]必修 →[ ]科目 [ ]選択

※1　「必修の科目数」は、一人の学生が何科目必修とされているかをご回答ください。
※2　通年開講のゼミの場合、前期と後期に[○]を記入してください。
※3　「アクティブ科目」の回答欄には、「ゼミ・演習」には該当しない科目についてのみご記入ください。
※4　この表は、一般的な学年やセメスターを基準に作成しています。この分類に合致しない学期制度等を採用されている場合は、表を加工された上でお答えください。

2．初年次ゼミ

1）1年生<u>前期</u>に配当されている初年次ゼミ（アクティブ科目を含む）の設定状況とアクティブ性についてお訊きします。

※1 初年次ゼミとは、初年次に配当され①スタディスキルや、②大学での能動的な学びへの態度転換を目的に行われるゼミを指します（1年次配当の専門ゼミについては 3.1）でお答え下さい）。

※2 教養科目の語学科目、体育科目、情報系科目は除きます。

項　　目	必須の有無	追加質問
学部提供の初年次ゼミの設定状況（必修か、選択か） **設定している場合は以下①～⑦にお答えください。**	[ ]学部全員必修科目 [ ]選択科目 [ ]学科により必修科目 ｝（右の追加質問へ） [ ]設定していない　⇒（⑧に移って下さい）	[ ]学部学生の70％以上が履修（カバー率大） [ ]学部学生の30％～70％が履修（カバー率中） [ ]学部学生の30％未満が履修（カバー率小）
① グループ学習	[ ]学部の全ゼミで必須 [ ]学科により全ゼミで必須 ｝（右の追加質問へ） [ ]教員の裁量 [ ]教育課題としているが把握していない [ ]教育課題としていない	[ ]基本的に毎回（頻度大） [ ]2～3回に1回程度（頻度中） [ ]時々（頻度小） [ ]最後の発表時のみ
② ディベート	[ ]学部の全ゼミで必須 [ ]学科により全ゼミで必須 ｝（右の追加質問へ） [ ]教員の裁量 [ ]教育課題としているが把握していない [ ]教育課題としていない	[ ]基本的に毎回（頻度大） [ ]2～3回に1回程度（頻度中） [ ]時々（頻度小）
③ フィールドワーク	[ ]学部の全ゼミで必須 [ ]学科により全ゼミで必須 ｝（右の追加質問へ） [ ]教員の裁量 [ ]教育課題としているが把握していない [ ]教育課題としていない	[ ]基本的に毎回（頻度大） [ ]2～3回に1回程度（頻度中） [ ]時々（頻度小）
④ プレゼンテーション	[ ]学部の全ゼミで必須 [ ]学科により全ゼミで必須 ｝（右の追加質問へ） [ ]教員の裁量 [ ]教育課題としているが把握していない [ ]教育課題としていない	[ ]基本的に毎回（頻度大） [ ]2～3回に1回程度（頻度中） [ ]時々（頻度小） [ ]最後の発表時のみ
⑤ レポート提出	[ ]学部の全ゼミで必須 [ ]学科により全ゼミで必須 ｝（右の追加質問へ） [ ]教員の裁量 [ ]教育課題としているが把握していない [ ]教育課題としていない	[ ]レポートの返却必須 →[ ]教員のコメント必須 　[ ]教員のコメントは任意 　[ ]教員のコメントなし [ ]レポート返却は教員裁量 [ ]レポート返却しない
⑥ ふり返りシート （学習の記録・ポートフォリオなど）	[ ]学部の全ゼミで必須 [ ]学科により全ゼミで必須 ｝（右の追加質問へ） [ ]教員の裁量 [ ]教育課題としているが把握していない [ ]教育課題としていない	[ ]基本的に毎回（頻度大） [ ]2～3回に1回程度（頻度中） [ ]時々（頻度小） [ ]最後の発表時のみ
⑦ 授業時間外学習	[ ]学部の全ゼミで必須 [ ]学科により全ゼミで必須 ｝（右の追加質問へ） [ ]教員の裁量 [ ]教育課題としているが把握していない [ ]教育課題としていない	[ ]基本的に毎回（頻度大） （基本的に授業は調べたりしたことの発表の場） [ ]2～3回に1回程度（頻度中） [ ]時々（頻度小）
⑧ 学部以外（全学組織等）が提供している初年次ゼミで、学部の学生が履修できる科目の有無	[ ]有 →[ ]学部全員が必修 　[ ]選択科目　⇒（右の追加質問へ） [ ]無	[ ]学部学生の70％以上が履修（カバー率大） [ ]学部学生の30％～70％が履修（カバー率中） [ ]学部学生の30％未満が履修（カバー率小）

2）1年生**後期**に配当されている初年次ゼミ（アクティブ科目を含む）の設定状況とアクティブ性についてお訊きします。

※1 初年次ゼミとは、初年次に配当され①スタディスキルや、②大学での能動的な学びへの態度転換を目的に行われるゼミを指します（1年次配当の専門ゼミについては 3. 1）でお答え下さい）。

※2 教養科目の語学科目、体育科目、情報系科目は除きます。

項　　目	必須の有無	追加質問
学部提供の初年次ゼミの設定状況（必修か、選択か） **設定している場合は以下①～⑧にお答えください。**	[ ]学部全員必修科目 [ ]選択科目 [ ]学科により必修科目 ｝（右の追加質問へ） [ ]設定していない　⇒（⑨へ）	[ ]学部学生の70％以上が履修（カバー率大） [ ]学部学生の30％～70％が履修（カバー率中） [ ]学部学生の30％未満が履修（カバー率小）
① グループ学習	[ ]学部の全ゼミで必須 ｝（右の追加質問へ） [ ]学科により全ゼミで必須 [ ]教員の裁量 [ ]教育課題としているが把握していない [ ]教育課題としていない	[ ]基本的に毎回（頻度大） [ ]2～3回に1回程度（頻度中） [ ]時々（頻度小） [ ]最後の発表時のみ
② ディベート	[ ]学部の全ゼミで必須 ｝（右の追加質問へ） [ ]学科により全ゼミで必須 [ ]教員の裁量 [ ]教育課題としているが把握していない [ ]教育課題としていない	[ ]基本的に毎回（頻度大） [ ]2～3回に1回程度（頻度中） [ ]時々（頻度小）
③ フィールドワーク	[ ]学部の全ゼミで必須 ｝（右の追加質問へ） [ ]学科により全ゼミで必須 [ ]教員の裁量 [ ]教育課題としているが把握していない [ ]教育課題としていない	[ ]基本的に毎回（頻度大） [ ]2～3回に1回程度（頻度中） [ ]時々（頻度小）
④ プレゼンテーション	[ ]学部の全ゼミで必須 ｝（右の追加質問へ） [ ]学科により全ゼミで必須 [ ]教員の裁量 [ ]教育課題としているが把握していない [ ]教育課題としていない	[ ]基本的に毎回（頻度大） [ ]2～3回に1回程度（頻度中） [ ]時々（頻度小） [ ]最後の発表時のみ
⑤ レポート提出	[ ]学部の全ゼミで必須 ｝（右の追加質問へ） [ ]学科により全ゼミで必須 [ ]教員の裁量 [ ]教育課題としているが把握していない [ ]教育課題としていない	[ ]レポートの返却必須 →[ ]教員のコメント必須 　[ ]教員のコメントは任意 　[ ]教員のコメントなし [ ]レポート返却は教員裁量 [ ]レポート返却しない
⑥ ふり返りシート （学習の記録・ポートフォリオなど）	[ ]学部の全ゼミで必須 ｝（右の追加質問へ） [ ]学科により全ゼミで必須 [ ]教員の裁量 [ ]教育課題としているが把握していない [ ]教育課題としていない	[ ]基本的に毎回（頻度大） [ ]2～3回に1回程度（頻度中） [ ]時々（頻度小） [ ]最後の発表時のみ
⑦ 授業時間外学習	[ ]学部の全ゼミで必須 ｝（右の追加質問へ） [ ]学科により全ゼミで必須 [ ]教員の裁量 [ ]教育課題としているが把握していない [ ]教育課題としていない	[ ]基本的に毎回（頻度大） （基本的に授業を調べたりしたことの発表の場） [ ]2～3回に1回程度（頻度中） [ ]時々（頻度小）
⑧ ゼミの連続性	前の学期に配当されているゼミの履修を [ ]前提としている　⇒（右の追加質問へ） [ ]前提としていない	前のゼミと連続していること [ ]テーマ（内容） [ ]能力（スキル・知識） [ ]人間関係（同じ教員） [ ]人間関係（同じ学生） ※複数回答可
⑨ 学部以外（全学組織等）が提供している初年次ゼミで、学部の学生が履修できる科目の有無	[ ]有 →[ ]学部全員が必修 　[ ]選択科目　⇒（右の追加質問へ） [ ]無	[ ]学部学生の70％以上が履修（カバー率大） [ ]学部学生の30％～70％が履修（カバー率中） [ ]学部学生の30％未満が履修（カバー率小）

3．専門ゼミ

1）<u>1年次</u>に配当されている専門ゼミ、演習、アクティブ科目についてお訊きします。
　※1　教養科目の語学科目、体育科目、情報系科目は除きます。
　※2　履修学年の指定がない場合は、選択科目として回答してください。

項　目	主　質　問	追加質問
設定状況（必修か、選択か）※複数科目ある場合は複数回答 **設定している場合は以下①〜⑨にお答えください。**	[　]学部全員必修科目 　→[　]前期開講　[　]後期開講 [　]選択科目　　　　　　　　　　}（右の追加質問へ） [　]学科により必修科目 [　]設定していない	[　]学部学生の70%以上が履修（カバー率大） [　]学部学生の30%〜70%が履修（カバー率中） [　]学部学生の30%未満が履修（カバー率小） ※選択ゼミや学科必修ゼミを履修する学生の合計が、1学年の学部学生数に占める割合で回答してください。
① この学年次に専門ゼミ・演習・アクティブ科目を配当しているカリキュラム設計上の狙い、設計の特長（自由記述）	[狙い・特長]	
② グループ学習 ※ 複数のゼミ・演習・アクティブ科目がある場合、それらの全部の科目を通じ、この学年に在籍する学部学生のうちの何%かでお答えください。	[　]100%の学生が経験する [　]30%以上70%未満の学生が経験する [　]教育課題としているが把握していない	[　]70%以上100%未満の学生が経験する [　]30%未満の学生が経験する [　]教育課題としていない
③ ディベート ※ 複数のゼミ・演習・アクティブ科目がある場合、それらの全部の科目を通じ、この学年に在籍する学部学生のうちの何%かでお答えください。	[　]100%の学生が経験する [　]30%以上70%未満の学生が経験する [　]教育課題としているが把握していない	[　]70%以上100%未満の学生が経験する [　]30%未満の学生が経験する [　]教育課題としていない
④ フィールドワーク ※ 複数のゼミ・演習・アクティブ科目がある場合、それらの全部の科目を通じ、この学年に在籍する学部学生のうちの何%かでお答えください。	[　]100%の学生が経験する [　]30%以上70%未満の学生が経験する [　]教育課題としているが把握していない	[　]70%以上100%未満の学生が経験する [　]30%未満の学生が経験する [　]教育課題としていない
⑤ プレゼンテーション ※ 複数のゼミ・演習・アクティブ科目がある場合、それらの全部の科目を通じ、この学年に在籍する学部学生のうちの何%かでお答えください。	[　]100%の学生が経験する [　]30%以上70%未満の学生が経験する [　]教育課題としているが把握していない	[　]70%以上100%未満の学生が経験する [　]30%未満の学生が経験する [　]教育課題としていない
⑥ レポート提出 ※ 複数のゼミ・演習・アクティブ科目がある場合、それらの全部の科目を通じ、この学年に在籍する学部学生のうちの何%かでお答えください。	[　]100%の学生が経験する [　]30%以上70%未満の学生が経験する [　]教育課題としているが把握していない	[　]70%以上100%未満の学生が経験する [　]30%未満の学生が経験する [　]教育課題としていない
⑦ ふり返りシート （学習の記録・ポートフォリオなど） ※ 複数のゼミ・演習・アクティブ科目がある場合、それらの全部の科目を通じ、この学年に在籍する学部学生のうちの何%かでお答えください。	[　]100%の学生が経験する [　]30%以上70%未満の学生が経験する [　]教育課題としているが把握していない	[　]70%以上100%未満の学生が経験する [　]30%未満の学生が経験する [　]教育課題としていない
⑧ 授業時間外学習 ※ 複数のゼミ・演習・アクティブ科目がある場合、それらの全部の科目を通じ、この学年に在籍する学部学生のうちの何%かでお答えください。	[　]100%の学生が経験する [　]30%以上70%未満の学生が経験する [　]教育課題としているが把握していない	[　]70%以上100%未満の学生が経験する [　]30%未満の学生が経験する [　]教育課題としていない
⑨ ゼミの連続性 ※ 1年後期に配当されている場合、その科目は前の期のゼミ・演習・アクティブ科目の履修を前提としていますか。	[　]履修を前提としている 　→[　]テーマ（内容）　[　]能力（スキル・知識） 　　[　]人間関係（同じ教員）　[　]人間関係（同じ学生） 　　※複数回答可　⇒（右の追加質問へ） [　]履修を前提としていない	その科目名は何ですか。 [[[前の期の科目名は何ですか。 [[[

2) 2年次に配当されている専門ゼミ、演習、アクティブ科目についてお訊きします。
　※1　教養科目の語学科目、体育科目、情報系科目は除きます。
　※2　履修学年の指定がない場合は、選択科目として回答してください。

項　　目	主　質　問	追加質問
設定状況（必修か、選択か）※複数科目ある場合は複数回答 **設定している場合は以下①～⑨にお答えください。**	[ ]学部全員必修科目 　→[ ]前期開講　[ ]後期開講 [ ]選択科目 [ ]学科により必修科目　}（右の追加質問へ） [ ]設定していない	[ ]学部学生の70%以上が履修（カバー率大） [ ]学部学生の30%～70%が履修（カバー率中） [ ]学部学生の30%未満が履修（カバー率小） ※選択ゼミや学科必修ゼミを履修する学生の合計が、1学年の学部学生数に占める割合で回答してください。
① この学年次に専門ゼミ・演習・アクティブ科目を配当しているカリキュラム設計上の狙い、設計の特長（自由記述）	[狙い・特長]	
② グループ学習 ※ 複数のゼミ・演習・アクティブ科目がある場合、それらの全部の科目を通じ、この学年に在籍する学部学生のうちの何%かでお答えください。	[ ]100%の学生が経験する [ ]30%以上70%未満の学生が経験する [ ]教育課題としているが把握していない	[ ]70%以上100%未満の学生が経験する [ ]30%未満の学生が経験する [ ]教育課題としていない
③ ディベート ※ 複数のゼミ・演習・アクティブ科目がある場合、それらの全部の科目を通じ、この学年に在籍する学部学生のうちの何%かでお答えください。	[ ]100%の学生が経験する [ ]30%以上70%未満の学生が経験する [ ]教育課題としているが把握していない	[ ]70%以上100%未満の学生が経験する [ ]30%未満の学生が経験する [ ]教育課題としていない
④ フィールドワーク ※ 複数のゼミ・演習・アクティブ科目がある場合、それらの全部の科目を通じ、この学年に在籍する学部学生のうちの何%かでお答えください。	[ ]100%の学生が経験する [ ]30%以上70%未満の学生が経験する [ ]教育課題としているが把握していない	[ ]70%以上100%未満の学生が経験する [ ]30%未満の学生が経験する [ ]教育課題としていない
⑤ プレゼンテーション ※ 複数のゼミ・演習・アクティブ科目がある場合、それらの全部の科目を通じ、この学年に在籍する学部学生のうちの何%かでお答えください。	[ ]100%の学生が経験する [ ]30%以上70%未満の学生が経験する [ ]教育課題としているが把握していない	[ ]70%以上100%未満の学生が経験する [ ]30%未満の学生が経験する [ ]教育課題としていない
⑥ レポート提出 ※ 複数のゼミ・演習・アクティブ科目がある場合、それらの全部の科目を通じ、この学年に在籍する学部学生のうちの何%かでお答えください。	[ ]100%の学生が経験する [ ]30%以上70%未満の学生が経験する [ ]教育課題としているが把握していない	[ ]70%以上100%未満の学生が経験する [ ]30%未満の学生が経験する [ ]教育課題としていない
⑦ ふり返りシート 　（学習の記録・ポートフォリオなど） ※ 複数のゼミ・演習・アクティブ科目がある場合、それらの全部の科目を通じ、この学年に在籍する学部学生のうちの何%かでお答えください。	[ ]100%の学生が経験する [ ]30%以上70%未満の学生が経験する [ ]教育課題としているが把握していない	[ ]70%以上100%未満の学生が経験する [ ]30%未満の学生が経験する [ ]教育課題としていない
⑧ 授業時間外学習 ※ 複数のゼミ・演習・アクティブ科目がある場合、それらの全部の科目を通じ、この学年に在籍する学部学生のうちの何%かでお答えください。	[ ]100%の学生が経験する [ ]30%以上70%未満の学生が経験する [ ]教育課題としているが把握していない	[ ]70%以上100%未満の学生が経験する [ ]30%未満の学生が経験する [ ]教育課題としていない
⑨ ゼミの連続性 ※ 前の学期に配当されているゼミ・演習・アクティブ科目の履修を前提としている科目の有無	[ ]有 　→[ ]テーマ（内容）　[ ]能力（スキル・知識） 　　[ ]人間関係（同じ教員）[ ]人間関係（同じ学生） 　　※複数回答可　⇒（右の追加質問へ） [ ]無	その科目名は何ですか。 [　　　　　　　　　　　　　] 前の期の科目名は何ですか。 [　　　　　　　　　　　　　]

292 アンケート（質問紙）調査票

3）3年次に配当されている専門ゼミ、演習、アクティブ科目についてお訊きします。
　※1　教養科目の語学科目、体育科目、情報系科目は除きます。
　※2　履修学年の指定がない場合は、選択科目として回答してください。

項　目	主質問	追加質問
設定状況（必修か、選択か）※複数科目ある場合は複数回答 **設定している場合は以下①～⑨にお答えください。**	[　]学部全員必修科目 　→[　]前期開講　[　]後期開講 [　]選択科目　　　　　　　｝（右の追加質問へ） [　]学科により必修科目 [　]設定していない	[　]学部学生の70％以上が履修（カバー率大） [　]学部学生の30％～70％が履修（カバー率中） [　]学部学生の30％未満が履修（カバー率小） ※選択ゼミや学科必修ゼミを履修する学生の合計が、1学年の学部学生数に占める割合で回答してください。
① この学年次に専門ゼミ・演習・アクティブ科目を配当しているカリキュラム設計上の狙い、設計の特長（自由記述）	［狙い・特長］	
② グループ学習 ※ 複数のゼミ・演習・アクティブ科目がある場合、それらの全部の科目を通じ、この学年に在籍する学部学生のうちの何％かでお答えください。	[　]100％の学生が経験する [　]30％以上70％未満の学生が経験する [　]教育課題としているが把握していない	[　]70％以上100％未満の学生が経験する [　]30％未満の学生が経験する [　]教育課題としていない
③ ディベート ※ 複数のゼミ・演習・アクティブ科目がある場合、それらの全部の科目を通じ、この学年に在籍する学部学生のうちの何％かでお答えください。	[　]100％の学生が経験する [　]30％以上70％未満の学生が経験する [　]教育課題としているが把握していない	[　]70％以上100％未満の学生が経験する [　]30％未満の学生が経験する [　]教育課題としていない
④ フィールドワーク ※ 複数のゼミ・演習・アクティブ科目がある場合、それらの全部の科目を通じ、この学年に在籍する学部学生のうちの何％かでお答えください。	[　]100％の学生が経験する [　]30％以上70％未満の学生が経験する [　]教育課題としているが把握していない	[　]70％以上100％未満の学生が経験する [　]30％未満の学生が経験する [　]教育課題としていない
⑤ プレゼンテーション ※ 複数のゼミ・演習・アクティブ科目がある場合、それらの全部の科目を通じ、この学年に在籍する学部学生のうちの何％かでお答えください。	[　]100％の学生が経験する [　]30％以上70％未満の学生が経験する [　]教育課題としているが把握していない	[　]70％以上100％未満の学生が経験する [　]30％未満の学生が経験する [　]教育課題としていない
⑥ レポート提出 ※ 複数のゼミ・演習・アクティブ科目がある場合、それらの全部の科目を通じ、この学年に在籍する学部学生のうちの何％かでお答えください。	[　]100％の学生が経験する [　]30％以上70％未満の学生が経験する [　]教育課題としているが把握していない	[　]70％以上100％未満の学生が経験する [　]30％未満の学生が経験する [　]教育課題としていない
⑦ ふり返りシート 　（学習の記録・ポートフォリオなど） ※ 複数のゼミ・演習・アクティブ科目がある場合、それらの全部の科目を通じ、この学年に在籍する学部学生のうちの何％かでお答えください。	[　]100％の学生が経験する [　]30％以上70％未満の学生が経験する [　]教育課題としているが把握していない	[　]70％以上100％未満の学生が経験する [　]30％未満の学生が経験する [　]教育課題としていない
⑧ 授業時間外学習 ※ 複数のゼミ・演習・アクティブ科目がある場合、それらの全部の科目を通じ、この学年に在籍する学部学生のうちの何％かでお答えください。	[　]100％の学生が経験する [　]30％以上70％未満の学生が経験する [　]教育課題としているが把握していない	[　]70％以上100％未満の学生が経験する [　]30％未満の学生が経験する [　]教育課題としていない
⑨ ゼミの連続性 ※ 前の学期に配当されているゼミ・演習・アクティブ科目の履修を前提としている科目の有無	[　]有 　→[　]テーマ（内容）　[　]能力（スキル・知識） 　　[　]人間関係（同じ教員）　[　]人間関係（同じ学生） 　　※複数回答可　⇒（右の追加質問へ） [　]無	その科目名は何ですか。 [[前の期の科目名は何ですか。 [[

4）4年次に配当されている専門ゼミ、演習、卒論ゼミ、アクティブ科目についてお訊きします。
　※1　教養科目の語学科目、体育科目、情報系科目は除きます。
　※2　履修学年の指定がない場合は、選択科目として回答してください。

項　　目	主　質　問	追加質問
設定状況（必修か、選択か）※複数科目ある場合は複数回答 **設定している場合は以下①〜⑨にお答えください。**	[　]学部全員必修科目 →[　]前期開講　[　]後期開講 [　]選択科目 [　]学科により必修科目　}（右の追加質問へ） [　]設定していない	[　]学部学生の70％以上が履修（カバー率大） [　]学部学生の30％〜70％が履修（カバー率中） [　]学部学生の30％未満が履修（カバー率小） ※選択ゼミや学科必修ゼミを履修する学生の合計が、1学年の学部学生数に占める割合で回答してください。
① この学年次に専門ゼミ・演習・アクティブ科目を配当しているカリキュラム設計上の狙い、設計の特長（自由記述）	[狙い・特長]	
② グループ学習 ※ 複数のゼミ・演習・アクティブ科目がある場合、それらの全部の科目を通じ、この学年に在籍する学部学生のうちの何%かでお答えください。	[　]100%の学生が経験する [　]30%以上 70%未満の学生が経験する [　]教育課題としているが把握していない	[　]70%以上 100%未満の学生が経験する [　]30%未満の学生が経験する [　]教育課題としていない
③ ディベート ※ 複数のゼミ・演習・アクティブ科目がある場合、それらの全部の科目を通じ、この学年に在籍する学部学生のうちの何%かでお答えください。	[　]100%の学生が経験する [　]30%以上 70%未満の学生が経験する [　]教育課題としているが把握していない	[　]70%以上 100%未満の学生が経験する [　]30%未満の学生が経験する [　]教育課題としていない
④ フィールドワーク ※ 複数のゼミ・演習・アクティブ科目がある場合、それらの全部の科目を通じ、この学年に在籍する学部学生のうちの何%かでお答えください。	[　]100%の学生が経験する [　]30%以上 70%未満の学生が経験する [　]教育課題としているが把握していない	[　]70%以上 100%未満の学生が経験する [　]30%未満の学生が経験する [　]教育課題としていない
⑤ プレゼンテーション ※ 複数のゼミ・演習・アクティブ科目がある場合、それらの全部の科目を通じ、この学年に在籍する学部学生のうちの何%かでお答えください。	[　]100%の学生が経験する [　]30%以上 70%未満の学生が経験する [　]教育課題としているが把握していない	[　]70%以上 100%未満の学生が経験する [　]30%未満の学生が経験する [　]教育課題としていない
⑥ レポート提出 ※ 複数のゼミ・演習・アクティブ科目がある場合、それらの全部の科目を通じ、この学年に在籍する学部学生のうちの何%かでお答えください。	[　]100%の学生が経験する [　]30%以上 70%未満の学生が経験する [　]教育課題としているが把握していない	[　]70%以上 100%未満の学生が経験する [　]30%未満の学生が経験する [　]教育課題としていない
⑦ ふり返りシート （学習の記録・ポートフォリオなど） ※ 複数のゼミ・演習・アクティブ科目がある場合、それらの全部の科目を通じ、この学年に在籍する学部学生のうちの何%かでお答えください。	[　]100%の学生が経験する [　]30%以上 70%未満の学生が経験する [　]教育課題としているが把握していない	[　]70%以上 100%未満の学生が経験する [　]30%未満の学生が経験する [　]教育課題としていない
⑧ 授業時間外学習 ※ 複数のゼミ・演習・アクティブ科目がある場合、それらの全部の科目を通じ、この学年に在籍する学部学生のうちの何%かでお答えください。	[　]100%の学生が経験する [　]30%以上 70%未満の学生が経験する [　]教育課題としているが把握していない	[　]70%以上 100%未満の学生が経験する [　]30%未満の学生が経験する [　]教育課題としていない
⑨ ゼミの連続性 ※ 前の学期に配当されているゼミ・演習・アクティブ科目の履修を前提としている科目の有無	[　]有 →[　]テーマ（内容）　[　]能力（スキル・知識） 　　[　]人間関係（同じ教員）[　]人間関係（同じ学生） 　　※複数回答可　⇒（右の追加質問へ） [　]無	その科目名は何ですか。 [　　　　　　　　　　　　] 前の期の科目名は何ですか。 [　　　　　　　　　　　　]

4．卒業論文

1）必須の有無

[ ]全員必須とされている
　　→[ ]最低限の量の規定がある→その量は[　　　　　　]以上
　　[ ]量の規定はない
[ ]必須とされていない
　　→学部1学年の学生数を母数として、卒業論文を執筆する学生の割合は
　　[ ]30％未満　[ ]30％以上70％未満　[ ]70％以上
　　→必須とされていない理由　※自由記述でお願いします
　　[　　　　　　　　　　　　　　　　　　　　　　　　　　　　　]

2）審査体制について

[ ]複数教員による審査が行われる　　[ ]担当教員のみの審査が行われる

3）審査（評価）基準について

明文化された審査（評価）基準チェックシートが　[ ]ある　　[ ]ない

4）発表会の有無

[ ]卒論発表会が行われている
　　→[ ]全員の口頭発表がある
　　　　→[ ]卒論発表会での発表が成績に反映される
　　　　　　[ ]卒論発表会での発表は成績に反映さない
　　[ ]全員参加のポスターセッションがある
　　[ ]優秀論文の発表会がある
[ ]卒論発表会は行われていない

　　　　　　　　　　　　　　　　　　　　　　　ご協力ありがとうございました。

■巻末資料２　質問紙調査による大学・学部・学科別データ

※以下の表は巻末資料１のアンケート（質問紙）の各大学・学部・学科の回答内容を一覧にしたものです。各項目の意味は、下記のとおりです。

★ AL 導入状況

各年次と４年間総合のアクティブラーニングの導入度を評価したものである。アクティブラーニングの導入度は、グループ学習、ディベート、フィールドワーク、プレゼンテーション、授業時間外学習、振り返りシート、レポート提出、ゼミの連続性の８項目の導入状況をポイント化することで評価した（採点基準は 17 頁参照）。

■初年次レポート

【提出】……………レポート提出が必須とされているか。
【返却】……………レポートの返却が必須とされているか。
【コメント返却】………コメントをつけた返却が必須とされているか。

■卒業論文

【執筆の有無】………執筆が全員必須とされているか。
【執筆量規定の有無】…執筆が必須の場合、最低限の量の規定があるか。
【執筆する学生割合】…執筆が必須でない場合、学部１学年の学生数を母数とした執筆する学生の割合。
【複数教員審査有無】…複数教員による審査が行われているか。
【チェックシート】……明文化された審査［評価］基準チェックシートがあるか。
【発表会の有無】………卒論発表会が行われているか。
【全員の口頭発表】……全員の口頭卒論発表会があるか。
【口頭発表成績反映】…口頭卒論発表会での発表が成績に反映されているか。
【全員ポスター発表】…全員参加のポスターセッションがあるか。
【優秀論文の発表】……優秀論文の発表会があるか。

質問紙調査による大学・学部・学科別データ
工学部―機械系、電気・電子系学科

★AL導入状況
<1～4年次(満点25p)>
- a:20p以上
- b:10p以上20p未満
- c:4p以上10p未満
- d:4p未満

<4年間総合(満点100p)>
- A:70p以上
- B:55p以上70p未満
- C:40p以上55p未満
- D:25p以上40p未満
- E:10p以上25p未満
- F:10p未満

■初年次レポート・卒論文
- ○:学部・学科で必須／あり
- △:教員裁量
- ―:なし／教育課題でない

空白:未記入
網掛:質問項目の回答条件に当てはまらないため回答不要

大:70%以上
中:30%以上70%未満
小:30%未満

大学名	学部名	学科名	★AL導入状況 1年次	2年次	3年次	4年次	4年間総合	■初年次レポート 前期 提出	コメント返却	後期 提出	コメント返却	■卒業論文 導入状況 執筆の有無	執筆量規定の有無	執筆する学生の割合	審査 複数教員審査有無	チェックシート	卒業発表会 発表会の有無	全員の口頭発表	口頭発表成績反映	優秀論文発表
北見工業大学	工学部	機械工学科	b	b	b	b	B	○	○	○	○	○	―		○	○	○	○		―
室蘭工業大学	工学部	情報電子工学系学科	b	b	b	b	B					―	―		○	○	○	○		―
弘前大学	理工学部	電子情報工学科	c	d	d	b	D	△				―			○	○	○	○		―
東北大学	工学部	機械知能・航空工学科	c	c	c	b	D	○	△	△		○	○		○	○	○	○		―
秋田大学	工学資源学部	電気電子工学科	a	a	a	a	A	○	△	○		○			○	○	○	○		―
福島大学	共生システム理工学群	機械工学科	b	b	a	a	A	△	△	△	△	○			―	―	―	―		―
宇都宮大学	工学部	電気電子工学科	c	c	c	c	E					―	―		―	―	―	―		―
群馬大学	工学部	機械システム工学科	d	b	b	b	C					―	―		○	○	○	○		―
埼玉大学	工学部	電気電子システム工学科	c	b	b	a	C					―	―		○	○	○	○		―
電気通信大学	情報理工学部	知能機械工学科	d	d	d	a	D					―			―	―	―	―		―
東京農工大学	工学部	電気電子工学科	c	b	b	b	B					○	―		○	○	○	○		―

巻末資料　297

横浜国立大学	工学部	電子情報工学科	c	b	b	C			○			○	-	-	○	-	-	-	-	-	-	-	-	-	-
長岡技術科学大学	工学部	機械創造工学課程	d	d	d	F			○		中	-	○	-	-	-	-	-	-	-	-	-	-	-
		電気電子情報工学課程	b	d	b	B			○		中	-	○	-	-	-	-	-	-	-	-	-	-	-
新潟大学	工学部	機械システム工学科	b	c	b	C	△		○	-		○	○	-	-	-	-	-	-	-	-	-	-	-
富山大学	工学部	機械電子システム工学科	d	d	c	E			○	-		○	○	-	-	-	-	-	-	-	-	-	-	-
金沢大学	理工学域	機械工学類	c	a	b	B	○	△	○	-	○	○	○	-	-	-	-	-	-	-	-	-	-	-
福井大学	工学部	電気・電子工学科	b	b	b	C	○	△	○			-	○	-	-	-	-	-	-	-	-	-	-	-
信州大学	工学部	電気電子工学科	d	b	b	E	○	△	○			○	○	-	-	-	-	-	-	-	-	-	-	-
三重大学	工学部	電気電子工学科	b	c	b	C	○		○			○	○	-	-	-	-	-	-	-	-	-	-	-
		機械工学科	b	c	c	△			○			○	○	-	○	-	-	-	-	-	-	-	-	-
京都工芸繊維大学	工芸科学部	機械システム工学課程	b	b	b	A	△		○			○	○	-	-	-	-	-	-	-	-	-	-	-
神戸大学	工学部	機械工学科	c	c	d	D	-		○			○	○	-	-	-	-	-	-	-	-	-	-	-
和歌山大学	システム工学部	光メカトロニクス学科	c	b	b	C	△		○	-		○	○	-	-	-	-	-	-	-	-	-	-	-
鳥取大学	工学部	機械工学科	c	d	d	E	△		○			○	○	-	-	-	-	-	-	-	-	-	-	-
岡山大学	工学部	機械工学科	b	b	b	B			○			○	○	-	-	-	-	-	-	-	-	-	-	-
広島大学	工学部	第一類(機械システム工学系)	b	d	d	D		○	○			○	○	-	-	-	-	-	-	-	-	-	-	-
山口大学	工学部	電気電子工学科	c	b	b	C	△		○			○	○	-	-	-	-	-	-	-	-	-	-	-
		機械工学科	c	c	d	E			○			○	○	-	-	-	-	-	-	-	-	-	-	-
徳島大学	工学部	電気電子工学科	b	c	c	C	△		○			○	○	-	-	-	-	-	-	-	-	-	-	-
九州工業大学	工学部	機械知能工学科	b	c	b	B			○			○	○	-	-	-	-	-	-	-	-	-	-	-
佐賀大学	理工学部	機械システム工学科	b	b	b	C			○			○	○	-	-	-	-	-	-	-	-	-	-	-
長崎大学	工学部	機械電気電子工学科	b	b	b	B			○			○	○	-	-	-	-	-	-	-	-	-	-	-
熊本大学	工学部	情報電気電子工学科	d	c	c	D			○	-		○	○	-	-	-	-	-	-	-	-	-	-	-
宮崎大学	工学部	電気電子工学科	b	c	b	B	○	△	○	-		○	○	-	-	-	-	-	-	-	-	-	-	-
鹿児島大学	工学部	電気電子工学科	d	d	a	C			○			○	○	-	-	-	-	-	-	-	-	-	-	-
		機械工学科	c	c	c	C			○			○	○	-	-	-	-	-	-	-	-	-	-	-
滋賀県立大学	工学部	電気電子工学科	b	b	a	B	△		○			○	○	-	○	-	-	-	-	-	-	-	-	-
		機械システム工学科	b	b	b	B		△	○			○	○	-	-	-	-	-	-	-	-	-	-	-

298　質問紙調査による大学・学部・学科別データ

★AL導入状況
<1～4年次(満点25p)>
a: 20p以上
b: 10p以上20p未満
c: 4p以上10p未満
d: 4p未満

<4年間総合(満点100p)>
A: 70p以上
B: 55p以上70p未満
C: 40p以上55p未満
D: 25p以上40p未満
E: 10p以上25p未満
F: 10p未満

■初年次レポート・卒業論文
○: 学部・学科で必須/あり
△: 教員裁量
―: なし/教育課題でない
空白: 未記入
網掛: 質問項目の回答条件に当てはまらないための回答不要

卒業論文　大: 70%以上　中: 30%以上70%未満　小: 30%未満

大学名	学部名	学科名	★AL導入状況					■初年次レポート				■卒業論文						
			1年次	2年次	3年次	4年次	4年間総合	前期 提出	前期 コメント返却	後期 提出	後期 コメント返却	導入状況 執筆の有無	導入状況 執筆量規定の有無	審査 複数教員審査 有無	審査 チェックシート 有無	卒論発表会 全員の口頭発表の有無	卒論発表会 全員口頭発表成績反映 全員ポスター発表成績反映	優秀論文の発表
大阪市立大学	工学部	機械工学科	b	c	b	b	C	○	○	○	△	○	○	○	○	○	○	－
兵庫県立大学	工学部	機械システム工学科	b	c	b	b	C	○	－	○	○	○	○	○	○	○	○	－
北海学園大学	工学部	電子情報工学科	d	c	c	c	D					○	－	－	－	－	－	－
北海道工業大学	創生工学部	電気デジタルシステム工学科	c	d	d	b	E	○	○									－
東北学院大学	工学部	機械知能工学科	c	d	d	a	C	△		△		○	○	○	－	○	○	－
千葉工業大学	工学部	電気情報工学科	d	c	c	b	D	△				○	○	○	－	○	○	－
千葉工業大学	工学部	機械サイエンス工学科	b	c	b	b	C	○				○	○	○	－	○	○	－
千葉工業大学	工学部	電気電子情報工学科	c	d	d	b	C					○	○	○	－	○	○	－
青山学院大学	理工学部	機械創造工学科	d	d	d	d	F	△				○	－	○	－	○	○	－
工学院大学	工学部	電気システム工学系	b	b	b	b	B					○	○	○	－	○	○	－
国士舘大学	理工学部	機械工学系	c	c	d	b	D					○	○	○	－	○	○	－
芝浦工業大学	工学部	機械工学科	c	c	b	b	D					○	○	○	－	○	○	－
芝浦工業大学	工学部	電気工学科	c	b	b	a	B			△		○	○	○	－	○	○	－
上智大学	理工学部	機能創造理工学科	d	d	c	b	D					○	○	○	－	○	○	－

巻末資料

成蹊大学	理工学部	エレクトロメカニクス学科	b	b	b	B		○				○	−	○	○	−	−
中央大学	理工学部	精密機械工学科	b	c	b	○	○	−				○	−	○	○	−	−
帝京大学	理工学部	機械・精密システム工学科	d	c	a	C	○	−				○	−	○	○	−	−
東海大学	工学部	電気電子工学科	c	b	b	C	○	○			○	○	−	○	○	−	−
東京電機大学	工学部	電気電子工学科	d	d	d	F	△					○	−	○	○	−	−
東京理科大学	理工学部	電気電子情報工学科	c	c	b	D	○	−				○	−	○	○	−	−
日本大学	理工学部	機械工学科	b	b	c	B	−					○	−	○	○	○	−
日本大学		電気工学科	b	c	c	○	○					○	−	○	○	○	−
日本大学	工学部	機械工学科	d	c	c	E	△					−	−	○	○	−	−
日本大学		電気電子工学科	c	c	b	C	△					−	−	○	○	−	−
日本大学	生産工学部	機械工学科	c	b	b	B	○	△			△	○	−	○	○	−	−
日本大学		電気電子工学科	b	a	a	B	○	○		△	○	○	−	○	○	○	−
東京都市大学	工学部	機械工学科	b	b	b	B	○	−			△	○	−	○	○	−	−
東京都市大学		電気電子工学科	a	a	a	A	−					−	大	○	○	−	−
明治大学	理工学部	電気電子生命学科	c	b	b	D	○	△	△			−	−	○	○	−	−
明治大学		機械工学科	d	b	b	D	△					○	−	○	○	−	−
神奈川大学	工学部	電子情報フロンティア学科	b	b	b	C	○	△	△			○	−	○	○	−	−
神奈川大学		機械工学科	b	c	c	D	○					○	−	○	○	−	−
関東学院大学	工学部	電気電子情報工学科	c	c	c	D	○	△	△	○		○	−	○	○	−	−
関東学院大学		機械工学科	c	c	c	C	△					○	大	○	○	−	−
湘南工科大学	工学部	電気電子工学科	d	c	d	F	○		△	△		△	−	○	○	−	−
湘南工科大学		機械工学科	c	d	d	E	△				○	△	−	○	○	−	−
金沢工業大学	工学部	電気電子工学科	a	a	a	A	○	○	○	○	○	○	−	○	○	−	−
金沢工業大学		機械工学科	a	a	a	A	○	○	○	○		○	−	○	○	−	−
静岡理工科大学	理工学部	電気電子工学科	d	c	b	b	△			△		△	−	○	○	−	−
静岡理工科大学		機械工学科	d	c	c	E	−					−	−	○	○	−	−
愛知工業大学	工学部	電気学科電気工学専攻	c	c	b	D	○					△	−	○	○	−	−
愛知工業大学		電気学科電子工学専攻	d	d	d	F	△					△	−	○	○	−	−
愛知工業大学		機械工学科	d	c	d	F	△					△	−	○	○	−	−

300 質問紙調査による大学・学部・学科別データ

★AL導入状況
<1～4年次(満点25p)>
a: 20p以上
b: 10p以上20p未満
c: 4p以上10p未満
d: 4p未満

<4年間総合(満点100p)>
A: 70p以上
B: 55p以上70p未満
C: 40p以上55p未満
D: 25p以上40p未満
E: 10p以上25p未満
F: 10p未満

■初年次レポート・卒業論文
○: 学部・学科で必須/あり
△: 教員裁量
―: なし、教育課題でない
空白: 未記入
網掛: 質問項目の回答条件に当てはまらないための回答不要

大: 70%以上
中: 30%以上70%未満
小: 30%未満

大学名	学部名	学科名	★AL導入状況 1年次	2年次	3年次	4年次	4年間総合	初年次レポート 前期 提出	返却	コメント返却	後期 提出	返却	コメント返却	導入状況 執筆の有無	執筆量規定の有無	執筆する学生割合	卒業論文 審査 複数教員審査有無	チェックシート有無	卒論発表会 全員の口頭発表会の有無	全員の口頭発表	口頭発表会成績反映	全員ポスター発表	優秀論文の発表
大同大学	工学部	機械工学科	c	c	c	c	C	○	―		○	―		○	○		○	○	○	―	―	―	―
大同大学	工学部	総合機械工学科	c	c	c	b	D	△	△		△	△		―	―		○	○	○	―	―	―	―
中部大学	工学部	電気システム工学科	c	b	b	a	B	○	―		○	―		―	―		○	○	○	―	―	―	―
中部大学	工学部	機械工学科	c	b	b	b	C	△	―		△	―		○	○		○	○	○	○	―	―	―
同志社大学	理工学部	電気工学科	c	c	c	c	D	○	○		○	○		○	―		○	○	○	○	―	―	―
同志社大学	理工学部	電子工学科	c	c	c	c	D	○	○		○	○		―	―		○	○	○	―	―	―	―
立命館大学	理工学部	電気電子工学科	c	b	b	c	D	○	○		○	○											
立命館大学	理工学部	機械工学科	c	d	d	d	E	○	○		○	○		○	―		○	○	○	―	―	―	―
龍谷大学	理工学部	機械システム工学科	b	c	b	b	C	○	―		○	―		○	○		○	○	○	○	―	―	―
龍谷大学	理工学部	電子情報学科	b	b	a	d	B	○	○		○	○		―	―		○	○	○	―	―	―	―
大阪工業大学	工学部	電気電子システム工学科	b	b	b	b	B	○	△		○	△		―	―		○	○	○	―	―	―	―
大阪工業大学	工学部	機械工学科	b	b	b	b	C	△	△		△	△		○	―		○	○	○	○	―	―	―
大阪電気通信大学	工学部	機械工学科	d	d	d	d	F	―	―		―	―		―	―		―	―	―	―	―	―	―
大阪電気通信大学	工学部	電子機械工学科	d	d	d	d	F	―	―		―	―		―	―		―	―	―	―	―	―	―

大学	学部	学科																		
			d	d	d	F			○			○		○	○	○		○	-	-
大阪電気通信大学	工学部	電気電子工学科	d	d	b	C			○			○	○	○	○	○	○	○	-	-
関西大学	システム理工学部	電気電子情報工学科	c	c	b	C			○			○		○	○	○	-	○	-	○
		機械工学科																		
近畿大学	工学部	機械工学科	b	b	a	A	△	○	○			○	-	○	○	○	-	-	-	-
	理工学部	機械工学科	c	c	b	D		○	○			○		○	○	○	-	-	-	-
摂南大学	理工学部	機械工学科	b	c	b	C		○	○			○	-	○	○	○	-	-	-	-
		電気電子工学科	d	c	c	E	△					○	-	○	○	○	-	-	-	-
岡山理科大学	工学部	電気電子システム学科	b	b	b	B	△			△		○	-	○	○	○	-	-	-	-
		機械システム工学科	c	c	b	D						○	-	○	○	○	-	-	-	-
広島工業大学	工学部	機械システム工学科	c	d	b	D	○					○	-	○	○	○	-	-	-	-
		電気システム工学科	c	b	b	C	△					○	-	○	○	○	-	-	-	-
九州産業大学	工学部	機械工学科	d	d	c	E	△			△		○	-	○	○	○	-	-	-	-
		電気情報工学科	c	b	b	C	△					-	大	-	-	○	○	-	-	-	-
福岡大学	工学部	機械工学科	d	d	d	E		○	○			○	-	○	○	○	○	-	-	-
福岡工業大学	工学部	電気工学科	a	b	c	B		○	○	△		○	-	○	○	○	-	○	-	-
日本文理大学	工学部	機械電気工学科	c	d	b	E	△					○	-	○	○	○	○	-	-	○

質問紙調査による大学・学部・学科別データ
理学部―数学系、化学系学科

★AL導入状況
<1～4年次(満点25p)>
a: 20p以上
b: 10p以上20p未満
c: 4p以上10p未満
d: 4p未満

<4年間総合(満点100p)>
A: 70p以上
B: 55p以上70p未満
C: 40p以上55p未満
D: 25p以上40p未満
E: 10p以上25p未満
F: 10p未満

■初年次レポート・卒業論文
○: 学部・学科で必須(/あり)
△: 教員裁量
―: なし/教育課題でない/把握していない
空白: 未記入
網掛: 質問項目の回答条件に当てはまらないため回答不要

大学名	学部名	学科名	★AL導入状況 1年次	2年次	3年次	4年次	4年間総合	■初年次レポート 前期 提出	返却	コメント返却	後期 提出	返却	コメント返却	卒業論文 導入状況 執筆の有無	執筆量の規定有無	執筆する学生割合	審査 複数教員審査有無	チェックシート	卒論発表会 発表会の有無	全員口頭発表	口頭発表成績反映	全員ポスター発表	優秀論文の発表
北海道大学	理学部	化学科	d	c	c	a	C							○			○		○	○			―
山形大学	理学部	物質生命化学科	b	c	c	b	C	△						○			○		○	○			―
茨城大学	理学部	理学科数学・情報数理コース	b	c	c	b	C							○	○		○		○	○			―
		理学科化学コース	d	b	b	b	D	△			△			○	○		○		○	○	○		―
筑波大学	理工学群	数学類	d	b	b	b	E	△			△			―									―
		化学類	c	c	c	b	D	△			△			○		小	○		○	○			―
お茶の水女子大学	理学部	化学科	b	b	b	b	C	△			△			○			○		○	○			―
東京大学	理学部	数学科	d	d	c	b	E																―
東京工業大学	理学部	数学科	d	c	c	b	E	○	△		△			○		小	○		○	○		○	―
横浜国立大学	工学部	物質工学科	b	b	b	a	B	△			△			○			○		○	○			―
新潟大学	理学部	数学科	d	d	d	d	F	△			△			○		小	○		○	○			―
		化学科	d	d	d	d	F							○			○		○	○			―

大学	学部	学科																
富山大学	理学部	数学科	d	d	d	F							−	○			○	−
		化学科	d	c	b	D	△						○			○		−
静岡大学	理学部	数学科	d	d	d	F				中			−	○		○	○	−
		化学科	c	d	b	D	−			小			−		○	○	○	−
大阪大学	理学部	数学科	d	c	b	D	△				○		−	○	○	○		−
岡山大学	理学部	数学科	d	d	c	E							○	○	○	○	○	−
広島大学	理学部	数学科	d	d	d	F	−						○	○	○	○	○	−
山口大学	理学部	生物・化学科	b	b	b	C	○	△					○	○	○			○
高知大学	理学部	理学科数学コース	c	c	b	D	△	○		中			−	○	○	○		−
大阪市立大学	理学部	数学科	c	c	c	D		○					−	○	○	○		−
城西大学	理学部	化学科	c	b	a	B		○					○					−
学習院大学	理学部	数学科	d	d	c	F							−	○		○		−
北里大学	理学部	数学科	d	d	d	E							○	○	○	○	○	○
東邦大学	理学部	化学科	d	c	c	C				大			−			○		−
日本女子大学	理学部	物質生物科学科	d	d	d	F	△						○	−	−			−
神奈川大学	理学部	化学科	b	c	b	D	△						−	○	−	○	○	−
京都産業大学	理学部	数理科学科	b	b	b	C	△			小			−			−		−
岡山理科大学	理学部	応用数学科	c	d	b	E	△						○	○	○	○		−
		化学科	d	c	c	D							○	○	○	○	○	−

質問紙調査による大学・学部・学科別データ
経済・経営・商学系学部

★AL導入状況
<1～4年次(満点25p)>
a: 20p以上
b: 10p以上20p未満
c: 4p以上10p未満
d: 4p未満

<4年間総合(満点100p)>
A: 70p以上
B: 55p以上70p未満
C: 40p以上55p未満
D: 25p以上40p未満
E: 10p以上25p未満
F: 10p未満

■初年次レポート・卒業論文
○: 学部・学科で必須/あり
△: 教員裁量
－: なし/教育課題でない、把握していない
空白: 未記入
網掛: 質問項目の回答条件に当てはまらないため回答不要

大: 70%以上
中: 30%以上70%未満
小: 30%未満

大学名	学部名	学科名	★AL導入状況 1年次	2年次	3年次	4年次	4年間総合	■初年次レポート 前期 提出	返却	コメント返却	後期 提出	返却	コメント返却	導入状況 執筆の有無	執筆量の規定有無	執筆する学生の割合	■卒業論文 審査 複数教員審査有無	チェックシート有無	発表会の有無	卒論発表会 全員の口頭発表	口頭発表成績反映	全員ポスター発表	優秀論文の発表
小樽商科大学	商学部		d	d	d	d	F	△						○			－	－	－	－	－	－	
東北大学	経済学部		d	d	d	b	E							○			－	－	－	－	－	－	
横浜国立大学	経営学部		d	c	c	c	E										－	－	－	－	－	－	
新潟大学	経済学部		c	c	c	d	E				△			○			－	－	－	－	－	－	
金沢大学	人間社会学域	経済学類	d	d	c	c	E	○			○			○		大	－	－	－	－	－	－	
信州大学	経済学部		c	c	c	c	E	○			△			○		中	－	－	－	－	－	－	
滋賀大学	経済学部		d	c	c	c	F	△						○			－	－	－	－	－	－	
京都大学	経済学部		d	c	c	c	E	△									－	－	－	－	－	－	
神戸大学	経済学部		d	d	d	c	F	△								小	○	○	－	－	－	－	
和歌山大学	経済学部		c	c	b	b	C	○								大	○	○	○	－	－	－	○
岡山大学	経済学部		d	d	c	c	F	△									○	－	－	－	－	－	
広島大学	経済学部		c	d	b	a	C										○	－	－	－	－	－	

巻末資料　305

大学	学部	学科																	
山口大学	経済学部		d	c	d	F	△			○	○		-	-					
香川大学	経済学部	地域社会システム学科	c	c	c	D			○	○	○		-	-					
	経済学部		d	d	d	E	△	○	○	○	-		-	-					
佐賀大学	経済学部		c	d	c	E	△			-	○	大	-	-					
長崎大学	経済学部		d	d	b	E				○	○		-	-					
釧路公立大学	経済学部		d	d	d	F	△			-	○	大	-	-					
青森公立大学	経営経済学部		d	c	c	E	△		○	-	○	中	-	-					
高崎経済大学	経済学部		d	c	b	D			△	-	○		-	-					
静岡県立大学	経営情報学部		b	d	a	D	△	○	△	-	○		○	○	-				
名古屋市立大学	経済学部		d	d	a	B	○	○	△	-	○		○	○	-	-	○		
大阪市立大学	商学部		c	d	d	F			△	-	○	大	-	-					-
大阪府立大学	経済学部		d	d	d	F	△	△	△	-	○		-	-					
兵庫県立大学	経営学部		c	c	b	D	△	○	△	-	○		-	○					
	経済学部		d	c	b	D	△		-	-	○		○	○				○	
尾道大学	経済情報学部		d	d	c	E	△			-	○		-	-					
下関市立大学	経済学部		c	c	c	E	○	△	○	-	○	大	-	-					
道都大学	経営学部		c	c	b	D	△		△	-	○		-	-					
函館大学	商学部		b	b	b	B	△		○	-	○		-	-					
北海学園大学	経済学部		c	c	c	E	△	△	△	-	○	小	-	-					
	経営学部		d	d	d	F	△		△	-	○	小	-	-					
東北学院大学	経済学部		c	d	d	F	△	△	△	-	○	中	-	-					
東日本国際大学	経済情報学部		c	b	b	C			△	-	○		○	○		○	○		○
流通経済大学	社会学部		d	c	c	D	△	△	○	-	○		-	○		-	-		-
東京国際大学	経済学部		c	c	b	C	△	○	△	-	○		○	○		-	○		○
	商学部		d	d	c	E	△		○	-	○		-	-					
明海大学	経済学部		c	d	d	F	△	△	△	-	○		-	-					
文京学院大学	経営学部		c	c	c	C	○	○	○	-	○	大	○	○					
目白大学	経営学部		d	d	b	D		○		○	○		○	○		○	○		○

★AL導入状況
<1〜4年次(満点25p)>
a：20p以上
b：10p以上20p未満
c：4p以上10p未満
d：4p未満

<4年間総合(満点100p)>
A：70p以上
B：55p以上70p未満
C：40p以上55p未満
D：25p以上40p未満
E：10p以上25p未満
F：10p未満

■初年次レポート・卒業論文
○：学部・学科で必須であり
△：教員裁量
−：なし／教育課題でない
空白：未記入
網掛：質問項目の回答条件に当てはまらないため回答不要

大：70%以上
中：30%以上70%未満
小：30%未満

| 大学名 | 学部名 | 学科名 | ★AL導入状況 ||||| ■初年次レポート |||| 卒業論文 |||||||||
| | | | 1年次 | 2年次 | 3年次 | 4年次 | 4年間総合 | 前期 || 後期 || 導入状況 ||| 審査 || 卒論発表会 ||||
								提出	コメント返却	提出	コメント返却	執筆の有無	執筆最規定の有無	執筆する学生割合	複数教員審査の有無	チェックシート	発表会の有無	全員の口頭発表	口頭発表成績反映	全員ポスター発表	優秀論文の発表
城西国際大学	経営情報学部		c	b	b	b	C	○	△			○			−						
千葉商科大学	サービス創造学部		b	b	b	b	C	△													
千葉商科大学	商経学部		c	d	d	d	E														
敬愛大学	国際学部		c	c	c	b	D	△		△		○			−						
敬愛大学	経済学部		c	c	b	b	C	△		△											
東京富士大学	経営学部		c	c	c	c	E	○	△	△		○	○	大							
亜細亜大学	経営学部		d	d	d	d	F	△							−						
青山学院大学	国際政治経済学部	国際経済学科	d	d	d	d	F	○	△			−	○	中	−						
青山学院大学	経済学部		d	d	d	d	F	△													
駒澤大学	経済学部		d	c	c	d	E	○	△	△		−		中	−						
成蹊大学	経済学部		d	d	d	d	F	△				−		中	−						
成蹊大学	経済学部		b	c	d	c	D	△				−		中	−						
専修大学	経済学部		d	d	c	d	F	△				−		中	−		○				
専修大学	経営学部		d	d	d	d	F	△				−		中	−						

大学	学部・学科	1	2	3	4	5	6	7	8	9	10	11	12
創価大学	経営学部	b	b	D						-			-
	経済学部	d	b	C						-			-
高千穂大学	商学部	d	c	E	△	△		-	大	-			-
	経営学部	d	d	E	△	△		-	大	-			-
東京経済大学	経済学部	d	d	F	○	△		○	小	○	○		-
	経営学部	d	d	F	○	△		○	小	○	○		-
東京理科大学	経営学部	d	c	C						-		-	-
二松学舎大学	国際政治経済学部	d	d	E	△			-	中	-			-
日本大学	商学部	d	d	F				-	大	-			-
法政大学	経済学部	d	d	F	△	△		-	中	-			-
	経営学部	d	d	F	△	△		-	中	-			-
武蔵大学	経済学部	c	c	D	△	△		○		○			-
明治大学	政治経済学部 経済学科	d	d	F	△	△	○	-	大	-			-
	商学部	c	c	E	-			-	大	-			-
	経営学部	d	d	F	△	△	△	-	中	-			-
明治学院大学	経済学部	d	d	F	△			-	中	-			-
立教大学	経営学部	a	a	B				-		○			-
早稲田大学	政治経済学部 国際政治経済学科	c	d	F	○	△	○	-	大	-			-
	政治経済学部 経済学科	c	d	E	○	○	○	○	大	-		○	-
	商学部	d	d	F	△	△		-	中	○		-	-
嘉悦大学	経営経済学部	b	c	D				-		-		○	-
神奈川大学	経済学部	c	c	E	○	△		-	中	○			-
	経営学部	d	d	D	△	△		-		-			-
産業能率大学	経営学部	a	a	B	△	△	○	-	中	-		△	-
	情報マネジメント学部	a	c	C	△	△	○	-	中	-		○	-
松蔭大学	経営文化学部	a	c	E	○	△	○	-	中	-		○	○
新潟産業大学	経済学部	d	b	E	△	△		○	中	○		○	-

308　質問紙調査による大学・学部・学科別データ

★AL導入状況
<1～4年次(満点25p)>
a：20p以上
b：10p以上20p未満
c：4p以上10p未満
d：4p未満

<4年間総合(満点100p)>
A：70p以上
B：55p以上70p未満
C：40p以上55p未満
D：25p以上40p未満
E：10p以上25p未満
F：10p未満

■初年次レポート・卒業論文
○：学部・学科で必須(一部)あり
△：教員裁量
―：なし／教育課題でない
　　把握していない
空白：未記入
網掛：質問項目の回答条件に当てはまらないため回答不要

大：70%以上
中：30%以上70%未満
小：30%未満

| 大学名 | 学部名 | 学科名 | ★AL導入状況 ||||| ■初年次レポート |||| ■卒業論文 |||||||
			1年次	2年次	3年次	4年次	4年間総合	前期 提出・返却	前期 コメント返却	後期 提出・返却	後期 コメント返却	導入状況 執筆の有無	執筆量規定の有無	審査 複数教員審査の有無	審査 チェックシート有無	卒論発表会 発表会の有無	卒論発表会 全員の口頭発表	卒論発表会 口頭発表成績反映	卒論発表会 全員ポスター発表	優秀論文発表
山梨学院大学	現代ビジネス学部		d	c	c	c	E	△								○				○
	経営情報学部		d	d	c	c	F	○								○				―
浜松大学	ビジネスデザイン学部		c	c	b	c	E	○								○				
愛知大学	経済学部		d	d	d	b	E	△		△										
愛知学院大学	商学部		d	d	d	d	F	○		○			大	―	―					
	経営学部		c	c	c	c	D	○	△	○	△		大	―	―					
愛知淑徳大学	ビジネス学部		d	d	d	d	F	△		△			大	―	―					
中京大学	経営学部		b	c	c	c	D	○	○	○	○		中	―	―	○	○			○
	経済学部		b	c	c	c	C	△	△	△	△	○	大	―	―	○				○
名古屋学院大学	商学部		d	d	d	d	F	△		△		○	中	―	―	○	○			○
名古屋経済大学	経済学部		c	c	c	c	D	○		○		○		―	―					○
名古屋商科大学	商学部		b	c	c	c	D	○		○		○		―	―					○
	経営学部		b	c	c	c	D	○		○		○		―	―					○
	経済学部		b	c	c	c	D	○		○		○		―	―					○

大学	学部	学科															
日本福祉大学	経済学部		b	c	C	○	○	△	-	-	-		-			
京都産業大学	経済学部		d	c	E	△			-	大	-	-	-			
京都産業大学	経営学部		d	c	D	△			-	小	-	-	-			
京都学園大学	経営学部		d	c	F	△			-	中	-	-	○	-		
京都橘大学	現代ビジネス学部	現代マネジメント学科	b	b	C		○	○	-	小	-	○	-			
京都橘大学		都市環境デザイン学科	b	b	C		○	○	○	-	-	○	-			
同志社大学	商学部		d	d	F	△			-	中	-	-	-			
立命館大学	経済学部		b	c	E	△			-	小	-	-	-			
立命館大学	経営学部		b	c	D	△			-	大	-	-	-			
龍谷大学	経済学部		b	c	D	△	○		-	大	-	-	-			
龍谷大学	経営学部		d	d	F	△			-	大	-	-	-			
大阪成蹊大学	現代経営情報学部		b	d	E	△	○		-	-	-	-	○	-		
大阪経済大学	経済学部		d	d	F	△			-	大	-	-	-			
大阪経済大学	経営学部		d	d	F	△			-	大	-	-	-			
大阪経済法科大学	経済学部		d	d	F				-	小	-	-	-		-	
大阪産業大学	経済学部		b	b	E		○	△	-	中	-	-	-			○
大阪商業大学	経済学部		d	d	E	△	○	△	-	中	-	-	-		○	-
大阪商業大学	総合経営学部		b	d	E	△			-	-	-	-	-		-	-
関西大学	経済学部		c	d	E	△			-	大	-	-	○	-		
関西大学	商学部		c	d	F	△			-	大	-	-	○	-		
近畿大学	経済学部		d	a	D			○	-	中	-	-	-	○		
近畿大学	経営学部		d	c	C				-	大	-	-	-	○	-	
四天王寺大学	経済学部		c	b	D	△	○	○	-	大	-	-	-	○	-	
摂南大学	経営学部		d	c	C	△	○	○	-	-	-	-	-	-	-	○
阪南大学	経済学部		c	c	D	△		△	-	小	-	-	○	○		○
阪南大学	経営情報学部		d	d	E	△		△	-	-	-	○	○			-
桃山学院大学	経済学部		d	d	F	△	○		-	大	-	-	-	-	-	○
関西学院大学	商学部		d	d	F	△	○		-	大	-	-	-	-	-	-

310　質問紙調査による大学・学部・学科別データ

★AL導入状況
<1～4年次(満点25p)>
a：20p以上
b：10p以上20p未満
c：4p以上10p未満
d：4p未満

<4年間総合(満点100p)>
A：70p以上
B：55p以上70p未満
C：40p以上55p未満
D：25p以上40p未満
E：10p以上25p未満
F：10p未満

■初年次レポート・卒業論文
○：学部・学科で必須／あり
△：教員裁量
－：なし／教育課題でない
空白：未記入
網掛：質問項目の回答条件に当てはまらないため回答不要

大：70%以上
中：30%以上70%未満
小：30%未満

大学名	学部名	学科名	★AL導入状況					■初年次レポート					卒業論文								
			1年次	2年次	3年次	4年次	4年間総合	前期 提出返却	前期 コメント返却	後期 提出返却	後期 コメント返却	導入状況 執筆の有無	導入状況 執筆量規定の有無	審査 複数教員審査有無	審査 学生チェックシート	卒論発表会 発表の有無	卒論発表会 全員の口頭発表	卒論発表会 全員ポスター発表	卒論発表会 口頭発表成績反映	卒論発表会 優秀論文の発表
関西学院大学	経済学部		c	c	c	c	E	△	－	○	－									
甲南大学	経済学部		d	d	d	d	F	○	－	△	△	－		中	－	－	○	－	○	○
神戸学院大学	経済学部		d	d	c	c	E	△	－	－	－	－		中	－	－	－	－	－	－
姫路獨協大学	経済情報学部		c	c	c	d	F	△	－	－	－	○		中	－	－	－	－	－	－
神戸国際大学	経済学部		c	c	c	d	E	－	－	－	－	－		中	－	－	－	－	－	－
流通科学大学	サービス産業学部		b	d	c	c	D	△	－	○	○	△		大	－	－	○	－	－	－
	商学部		b	d	c	c	D	△	－	○	△	○		大	－	－	○	－	－	－
広島経済大学	経済学部		b	d	d	d	E	△	－	－	－	－			－	－	○	－	－	－
福山平成大学	経営学部		c	d	d	d	E	△	－	－	－	－		小	－	－	－	－	－	－
徳山大学	経済学部		d	d	d	d	F	△	－	△	－	○		小	－	－	○	－	－	○
高松大学	経営学部		d	d	d	d	F	△	－	－	－	－			－	－	－	－	－	－
松山大学	経済学部		c	d	d	d	E	○	△	○	△	－			－	－	－	－	－	－
九州産業大学	商学部		c	c	d	d	E	△	－	△	△	－		中	－	－	－	－	－	－

巻末資料　311

大学	学部	学科														
九州産業大学	経営学部		b	c	b	D	○	△			―	中	―	○	○	―	―
	経済学部		d	d	d	F	△				―	中	―	○	―	―	―
福岡大学	商学部		d	d	c	E	○	△	○	―	―	中	―	○	○	―	―
日本文理大学	経営経済学部		c	d	d	E	○		○	―	○		―	―	○	―	○
宮崎産業経営大学	経営経済学部		b	b	b	B	○	○	△	○	○	―		―	○	―	―
鹿児島国際大学	経営学部	経営学科	d	d	d	F	△			―		小	―	―	―	―	―
	経済学部	経済学科	d	d	d	F	△			―		小	―	―	―	―	―
		地域創生学科	d	d	d	F	△			―		小	―	―	―	―	―

312 質問紙調査による大学・学部・学科別データ

質問紙調査による大学・学部・学科別データ
法学部

★AL導入状況
＜1～4年次（満点25p）＞
a：20p以上
b：10p以上20p未満
c：4p以上10p未満
d：4p未満

＜4年間総合（満点100p）＞
A：70p以上
B：55p以上70p未満
C：40p以上55p未満
D：25p以上40p未満
E：10p以上25p未満
F：10p未満

■初年次レポート・卒業論文
○：学部・学科で必須／あり
△：教員裁量
―：なし／教育課題でない
把握していない

大：70％以上
中：30％以上70％未満
小：30％未満

空白：未記入
網掛：質問項目の回答条件に当てはまらないため回答不要

大学名	学部名	学科名	★AL導入状況					■初年次レポート				■卒業論文						
			1年次	2年次	3年次	4年次	4年間総合	前期		後期		導入状況		審査		卒論発表会		
								提出	コメント返却	提出	コメント返却	執筆の有無	執筆量規定の有無	執筆する学生割合	複数教員審査有無	チェックシート	発表会の有無	全員の口頭発表	口頭発表成績反映	全員ポスター発表	優秀論文の発表
新潟大学	法学部		b	c	a	a	B	○	△			○			○		○	○		―
名古屋大学	法学部		d	d	d	d	F					―		小	―	―	―			―
広島大学	法学部		c	c	c	c	E	△				―		中	―	―	―			―
熊本大学	法学部		b	b	b	b	C	△				―		中	―	―	―			―
高崎経済大学	地域政策学部		d	d	c	b	E	△				―		大	―	―	―			―
北九州市立大学	法学部	政策科学科	c	d	c	c	D	○	△	○	△	○			○		○	○		―
北海学園大学	法学部	政治学科	c	d	d	d	E	△				―		小	―	―	―			―
		法律学科	c	d	d	d	E	△				―		小	―	―	―			―
流通経済大学	法学部		d	d	d	d	F	△				―			―		―			―
平成国際大学	法学部		a	c	d	d	D	○	△	○	△	○		中	○		○	○		―
千葉商科大学	政策情報学部		b	b	b	b	B	△				―			○		―			―
青山学院大学	国際政治経済学部	国際政治学科	d	d	d	d	F	△		△		○		中	○		○	○		―

大学	学部	学科										
青山学院大学	法学部		d	d	F	△		—	中	—		
学習院大学	法学部	政治学科	d	d	E	○	△	—	小	—		
駒澤大学	法学部	政治学科	c	c	F	△		—	中	—		
駒澤大学	法学部	法律学科	d	d	F	△	△	—	小	—		
成蹊大学	法学部	政治学科	d	d	F	△		—		—		
成蹊大学	法学部	法律学科	d	d	F	△		—		—		
成城大学	法学部		c	b	D			—	小	—		
中央大学	法学部	国際企業関係法学科	b	d	E	△	△	—	小 ○	—		
中央大学	法学部	政治学科	c	d	E	△	△	—	小 ○	—		
中央大学	法学部	法律学科	c	d	E	△	△	—	小	—		
東京経済大学	現代法学部	現代法学科	d	d	F	△		—	中	—		
日本大学	法学部	経営法学科	d	d	F		△	—	中	—		
日本大学	法学部	公共政策学科	d	b	E	△	△	—	中	—		
日本大学	法学部	新聞学科	c	d	F	△	△	—	中	○	○	
日本大学	法学部	政治経済学科	d	d	F	△		—	中			
日本大学	法学部	法律学科	d	d	F			—	中			
法政大学	法学部	法律学科	d	d	F	△	△	—		—		
明治大学	政治経済学部	政治学科	a	c	D	○ ○	○ ○	—	大	○	—	○
明治学院大学	政治経済学部	政治学科	c	d	F	○		—	大	—	—	—
早稲田大学	法学部		d	d	D	△	△	—		—		
桐蔭横浜大学	法学部	ビジネス法学科	c	b	D	△		—	小	—		
桐蔭横浜大学	法学部	法律学科	d	d	F	△	△	—		—		
高岡法科大学	法学部	政治行政学科	b	c	D	○		—	大	—		
高岡法科大学	法学部	法学科	c	d		○		—		—		
山梨学院大学	法学部	現代社会法学科	d	d	F			—	大	—		
愛知学院大学	法学部	法律学科	d	d	F			—	中	—		

314 質問紙調査による大学・学部・学科別データ

★AL導入状況
<1〜4年次(満点25p)>
a: 20p以上
b: 10p以上20p未満
c: 4p以上10p未満
d: 4p未満

<4年間総合(満点100p)>
A: 70p以上
B: 55p以上70p未満
C: 40p以上55p未満
D: 25p以上40p未満
E: 10p以上25p未満
F: 10p未満

■初年次レポート・卒業論文
○: 学部・学科で必須
△: 学部・学科で必須/あり
-: なし/教育課題でない
空白: 未記入
網掛: 質問項目の回答条件に当てはまらないため回答不要

教員数量　大: 70%以上　中: 30%以上70%未満　小: 30%未満

大学名	学部名	学科名	★AL導入状況 1年次	2年次	3年次	4年次	4年間総合	初年次レポート 前期 提出	返却	コメント返却	後期 提出	返却	コメント返却	卒業論文 執筆量の有無	執筆量規定の有無	執筆する学生割合	審査 複数教員審査有無	チェックシート	卒論発表会 発表会の有無	全員の口頭発表	全員口頭発表成績反映	優秀論文発表
中京大学	法学部		c	c	c	c	D	△						-	-	-	-	-	-	-
京都産業大学	法学部	法政策学科	d	d	d	d	F	△						-	-	-	-	-	-	-
京都産業大学	法学部	法律学科	d	d	d	d	F	△						-	-	小	-	-	-	-
京都学園大学	法学部		d	d	d	d	F	△			△			-	-	-	-	-	-	-
同志社大学	法学部	政治学科	b	c	c	c	D	○			○			-	-	-	-	-	-	-
同志社大学	法学部	法律学科	c	c	c	c	E	○			○			-	-	小	-	-	-	-
龍谷大学	法学部	政治学科	c	c	c	c	E	△			△			-	-	大	-	-	-	-
龍谷大学	法学部	法律学科	d	d	d	d	F							-	-	大	-	-	-	-
大阪経済法科大学	法学部		d	d	d	d	F	△			△			○	○	小	-	-	-	-
関西大学	法学部	政策法学科	d	d	b	a	D	△			△			-	-	中	-	○	-	-
近畿大学	法学部	政策法学科	d	d	b	b	E	△			△			-	-	中	-	-	-	-
摂南大学	法学部		c	b	b	b	C	△			△			-	-	-	-	-	-	-
関西学院大学	法学部	政治学科	d	d	d	d	E	△			△			-	-	-	-	-	-	-
関西学院大学	法学部	法律学科	c	d	d	d	E	△			△			-	-	-	-	-	-	-

甲南大学	法学部	d	d	d	d	F	△			-			-	
神戸学院大学	法学部	d	d	d	d	F	△			-			中	-
姫路獨協大学	法学部	d	d	d	d	F	○	△		-			小	-
松山大学	法学部	d	d	d	d	F	△	△		-			中	-
宮崎産業経営大学	法学部	b	b	b	b	B	○	○	△	○	○		-	-

謝　辞

　今回の「アクティブラーニング調査」は、その設計から実施、報告書の作成、シンポジウムの開催までを、2010年6月から2010年12月までのわずか6カ月ほどの期間に凝縮して行うという、極めて密度の濃いものでした。
　また、その成果をまとめた本書も、シンポジウムの開催から数えて5カ月ほどの極めて短期間で完成まで漕ぎつけることができました。これは、アクティブラーニングの現状と課題を、一刻も早く大学の教育現場で奮闘される教員の方々に届けたいという、当プロジェクトの思いを多くの方々が受け止め、迅速な編集・発行にご協力くださった賜物に他なりません。
　特に、シンポジウムでの問題提起を行っていただいた溝上慎一先生（京都大学）と林一雅先生（東京大学）、さらに事例報告を行っていただいた神谷修先生（秋田大学）、青柳学先生（室蘭工業大学）、松尾尚先生（産業能率大学）、日向野幹也先生（立教大学）、塚本真也先生（岡山大学）、佐藤恵一先生（金沢工業大学）、石崎祥之先生（立命館大学）、黒坂佳央先生（武蔵大学）には、編集の過程でも格別なご協力をいただきました。
　本書の出版を快諾していただいた東信堂の下田勝司社長、膨大な編集作業を担当していただいた同社の向井智央さんと併せて、ここに記して御礼申し上げます。

　もとより本書の成立は上記した方々だけではなく、調査にご協力いただいた多くの方々のご協力があってこそのものであります。
　質問紙にご回答をいただいた351学部・学科の学部長・学科長ならびにその関係者の方々、そして実地調査に応じていただいた33大学（36学部・学科）の関係者の方々に感謝申し上げます。

　特に、実地調査でお話を伺った先生方からは学生を成長させようという熱

意を感じました。その"熱さ"から受けた刺激こそ、私たちの調査活動の原動力になりました。

　また、シンポジウムにご参加いただいた方々のアンケートからは

　「アクティブラーニング・PBL の導入実例を知ることができ、それらの科目の専門科目とのつながり、年次間のつながり等、自分の学内で実践していく上での良いヒントを得られた」

　「アクティブラーニングがテーマであるということで、PBL を特に強調していたが、理論・知識の重要性についても言及している点が良かった」

　「振り返りシートにコメントを付けて返却するというところまでできていなかった点を反省している」

　「広義では、教員がどれだけアクティブになれるかが、アクティブラーニングを導入する上で重要であるという意見に賛成である」

などの声が聞かれました。これらの過分なコメントは、今後も河合塾が大学の教育力調査に取り組んでいく上での推進力に繋がっていくものと思われます。

　私たちは本書の発行により、本調査がシンポジウムの開催で終わることなく、継続的な力を得ることができたと考えています。本書が学習者中心の授業を目指して日々アクティブラーニングの導入や豊富化に取り組まれている関係者への参考書籍として長く活用されることを願うととともに、高校の関係者や企業の採用ご担当の方々にとっても大学の教育力を見る1つの新しい尺度としてご活用いただけたら幸いに存じます。

2011 年 5 月吉日　河合塾

執筆者紹介

◆シンポジウムの問題提起者

林　　一雅（はやし・かずまさ）
　専門は教育工学、設計工学。2007年 東京都立科学技術大学大学院工学研究科 博士後期課程退学。2005年 豊橋技術科学大学工学部生産システム工学系 教務職員、助手。2007年 東京大学教養学部附属教養教育開発機構 特任助教を経て、2010年4月より現職。
　東京大学教養学部駒場アクティブラーニングスタジオ（KALS）における教育素材・教育手法の開発と授業の支援を担当している。さらに2007年に採択された、現代GP「ICTを活用した新たな教養教育の実現－アクティブラーニングの深化による国際標準の授業モデル構築－」の取り組みを2009年まで担当していた。

溝上　慎一（みぞかみ・しんいち）
　1996年大阪大学大学院人間科学研究科・博士前期課程修了。同年4月京都大学高等教育教授システム開発センター助手。2000年同講師。2003年京都大学高等教育研究開発推進センター助教授。現在、同准教授。教育学研究科兼任。京都大学博士（教育学）。
　著書：『自己の基礎理論』（単著、金子書房、1999年）、『現代大学生論』（単著、NHKブックス、2004年）、『大学生の学び・入門』（単著、有斐閣アルマ、2006年）、『対話的自己』（共訳、新曜社、2006年）、『自己形成の心理学』（単著、世界思想社、2008年）、『現代青年期の心理学』（単著、有斐閣選書、2010年）など多数。

◆シンポジウムの総括討議司会者

成田　秀夫（なりた・ひでお）
　中央大学大学院・博士課程（哲学専攻）在学中から、河合塾にて現代文科講師を務める。授業では「わかることの愉しさ」を追求。また、大学生向けの「日本語表現講座」を開発し、自らも大学の教壇に立つ。2008年より現職。2010年より、初年次教育学会理事を努め、講演会・シンポジウムのパネラーも精力的にこなしている。

◆シンポジウムの大学事例発表者

青柳　　学（あおやぎ・まなぶ）
　室蘭工業大学 大学院工学研究科もの創造系領域教授

神谷　　修（かみや・おさむ）
　秋田大学 工学資源学部 機械工学科教授

塚本　真也（つかもと・しんや）
　岡山大学 工学部 機械工学科学科長・教授

佐藤　恵一（さとう・けいいち）
　金沢工業大学 教務部長・教授

松尾　　尚（まつお・たかし）
　　産業能率大学 経営学部教授

日向野幹也（ひがの・みきなり）
　　立教大学 経営学部教授・BLP 主査・リーダーシップ研究所長

石崎　祥之（いしざき・よしゆき）
　　立命館大学 経営学部副学部長・教授

黒坂　佳央（くろさか・よしおう）
　　武蔵大学 経済学部 金融学科教授

◆シンポジウムの河合塾報告者

谷口　哲也（たにぐち・てつや）
　　河合塾 教育研究開発本部 教育研究部 統括チーフ

友野伸一郎（ともの・しんいちろう）
　　ライター・ジャーナリスト（河合塾大学教育力調査プロジェクトメンバー）
著書：『対決！大学の教育力』（朝日新聞出版）、『眠れる巨象が目を覚ます』（東洋経済新報社）等がある。

	アクティブラーニングでなぜ学生が成長するのか──経済系・工学系の全国大学調査からみえてきたこと	
2011年6月10日	初　版第1刷発行	
2015年6月30日	初　版第2刷発行	〔検印省略〕

＊定価はカバーに表示してあります

編著者©河合塾　発行者　下田勝司　　印刷・製本　中央精版印刷

東京都文京区向丘1-20-6　郵便振替 00110-6-37828
〒113-0023　TEL 03-3818-5521(代)　FAX 03-3818-5514
E-Mail tk203444@fsinet.or.jp

発行所　株式会社　東信堂

Published by TOSHINDO PUBLISHING CO.,LTD.
1-20-6, Mukougaoka, Bunkyo-ku, Tokyo, 113-0023, Japan
ISBN978-4-7989-0068-1　C3037　Copyright©Kawaijuku

東信堂

大学の自己変革とオートノミー——点検から創造へ	寺﨑昌男	二五〇〇円
大学教育の創造——歴史・システム・カリキュラム	寺﨑昌男	二五〇〇円
大学教育の可能性——教養教育・評価・実践	寺﨑昌男	二五〇〇円
大学は歴史の思想で変わる——FD・評価・私学	寺﨑昌男	二八〇〇円
大学改革 その先を読む	寺﨑昌男	一三〇〇円
大学自らの総合力——理念とFD そしてSFD	寺﨑昌男	二五〇〇円
アウトカムに基づく大学教育の質保証——チューニングとアセスメントにみる世界の動向	深堀聰子	三六〇〇円
高等教育質保証の国際比較	杉本和弘/米澤彰純/羽田貴史 編	三六〇〇円
学士課程教育の質保証へむけて——学生調査と初年次教育からみえてきたもの	山田礼子 編	三二〇〇円
大学教育を科学する——学生の教育評価の国際比較	山田礼子	二八〇〇円
主体的学び 創刊号	主体的学び研究所編	一八〇〇円
主体的学び 2号	主体的学び研究所編	一六〇〇円
主体的学び 3号	主体的学び研究所編	一六〇〇円
「主体的学び」につなげる評価と学習方法——カナダで実践されるICEモデル	S・ヤング&R・ウィルソン著 土持ゲーリー法一監訳	二五〇〇円
ポートフォリオが日本の大学を変える——ティーチング/ラーニング/アカデミック・ポートフォリオの活用	土持ゲーリー法一	二五〇〇円
ティーチング・ポートフォリオ——授業改善の秘訣	土持ゲーリー法一	一四〇〇円
ラーニング・ポートフォリオ——学習改善の秘訣	土持ゲーリー法一	一五〇〇円
アクティブラーニングと教授学習パラダイムの転換	溝上慎一	二四〇〇円
大学生の学習ダイナミクス——授業内外のラーニング・ブリッジング	河井亨	四五〇〇円
「学び」の質を保証するアクティブラーニング——3年間の全国大学調査から	河合塾編著	二〇〇〇円
「深い学び」につながるアクティブラーニング——全国大学の学科調査報告とカリキュラム設計の課題	河合塾編著	二八〇〇円
アクティブラーニングでなぜ学生が成長するのか——経済系・工学系の全国大学調査からみえてきたこと	河合塾編著	二八〇〇円
初年次教育でなぜ学生が成長するのか——全国大学調査からみえてきたこと	河合塾編著	二八〇〇円
IT時代の教育プロ養成戦略——日本初のeラーニング専門家養成ネット大学院の挑戦	大森不二雄編	二六〇〇円

〒113-0023 東京都文京区向丘1-20-6
TEL 03-3818-5521　FAX 03-3818-5514　振替 00110-6-37828
Email tk203444@fsinet.or.jp　URL:http://www.toshindo-pub.com/

※定価：表示価格（本体）＋税

東信堂

転換期を読み解く——潮木守一時評・書評集	潮木守一	二六〇〇円
大学再生への具体像【第2版】	潮木守一	二四〇〇円
フンボルト理念の終焉?——現代大学の新次元	潮木守一	二五〇〇円
いくさの響きを聞きながら——横須賀そしてベルリン	潮木守一	二四〇〇円
「大学の死」、そして復活	潮川正吉	二八〇〇円
大学教育の思想——学士課程教育のデザイン	絹川正吉	二八〇〇円
国立大学法人の形成	大崎仁	二六〇〇円
国立大学・法人化の行方——自立と格差のはざまで	天野郁夫	三六〇〇円
大学は社会の希望か——大学改革の実態からその先を読む	江原武一	二〇〇〇円
転換期日本の大学改革——アメリカと日本	江原武一	三六〇〇円
大学の管理運営改革——日本の行方と諸外国の動向	江原武一・杉本均編著	三六〇〇円
新自由主義大学改革——国際機関と各国の動向	細井克彦編集代表	三八〇〇円
新興国家の世界水準大学戦略——世界永準をめざすアジア・中南米と日本	米澤彰純監訳	四八〇〇円
東京帝国大学の真実	舘昭	四六〇〇円
日本近代大学形成の検証と洞察		
原理・原則を踏まえた大学改革を——場当たり策からの脱却こそグローバル化の条件	舘昭	二〇〇〇円
改めて「大学制度とは何か」を問う	舘昭	一〇〇〇円
原点に立ち返っての大学改革	舘昭	三八〇〇円
大学の責務	D・ケネディ著 / 立川明・坂本辰朗・井上比呂子訳著	三三〇〇円
大学の財政と経営	丸山文裕	四七〇〇円
私立大学マネジメント	(社)私立大学連盟編	四三〇〇円
私立大学の経営と拡大・再編——一九八〇年代後半以降の動態	両角亜希子	一六〇〇円
大学事務職員のための高等教育システム論(新版)——より良い大学経営専門職となるために	山本眞一	三八〇〇円
高等教育における質保証制度の研究——認証評価制度のルーツを探る	林透	五四〇〇円
戦後日本産業界の大学教育要求——経済団体の教育言説と現代の教養論	飯吉弘子	五八〇〇円
イギリスの大学——対位線の転移による質的転換	秦由美子	

〒113-0023 東京都文京区向丘1-20-6　TEL 03-3818-5521　FAX03-3818-5514　振替 00110-6-37828
Email tk203444@fsinet.or.jp　URL:http://www.toshindo-pub.com/

※定価:表示価格(本体)+税

東信堂

比較教育学事典	日本比較教育学会編	一二〇〇〇円
比較教育学の地平を拓く	森山肖子・下田編著	四六〇〇円
比較教育学——越境のレッスン	M・ブレイ編／馬越徹・大塚豊監訳	三六〇〇円
比較教育学——伝統・挑戦・新しいパラダイム——『持続可能な社会』のための比較教育学の最前線	馬越徹・大塚豊監訳	三八〇〇円
国際教育開発の研究射程——途上国の基礎教育普及に向けて	北村友人著	二八〇〇円
国際教育開発の再検討	小川啓一・西村幹子・北村友人編著	二四〇〇円
発展途上国の保育と国際協力	浜野隆・三輪千明著	三八〇〇円
トランスナショナル高等教育の国際比較——留学概念の転換	杉本均編著	三六〇〇円
中国教育の文化的基盤	顧明遠著／大塚豊監訳	二九〇〇円
中国高等教育独学試験制度の展開	大塚豊	三六〇〇円
中国大学入試研究——変貌する国家の人材選抜	南部広孝	三二〇〇円
中国高等教育拡大政策——背景・実現過程・帰結	劉文君	五〇四八円
中国の職業教育拡大政策——背景・実現過程・帰結	王傑	三九〇〇円
現代中国高等教育の多様化と教育改革	李霞	三六〇〇円
文革後中国基礎教育における「主体性」の育成	楠山研	二八〇〇円
「郷土」としての台湾——郷土教育の展開にみるアイデンティティの変容	林初梅	四六〇〇円
戦後台湾教育とナショナル・アイデンティティ	山崎直也	四〇〇〇円
ドイツ統一・EU統合とグローバリズム——教育の視点からみたその軌跡と課題	木戸裕	六〇〇〇円
教育における国家原理と市場原理——チリ現代教育史に関する研究	斉藤泰雄	三八〇〇円
中央アジアの教育とグローバリズム	嶺井明子・川野辺敏編著	三二〇〇円
インドの無認可学校研究——公教育を支える「影の制度」	小原優貴	三三〇〇円
バングラデシュ農村の初等教育制度受容	日下部達哉	三六〇〇円
オーストラリアのグローバル教育の理論と実践	木村裕	三六〇〇円
開発教育研究の継承と新たな展開	青木麻衣子・佐藤博志編著	二〇〇〇円
[新版] オーストラリア・ニュージーランドの教育——グローバル社会を生き抜く力の育成に向けて	青木麻衣子・佐藤博志編著	
マレーシア青年期女性の進路形成	鴨川明子	四七〇〇円

〒113-0023 東京都文京区向丘1-20-6　TEL 03-3818-5521　FAX 03-3818-5514　振替 00110-6-37828
Email tk203444@fsinet.or.jp　URL:http://www.toshindo-pub.com/

※定価：表示価格（本体）＋税

― 東信堂 ―

国際的にみたる外国語教員の養成	大谷泰照編集代表	三六〇〇円
オーストラリアの教員養成とグローバリズム―多様性と公平性の保証に向けて	本柳とみ子	三六〇〇円
オーストラリアの言語教育政策―多文化主義における「多様性と」「統一性」の揺らぎと共存	青木麻衣子	三八〇〇円
一貫連携英語教育をどう構築するか―「道具」としての英語観を超えて	鳥飼玖美子編著	一八〇〇円
英語の一貫教育へ向けて 立教学院英語教育研究会編		二八〇〇円
近代日本の英語科教育史―職業系諸学校による英語教育の大衆化過程	江利川春雄	三八〇〇円
現代教育制度改革への提言 上・下 日本教育制度学会編		各二八〇〇円
現代日本の教育課題―二一世紀の方向性を探る	上田学編著	二八〇〇円
日本の教育経験―途上国の教育開発を考える 国際協力機構編著		三八〇〇円
バイリンガルテキスト現代日本の教育 現代アメリカの教育アセスメント行政の展開	村田翼夫編著	二八〇〇円
―マサチューセッツ州（MCASテスト）を中心に	北野秋男編	四八〇〇円
アメリカ公民教育におけるサービス・ラーニング	唐木清志	四六〇〇円
現代アメリカにおける学力形成論の展開―スタンダードに基づくカリキュラムの設計	石井英真	四二〇〇円
ハーバード・プロジェクト・ゼロの芸術認知理論とその実践―内なる知とクリエティビティを育むハワード・ガードナーの教育戦略	池内慈朗	六五〇〇円
アメリカにおける学校認証評価の現代的展開	浜田博文編著	二八〇〇円
アメリカにおける多文化の歴史カリキュラム	桐谷正信	三六〇〇円
メディア・リテラシー教育における「批判的」な思考力の育成	森本洋介	四八〇〇円
多様社会カナダの「国語」教育 （カナダの教育3）	関口礼子 浪田克之介 編著	三八〇〇円
「学校協議会」の教育効果―「開かれた学校づくり」のエスノグラフィー	平田淳	五六〇〇円
現代ドイツ政治・社会学習論―「事実教授」の展開過程の分析	大友秀明	五二〇〇円

〒113-0023 東京都文京区向丘1-20-6　TEL 03-3818-5521　FAX03-3818-5514　振替 00110-6-37828
Email tk203444@fsinet.or.jp　URL:http://www.toshindo-pub.com/

※定価：表示価格（本体）+税

東信堂

未曾有の国難に教育は応えられるか ―「じひょう」と教育研究六〇年	新堀通也	三三〇〇円
新堀通也、その仕事	新堀通也先生追悼集刊行委員会編	三六〇〇円
マナーと作法の社会学	加野芳正編著	二四〇〇円
マナーと作法の人間学	矢野智司編著	二〇〇〇円
学級規模と指導方法の社会学 ―実態と教育効果	山﨑博敏	三二〇〇円
子ども・若者の自己形成空間 ―教育人間学の視線から	高橋勝編著	二七〇〇円
文化変容のなかの子ども ―経験・他者・関係性	高橋勝	二三〇〇円
君は自分と通話できるケータイを持っているか ―「現代の諸課題」と学校教育「講義」	小西正雄	二〇〇〇円
教育文化人間論 ―知の逍遙／論の越境	小西正雄	二四〇〇円
夢追い形進路形成の功罪 ―高校改革の社会学	荒川葉	二八〇〇円
進路形成に対する「在り方生き方指導」の功罪 ―高校進路指導の社会学	望月由起	三六〇〇円
教育から職業へのトランジション ―若者の就労と進路職業選択の社会学	山内乾史編著	二六〇〇円
教育と不平等の社会理論 ―再生産論をこえて	小内透	三二〇〇円
《シリーズ 日本の教育を問いなおす》		
拡大する社会格差に挑む教育	西村和雄・大森不二雄編	二四〇〇円
混迷する評価の時代 ―教育評価を根底から問う	西村和雄・大森不二雄 倉元直樹・木村拓也編	二四〇〇円
教育における評価とモラル	西戸村和雄編	二四〇〇円
《大転換期と教育社会構造：地域社会変革の社会論的考察》		
第1巻 教育社会史 ―日本とイタリアと生活者生涯学習と地域の展開	小林甫	七八〇〇円
第2巻 現代的教養Ⅰ ―地域・技術者生涯学習の展開	小林甫	六八〇〇円
第3巻 現代的教養Ⅱ ―生成と展望	小林甫	近刊
第3巻 学習力変革 ―地域自治と社会構築	小林甫	近刊
第4巻 社会共生力 ―東アジアと成人学習	小林甫	近刊

〒113-0023 東京都文京区向丘1-20-6　TEL 03-3818-5521　FAX 03-3818-5514　振替 00110-6-37828
Email tk203444@fsinet.or.jp　URL:http://www.toshindo-pub.com/

※定価：表示価格（本体）＋税

東信堂

ハンス・ヨナス「回想記」	盛永・木下・馬渕・山本訳 H・ヨナス	四八〇〇円
責任という原理——科学技術文明のための倫理学の試み（新装版）	加藤尚武監訳 H・ヨナス	四八〇〇円
原子力と倫理——原子力時代の自己理解	小笠原道雄編 Th・リット	一八〇〇円
生命科学とバイオセキュリティ——デュアルユース・ジレンマとその対応	河原直人編著 四ノ宮成祥	二四〇〇円
バイオエシックス入門〔第3版〕	今井道夫	二三八一円
バイオエシックスの展望	松坂昭夫編著	三三〇〇円
医学の歴史	香川知晶監訳	四六〇〇円
死の質——エンド・オブ・ライフケア世界ランキング	松浦悦子訳	一二〇〇円
生命の神聖性説批判	飯田・小野谷・片桐・水野訳 H・クーゼ	四六〇〇円
医療・看護倫理の要点	石井・飯田・小野谷・片桐訳	二〇〇〇円
概念と個別性——スピノザ哲学研究	朝倉友海	三六〇〇円
《現われ》とその秩序——メーヌ・ド・ビラン研究	村松正隆	四六〇〇円
省みることの哲学——ジャン・ナベール研究	越門勝彦	三八〇〇円
ミシェル・フーコー——批判的実証主義と主体性の哲学	手塚博	三二〇〇円
カンデライオ（ブルーノ著作集1巻）	加藤守通訳	三二〇〇円
原因・原理・一者について（ブルーノ著作集3巻）	加藤守通訳	三二〇〇円
傲れる野獣の追放（ブルーノ著作集5巻）	加藤守通訳	四八〇〇円
英雄的狂気（ブルーノ著作集7巻）	加藤守通訳	三六〇〇円
〔哲学への誘い——新しい形を求めて 全5巻〕		
自己	松永澄夫編	
世界経験の枠組み	松永澄夫編	
社会の中の哲学	松永澄夫編	
哲学の振る舞い	松永澄夫編	
哲学の立ち位置	松永澄夫編	各三八〇〇円
哲学史を読むⅠ・Ⅱ——もう一つの哲学概論：哲学が考えるべきこと	松永澄夫	三九〇〇円
言葉は社会を動かすか	浅田淳一・松永澄夫編	三三〇〇円
言葉の働く場所	松永澄夫・伊佐敷隆弘編	三三〇〇円
食を料理する——哲学的考察	橋本克己・松永澄夫編	二三〇〇円
言葉の力〈音の経験・言葉の力第Ⅰ部〉	髙橋・瀬尾・松永編	二五〇〇円
音の経験〈音の経験・言葉の力第Ⅱ部〉	村瀬鋼・松永編	二八〇〇円
——言葉はどのようにして可能となるのか	鈴木泉・松永編	

〒113-0023 東京都文京区向丘1-20-6
TEL 03-3818-5521 FAX03-3818-5514 振替 00110-6-37828
Email tk203444@fsinet.or.jp URL:http://www.toshindo-pub.com/

※定価：表示価格（本体）＋税

東信堂

オックスフォード キリスト教美術・建築事典	P&L・マレー著 中森義宗監訳	三〇〇〇〇円
イタリア・ルネサンス事典	J・R・ヘイル監修 中森義宗監訳	七八〇〇円
美術史の辞典	P・デューロ他 中森義宗・清水忠訳	三六〇〇円
書に想い 時代を読む	河田 悌一	一八〇〇円
日本人画工 牧野義雄―平治ロンドン日記	ますこ ひろしげ	五四〇〇円
(芸術学叢書)		
芸術理論の現在―モダニズムから	谷川渥編著	三八〇〇円
絵画論を超えて	尾崎信一郎	四六〇〇円
美を究め美に遊ぶ―芸術と社会のあわい	藤枝晃雄編著	三八〇〇円
バロックの魅力	荻野厚志編	二六〇〇円
新版 ジャクソン・ポロック	藤枝晃雄	三八〇〇円
美学と現代美術の距離―アメリカにおけるその乖離と接近をめぐって	金 悠美	三八〇〇円
ロジャー・フライの批評理論―知性と感受	要 真理子	四二〇〇円
レオノール・フィニ―境界を侵犯する新しい種	尾形希和子	二八〇〇円
いま蘇るブリア=サヴァランの美味学	川端晶子	三八〇〇円
(世界美術双書)		
バルビゾン派	井出洋一郎	二〇〇〇円
キリスト教シンボル図典	中森義宗	二三〇〇円
パルテノンとギリシア陶器	関 隆志	二三〇〇円
中国の版画―唐代から清代まで	小林宏光	二三〇〇円
象徴主義―モダニズムへの警鐘	中村隆夫	二三〇〇円
中国の仏教美術―後漢代から元代まで	久野美樹	二三〇〇円
セザンヌとその時代	浅野春男	二三〇〇円
日本の南画	武田光一	二三〇〇円
画家とふるさと	小林 忠	二三〇〇円
ドイツの国民記念碑―一八一三年	大原まゆみ	二三〇〇円
日本・アジア美術探索	永井信一	二三〇〇円
インド・チョーラ朝の美術	袋井由布子	二三〇〇円
古代ギリシアのブロンズ彫刻	羽田康一	二三〇〇円

〒113-0023 東京都文京区向丘1-20-6
TEL 03-3818-5521 FAX 03-3818-5514 振替 00110-6-37828
Email tk203444@fsinet.or.jp URL:http://www.toshindo-pub.com/

※定価：表示価格（本体）＋税